Jorge Shiguemitsu Fujita
Ana Elizabeth Lapa Wanderley Cavalcanti
Samyra Haydêe Dal Farra Naspolini

Coordenadores

TEORIA da RELAÇÃO JURÍDICA na SOCIEDADE da INFORMAÇÃO:

Internet, Negócio Jurídico, Direitos Intelectuais, Família e Empresa

Publicação Independente
São Paulo 2021

Coordenadores: Jorge Shiguemitsu Fujita, Ana Elizabeth Lapa Wanderley Cavalcanti, Samyra Haydêe Dal Farra Naspolini.

Organizador: André Luis Mota Novakoski.

Autores: André Luis Mota Novakoski, Anna Carolina Cudzynowski, Deise Santos Curt, Denise De Stefano Sanchez Guedes, Elysabete Acioli Monteiro Diogo, Fernanda Chyn Hui Chiao, Gabriela Vieira e Silva, Isabella Bolognesi, James Silva Zagato, Juliana da Silva Totarelli, Laís Maria da Cunha Casagrande, Lucas Rodrigues Britto, Manuela Marques Micossi, Marco Aurélio Brasil Lima, Mayara Andrade Soares Carneiro, Yves A. Russo Zamataro.

Livro: Teoria da relação jurídica na sociedade da informação: internet, negócio jurídico, direitos intelectuais, família e empresa. Revisão dos autores.

Capa: Imagem de TheDigitalArtist licenciada sob licença Pixbay. Para ver o original, acesse: https://pixabay.com/pt/illustrations/terra-globaliza%C3%A7%C3%A3o-rede-3866609/. Uma cópia da licença está disponível em: https://pixabay.com/pt/service/license/.

Dados internacionais de catalogação na publicação (CIP):

J961t
FUJITA, Jorge Shiguemitsu; CAVALCANTI, Ana Elizabeth Lapa Wanderley; NASPOLINI, Samyra Haydêe Dal Farra (Coordenadores). NOVAKOSKI, André Luis Mota (Organizador). Teoria da relação jurídica na sociedade da informação: internet, negócio jurídico, direitos intelectuais, família e empresa. 1.ed. São Paulo: Publicação Independente, 2020. 311p.
Inclui índice e bibliografia.
1. Direito. 2. Relação Jurídica. 3. Sociedade da informação. I. Título.
ISBN: 978-65-00-15076-6 [livro eletrônico formato MOBI]
ISBN: 978-65-00-18111-1 [livro físico]

SUMÁRIO

SOBRE OS AUTORES

JORGE SHIGUEMITSU FUJITA

Doutor em Direito pela Faculdade de Direito da Universidade de São Paulo (USP). Professor Titular de Direito Civil dos Cursos de Graduação e de Pós-Graduação lato sensu do Curso de Direito do Centro Universitário das Faculdades Metropolitanas Unidas (FMU-SP). Professor Doutor do Programa de Mestrado em Direito da Sociedade da Informação do Centro Universitário das Faculdades Metropolitanas Unidas (FMU-SP). Coordenador do Curso de Pós-Graduação lato sensu em Direito de Família, Sucessões e Direitos Reais do Centro Universitário das Faculdades Metropolitanas Unidas (FMU-SP). Professor do Curso de Pós-Graduação lato sensu da Faculdade de Direito da Universidade Estadual de Londrina (UEL-PR). Professor do Curso de Pós-Graduação lato sensu da Escola Superior de Advocacia da Ordem dos Advogados do Brasil, Seção de São Paulo (ESA-SP). Parecerista, consultor jurídico e advogado. Lattes: http://lattes.cnpq.br/5202705522000286. Orcid: https://orcid.org/0000-0002-0354-8974. Contato: jorge.fujita@fmu.br

ANA ELIZABETH LAPA WANDERLEY CAVALCANTI

Mestre e Doutora em Direito pela Pontifícia Universidade Católica de São Paulo (PUC-SP). Professora da Graduação em Direito e Mestrado em Direito da Sociedade da Informação do Centro Universitário das Faculdades Metropolitanas Unidas (FMU-SP). Pesquisa acadêmica na área do Biodireito, Direitos da Personalidade; Sociedade da Informação; Direitos Humanos; Direito de Família e Direito Civil. Professora Responsável pelo Grupo de Trabalho e Pesquisa Biodireito e Direitos da Personalidade ligado ao Mestrado em Direito da Centro Universitário das Faculdades Metropolitanas Unidas (FMU-SP). Lattes: http://lattes.cnpq.br/7653309548801946. Orcid: http://orcid.org/0000-0001-7324-4741. Contato: aelwc@terra.com.br.

SAMYRA HAYDÊE DAL FARRA NASPOLINI

Doutora em Direito pela Pontifícia Universidade Católica de São Paulo (PUC-SP). Mestre em Direito pela Universidade Federal de Santa Catarina (UFSC). Docente e pesquisadora e professora permanente do Programa de Mestrado em Direito na Sociedade da Informação e do Curso de Graduação em Direito do Centro Universitário das Faculdades Metropolitanas Unidas (FMU-SP).

Docente e pesquisadora permanente do Mestrado em Direito do Centro Universitário de Marília (UNIVEM). Editora da Revista Em Tempo (UNIVEM). Membro associado e Diretora Executiva do Conselho de Pesquisa e Pós Graduação em Direito (CONPEDI) e da Associação Brasileira de Ensino do Direito (ABEDi). Lattes: http://lattes.cnpq.br/4529730931640744. Orcid: https://orcid.org/0000-0002-1838-9005. Contato: samyranaspolini@gmail.com.

ANDRÉ LUIS MOTA NOVAKOSKI

Mestrando em Direito da Sociedade da Informação pelo Centro Universitário das Faculdades Metropolitanas Unidas (FMU-SP). Especialista em Direito Ambiental pela Universidade de São Paulo (USP). Especialista em Direito Processual Civil pela Pontifícia Universidade Católica de São Paulo (PUC-SP). Graduado em Direito pelo Centro Universitário das Faculdades Metropolitanas Unidas (FMU-SP). Advogado em São Paulo e Brasília. Lattes: http://lattes.cnpq.br/9359747942711767. Orcid: https://orcid.org/0000-0003-0985-3053. Contato: andre@nvkk.com.br.

ANNA CAROLINA CUDZYNOWSKI

Mestre em Direito da Sociedade da Informação pelas Faculdades Metropolitanas Unidas (FMU-SP). Pós-graduada em Direito Constitucional pela Pontifícia Universidade Católica de São Paulo (PUC-SP). Advogada. Lattes: http://lattes.cnpq.br/1010856142782731. Orcid: https://orcid.org/0000-0003-0632-1641. E-mail: anna_cudzynow@hotmail.com.

DEISE SANTOS CURT

Mestre em Direito da Sociedade da Informação pelo Centro Universitário das Faculdades Metropolitanas Unidas (FMU-SP). Especialista em Direito Médico e Hospitalar pela Escola Paulista de Direito (EPD-SP). Bacharel em Enfermagem pela Universidade de Mogi das Cruzes (UMC-SP). Bacharel em Direito pelas Centro Universitário das Faculdades Metropolitanas Unidas (FMU-SP). Membro do Grupo de Pesquisa "Biodireito e Sigilo" e da Comissão de Direito Médico e da Saúde da Ordem dos Advogados do Brasil, Santo André/SP (OAB/SP). Advogada. Lattes: http://lattes.cnpq.br/3114118621475022. Orcid: https://orcid.org/0000-0002-2481-5322. E-mail: deisecurt@gmail.com.

DENISE DE STEFANO SANCHEZ GUEDES

Pós-graduanda em Direito Digital e Proteção de Dados pela Escola Superior de Advocacia (ESA) da Ordem dos Advogados do Brasil (OAB/SP). Extensão em Gestão de Riscos, Compliance e LGPD pela Fundação Instituto de Administração (FIA-SP). Certificação EXIN-PDPE. Graduação em Direito pelo Centro Universitário das Faculdades Metropolitanas Unidas (FMU-SP). Advogada em São Paulo. Lattes: http://lattes.cnpq.br/7257204588217385. Contato: denisesguedes@gmail.com.

MAYARA ANDRADE SOARES CARNEIRO

Mestre em Direito da Sociedade da Informação pelo Centro Universitário das Faculdades Metropolitanas Unidas (FMU-SP). Especialista em Direito Civil e Processo Civil no Centro Universitário UniFacid Wyden (Teresina-PI). Vice-presidente da Comissão de Direito Digital da OAB/PI. Advogada. Lattes: http://lattes.cnpq.br/3123942841476426. Orcid: https://orcid.org/0000-0003-1139-4597. E-mail: mayaracarneir@gmail.com.

ELYSABETE ACIOLI MONTEIRO DIOGO

Mestranda em Direito na Sociedade da Informação pelo Centro Universitário das Faculdades Metropolitanas Unidas (FMU-SP). Pós-graduada (lato sensu) em História, Sociedade, Cultura pela Pontifícia Universidade Católica de São Paulo (PUC-SP). Especialista em Administração de Serviços pela Universidade de São Paulo (USP). Graduada em Direito pelo Centro Universitário das Faculdades Metropolitanas Unidas (FMU-SP). Advogada. Historiadora. Vice-Presidente do Instituto de Certificação para Excelência na Conformidade (ICEPEX). Membro da Comissão de Direito de Família, Sucessões e Adoção e da Comissão da Mulher Advogada da Ordem dos Advogados do Brasil, Santo Amaro/SP (OAB/SP). Membro da Comissão Especial de Estudos de Compliance da OAB, São Paulo/SP (OAB/SP). Lattes: http://lattes.cnpq.br/1262093623384591. Orcid: https://orcid.org/0000-0001-7630-5191. E-mail: elysabeteacioli@gmail.com.

FERNANDA CHYN HUI CHIAO

Graduanda em Direito pelo Centro Universitário das Faculdades Metropolitanas Unidas (FMU-SP). Integrante do grupo de pesquisa "Direito de

Autor, Família, Grupo Sociais e Informação" coordenado pelo Prof. Dr. Jorge Shiguemitsu Fujita na mesma instituição.

GABRIELA VIEIRA E SILVA

Graduanda em Direito pelo Centro Universitário das Faculdades Metropolitanas Unidas (FMU-SP). Membro do Grupo de Trabalho e Pesquisa "Direito de Autor, Família, Grupos Sociais e Informação", do Centro Universitário das Faculdades Metropolitanas Unidas, liderado pelo Prof. Dr. Jorge Shiguemitsu Fujita.

ISABELLA BOLOGNESI

Graduanda em Direito pelo Centro Universitário das Faculdades Metropolitanas Unidas (FMU-SP). Integrante do grupo de pesquisa "Empresa e Direitos Humanos na Sociedade da Informação" coordenado pela Profa. Dra. Samyra Haydêe Dal Farra Naspolini na mesma instituição.

JULIANA DA SILVA TOTARELLI

Graduanda em Direito pelo Centro Universitário das Faculdades Metropolitanas Unidas (FMU-SP). Integrante do grupo de pesquisa "Empresa e Direitos Humanos na Sociedade da Informação" coordenado pela Profa. Dra. Samyra Haydêe Dal Farra Naspolini na mesma instituição.

JAMES SILVA ZAGATO

Mestrando em Direito da Sociedade da Informação no Centro Universitário das Faculdades Metropolitanas Unidas (FMU-SP). Especialista em Direito Eletrônico pela Escola Paulista de Direito (EPD). Advogado. Lattes: http://lattes.cnpq.br/2652745797532839. Orcid: https://orcid.org/0000-0001-7947-1005. E-mail: james_zagato@hotmail.com.

LAÍS MARIA DA CUNHA CASAGRANDE

Graduanda em Direito pelo Centro Universitário das Faculdades Metropolitanas Unidas (FMU-SP). Integrante do grupo de pesquisa "Biodireito e direitos da personalidade" coordenado pela Prof. Dra. Ana Elizabeth Lapa Wanderley Cavalcanti na mesma instituição.

LUCAS RODRIGUES BRITTO

Graduando em Direito pelo Centro Universitário das Faculdades Metropolitanas Unidas (FMU-SP). Integrante do grupo de pesquisa "Direito do Autor, Família, Grupos Sociais e Informação" coordenado pelo Prof. Dr. Jorge Shiguemitsu Fujita na mesma instituição.

MANUELA MARQUES MICOSSI

Graduanda em Direito pelo Centro Universitário das Faculdades Metropolitanas Unidas (FMU-SP). Integrante do grupo de pesquisa "Direito de Autor, Família, Grupo Sociais e Informação" coordenado pelo Prof. Dr. Jorge Shiguemitsu Fujita na mesma instituição.

MARCO AURÉLIO BRASIL LIMA

Mestre em Direito da Sociedade da Informação pelo Centro Universitário das Faculdades Metropolitanas Unidas (FMU-SP). Especialista em Tutela de Direitos Difusos e Coletivos pela UNAMA e em Direito Empresarial pela Fundação Getúlio Vargas (FGV-SP). Bacharel em Direito pela Universidade Presbiteriana Mackenzie (MACK). Lattes: http://lattes.cnpq.br/6064241311152471. Orcid: https://orcid.org/0000-0002-6812-1357. e-mail: marco@eadvisor.com.br.

YVES A. RUSSO ZAMATARO

Especialista em Direito de Família e Sucessões e em Direito Processual Civil pelo Centro Universitário das Faculdades Metropolitanas Unidas (FMU-SP). Graduado em Direito pela Universidade Presbiteriana Mackenzie (MACK). Advogado. http://lattes.cnpq.br/3213236945750745. Orcid: https://orcid.org/0000-0001-8292-1097.

Prezados amigos, estamos oferecendo ao grande público leitor um livro que tem como base a Teoria da Relação Jurídica na Sociedade da Informação, uma das duas linhas de pesquisa do Curso de Mestrado em Direito da Sociedade da Informação do Centro Universitário das Faculdades Metropolitanas Unidas – FMU (São Paulo).

Para tanto, organizamos artigos de autoria de alunos e ex-alunos Centro Universitário das Faculdades Metropolitanas Unidas (FMU-SP), quer sejam mestrandos, mestres, especialistas, pós-graduandos lato sensu, quer sejam bacharéis em Direito e graduandos.

Ao todo selecionamos 13 (treze) artigos, que se referem aos grupos temáticos de trabalho e pesquisa "Direito de Autor, Família, Grupos Sociais e Informação", "Biodireito e Direitos da Personalidade" e "Empresa e Direitos Humanos na Sociedade da Informação".

Os títulos específicos aos referidos grupos temáticos assim se apresentam:

A vacinação obrigatória (ou coercitiva) sob o prisma dos direitos de personalidade (André Luis Mota Novakoski e Jorge Shiguemitsu Fujita); *Governo eletrônico: acessibilidade digital para as pessoas com deficiência e o pleno exercício da cidadania* (Anna Carolina Cudzynowski e Ana Elizabeth Lapa Wanderley Cavalcanti); *O direito fundamental à saúde: a cirurgia robótica custeada pelo plano de saúde* (Deise Santos Curt e Mayara Andrade Soares Carneiro); *A proposta de emenda à constituição nº 17 de 2019 e a proteção de dados pessoais como direito fundamental autônomo* (Denise De Stefano Sanchez Guedes); *A propriedade intelectual industrial na sociedade da informação* (Elysabete Acioli Monteiro Diogo); *Direitos autorais nas plataformas de streaming audiovisuais na sociedade da informação* (Fernanda Chyn Hui Chiao e Manuela Marques Micossi); *O matrimônio sob os pilares do Islã e do Direito Islâmico* (Gabriela Vieira e Silva); *Fast fashion e os direitos humanos na sociedade da informação* (Isabella Bolognesi e Juliana da Silva Totarelli); *Relações de trabalho e problemáticas aplicadas à empresa na sociedade informacional* (James Silva Zagato); *Direito Sistêmico e Constelações Familiares como mediação de conflitos – aplicação e resultados no Poder Judiciário* (Laís Maria da Cunha Casagrande); *Crise da dignidade da pessoa humana e da privacidade: a emergência da vigilância sob a forma econômica e política na civilização da informação* (Lucas Rodrigues

Britto); *A curadoria de conteúdo em tempos de sociedade da informação: aspectos de direito de autor* (Marco Aurélio Brasil Lima); *Sequestro internacional de crianças e alienação parental: da aplicação da Convenção de Haia ao princípio da residência habitual* (Yves Alessandro Russo Zamataro).

Os capítulos que compõem este livro trazem o que a pós-modernidade jurídica nos oferece de mais atual nas discussões que se travam nos meios acadêmicos, assim como em nossos tribunais.

Excelente leitura a todos!

São Paulo, 20 de dezembro de 2020.

Coordenadores
Jorge Shiguemitsu Fujita
Ana Elizabeth Lapa Wanderley Cavalcanti
Samyra Haydêe Dal Farra Naspolini

A VACINAÇÃO OBRIGATÓRIA (OU COERCITIVA) SOB O PRISMA DOS DIREITOS DE PERSONALIDADE

André Luis Mota Novakoski[1]

Jorge Shiguemitsu Fujita[2]

Sumário: Introdução: um pouco da história das vacinas. 1. Vacinação obrigatória (ou coercitiva): origem e estado atual na legislação. 2. Direitos de personalidade: fonte, objeto, conteúdo, atributos e função. 3. Direito de resistir e dissentir de programas de vacinação obrigatória (ou coercitiva) como concretização prática dos direitos de personalidade. Conclusão. Referências bibliográficas.

Introdução: um pouco da história das vacinas

A vacina, como objeto de investigação científica, surge ao redor de 1798, quando Edward JENNER, seguindo rumores e boatos de que pessoas infectadas pela varíola bovina não se contaminavam com a versão humana da patologia, inoculou o vírus em crianças e, por meio da observação, notou que estes boatos possuíam fundamento.[3]

---

[1] Mestrando em Direito da Sociedade da Informação pelo Centro Universitário das Faculdades Metropolitanas Unidas (FMU-SP). Especialista em Direito Ambiental pela Universidade de São Paulo (USP) e em Direito Processual Civil pela Pontifícia Universidade Católica de São Paulo (PUC-SP). Graduado em Direito pelo pelo Centro Universitário das Faculdades Metropolitanas Unidas (FMU-SP). Advogado em São Paulo e Brasília. Lattes: http://lattes.cnpq.br/9359747942711767. Orcid: https://orcid.org/0000-0003-0985-3053. E-mail: andre@nvkk.com.br .

[2] Doutor em Direito pela Faculdade de Direito da Universidade de São Paulo (USP). Professor Titular de Direito Civil dos Cursos de Graduação e de Pós-Graduação lato sensu do Curso de Direito do Centro Universitário das Faculdades Metropolitanas Unidas (FMU-SP). Professor Doutor do Programa de Mestrado em Direito da Sociedade da Informação do Centro Universitário das Faculdades Metropolitanas Unidas (FMU-SP). Professor do Curso de Pós-Graduação lato sensu da Faculdade de Direito da Universidade Estadual de Londrina (UEL). Professor do Curso de Pós-Graduação lato sensu da Escola Superior de Advocacia (ESA) da Ordem dos Advogados do Brasil, Seção de São Paulo (OAB/SP). Parecerista, consultor jurídico e advogado. Lattes: http://lattes.cnpq.br/5202705522000286 Orcid: https://orcid.org/0000-0002-0354-8974. E-mail: jorge.fujita@fmu.br.

[3] ______. *Smallpox and the origin of vaccination*. Our World in Data. Disponível em: https://ourworldindata.org/vaccination. Acesso em: 10 set. 2020.

O termo vacina, aliás, deriva da denominação latina da doença ("variolae vaccinae"), que foi sugerido por Louis PASTEUR, em homenagem a JENNER, quando desenvolvia estudos que culminariam na vacina contra a cólera aviária quase cem anos depois (1881).

A partir das descobertas de JENNER e PASTEUR, as vacinas popularizaram-se e, desde então, são protagonistas da redução da incidência de diversas doenças, como a própria varíola, a pólio, o sarampo, algumas modalidades de hepatite, febre amarela, entre muitas outras patologias.

Ainda assim, apesar dos recursos humanos e financeiros empregados e das técnicas que o conhecimento humano foi capaz de acumular e desenvolver desde a ideia original de Edward JENNER, a ciência não se mostrou ainda capaz de desenvolver vacinas seguras e eficazes para diversas outras doenças, como dengue, malária, mononucleose e AIDS, impotência que pode ser creditada a diversos fatores como i) desconhecimento do funcionamento das estruturas do patógeno causador, ii) surgimento de efeitos adversos durante seu período de testes, entre outros.[4]

1. Vacinação obrigatória (ou coercitiva): origem e estado atual na legislação

Ao se mostrarem eficazes, as vacinas passaram a ser adotadas como política de saúde pública, com alguns estados passando a introduzir a vacinação obrigatória (ou coercitiva) da população sujeita a seu poder.[5]

A adoção de um sistema de vacinação obrigatória (ou coercitiva) não é algo novo no Brasil: ele remonta à época do Império, durante o qual chegou a existir o Instituto Vacíneo do Império, também conhecido pelo nome de Instituto Vacínico da Corte, que foi criado pelo Decreto-Régio 464 de 17 de agosto de 1846 com a atribuição de introduzir a vacina contra a varíola no território brasileiro.

---

[4] Vacinas falsas, inseguras, ineficientes e perigosas existem e devem ser uma preocupação real de quem estuda o assunto: ______. *Empresa chinesa vendia vacinas falsas contra pólio, tétano e difteria.* RFI. Disponível em: https://www.rfi.fr/br/mundo/20180723-empresa-chinesa-vendia-vacinas-falsas-contra-polio-tetano-e-difteria. Acesso em: 20 set. 2020.

[5] ______. *What determines if vaccinations are compulsory?* Our Wolrd in Data. Disponível em: https://ourworldindata.org/vaccination. Acesso em: 10 set. 2020.

Antes mesmo da criação do Instituto, diversas normas provinciais já estipulavam a vacinação e revacinação obrigatória (especificamente contra varíola) da população sob pena da imposição de multas e outras sanções, servindo de exemplo diversas Posturas Municipais do Rio de Janeiro promulgadas a partir de 1837, incialmente sujeitando apenas crianças mas que, paulatinamente, foram ampliando o público sujeito à vacinação até incorporar os adultos em 1846.

Com o golpe militar de 1889, o novo governo, incentivado por Oswaldo CRUZ, deliberou centralizar a questão da vacinação e dar cumprimento à fiscalização de sua obrigatoriedade e, em 1904, promulgou a Lei 1261/04 impondo a vacinação coercitiva e um sistema de sanções civis e políticas para quem não se submetesse à imunização: pessoas não-vacinadas seriam impedidas de locar imóveis, contrair casamentos e, pior!, serem contratadas para trabalhar.

Tudo isto em meio a um processo de "higienização" e "arejamento" da cidade, planejado por Oswaldo CRUZ, que previa a abertura de avenidas, criação de praças, revitalização de espaços públicos e, eis o problema, o despejo sumário de pessoas para a derrubada de cortiços e habitações coletivas, que o sanitarista considerava focos da varíola.

A absurdidade das sanções e a política higienista que o governo de Rodrigues ALVES (que enfrentava uma grave crise política que o colocava frente à deposição) pretendia impor, inclusive com a iniciação de violência contra a própria população, revoltou os cariocas, fazendo eclodir a Revolta da Vacina, insurreição civil (fundado no direito natural de resistir e desobedecer leis absurdas) que espalhou caos e morte pela então Capital.[6]

No cenário brasilciro pré-Pandemia, a vacinação obrigatória (ou coercitiva) era regulada pela Lei 6259/75 (que permanece em vigor) que prevê a possibilidade de implantação de programas de vacinação obrigatória sob pena de perda do direito ao salário-família (art. 3º), além da sujeição a outras sanções às penalidades a título de infração sanitária (art. 14, com a redação dada pela Lei 13730/18); ao lado desta norma, o Estatuto da Criança e do Adolescente (ECA) também disciplina a compulsoriedade de vacinação de crianças até 12 anos (art. 2º c/c art. 14, § 1º) sob pena de multas até 20 salários mínimos (art. 249).

No âmbito desta Lei, o Ministério da Saúde editou a Portaria 579/04 por meio da qual implementa o Programa Nacional de

---

6 ______. *A revolta da vacina*. Portal Fiocruz. Disponível em: https://portal.fiocruz.br/noticia/revolta-da-vacina-2. Acesso em: 20 nov. 2020.

Imunização e cria, "sponte propria", sanções de natureza civil e política como i) impossibilidade de matrícula em unidades de ensino, ii) vedação de recebimento de benefícios pecuniários governamentais, iii) impossibilidade de alistamento militar, entre outros, os quais são de duvidosa constitucionalidade (já que portarias não podem inovar na lei que pretenderam regulamentar); em paralelo, há ainda a Portaria 1986/01 que disciplina a obrigatoriedade de vacinação de trabalhadores em determinados setores (especificamente em áreas portuárias, aeroportuárias, de terminais e passagens de fronteira).

Em ambos os casos, a não-submissão à vacinação obrigatória (ou coercitiva) sujeita o indivíduo a sanções de natureza política e poderia até mesmo, em tese, ser motivar a aplicação de sanção penal, fundada no art. 268 do Código Penal

Após a deflagração da Peste de Wuhan, foi promulgada a Lei 13.979/20, pontualmente alterada pela Lei 14.035/20, dispôs sobra a possibilidade de autoridades públicas determinarem a vacinação obrigatória (ou compulsória) —e até a imposição de tratamentos de saúde— contra o vírus da Covid-19 (art. 3º, III, 'd' e 'e'). A controversa disciplina imposta pela Lei 13.979/20 é objeto de discussões no Supremo Tribunal Federal (STF) nas ADIs 6341 e 6347, ainda não julgadas quando da elaboração deste artigo.

A imunização obrigatória, em especial as que empregam vacinas desenvolvidas de forma emergencial, com insuficiente testagem em campo, como é o caso das destinadas à prevenir a infecção do vírus da Covid-19, 7 envolve muitas dúvidas em diversos campos do conhecimento, suscitando, também, seríssimas questões médicas, epidemiológicas e jurídicas.

Um pouco de estudo sobre o tema, essencial para evitarmos erros do passado,[8] permite se identificar uma pluralidade muito grande de

---

[7] Apenas uma vacina recebeu certificação de órgãos reguladores estatais (no caso, da MHRA inglesa) para aplicação até a conclusão deste artigo: ROBERTS, Michelle. *Covid-19: Pfizer/BioNTech vaccine judged safe for use in UK*. BBC. Disponível em: https://www.bbc.com/news/health-55145696. Acesso em: 4 dez. 2020.

[8] O episódio conhecido como "Cutter Incident" não pode ser ignorado: "In April 1955 more than 200.000 children in five Western and mid-Western USA states received a polio vaccine in which the process of inactivating the live virus proved to be defective. Within days there were reports of paralysis and within a month the first mass vaccination programme against polio had to be abandoned. Subsequent investigations revealed that the vaccine, manufactured by the California-based family firm of Cutter Laboratories, had caused 40.000 cases of polio, leaving 200 children with varying degrees of paralysis and killing." (FITZPATRICK, 2006. p. 156)

opiniões e fundamentos sobre o tema, como: i) partidários da não-vacinação por motivos religiosos ou éticos, como testemunhas de jeová ou cristãos quando a vacina foi desenvolvida a partir de células de embriões humanos, ii) adeptos da não-vacinação pelos mais diversos motivos (convicção pessoal, objeção de consciência, p.ex.), iii) defensores da vacinação coercitiva por questões de interesse público, entre muitos outros pontos de vista igualmente relevantes.

Para efeito deste apertado estudo, analisamos a questão apenas e tão-somente sob o prisma dos direitos de personalidade positivados no sistema jurídico brasileiro, pois seria impossível, em apenas um despretensioso artigo, se aprofundar e enfrentar com a devida profundidade todos os argumentos favoráveis e contrários à vacinação obrigatória (ou coercitiva).

2. Direitos de personalidade: fonte, objeto, atributos, conteúdo e função

Os direitos de personalidade passaram a ser regulados, na legislação infraconstitucional, a partir da promulgação do Código Civil em vigor (CC/02) e representam, segundo Antônio Junqueira de AZEVEDO (2002, p. 95-96), a transposição dos valores fundamentais da cidadania e da dignidade da pessoa humana da Constituição (CF/88) para a legislação ordinária:

> Grosso modo, o pressuposto e as consequências do princípio da dignidade (art. 1º, III, da C.R.) estão expressos pelos cinco substantivos correspondentes aos bens jurídicos tutelados no caput do art. 5º da C.R.; são eles: vida (é o pressuposto), segurança (primeira consequência), propriedade (segunda consequência) e liberdade e igualdade (terceira consequência), sendo o pressuposto absoluto e as consequências, "quase absolutas. (AZEVEDO, 2002, p. 100)

Para não incorrer na "confusão geral criada por gregos e troianos na utilização do princípio jurídico da dignidade da pessoa humana" (AZEVEDO, 2002, p. 100), uma breve análise de seu conteúdo, atributos e efeitos é essencial para perfeita compreensão de sua delimitação normativa e eficácia empírica.

Os direitos de personalidade atribuem ao indivíduo (assim entendido a pessoa natural) a aptidão de titularizar direitos e ser sujeito de obrigações passíveis de coercibilidade jurídica, ou seja, a capacidade de participar de relações jurídicas, o que abrange tanto pessoas naturais quanto pessoas jurídicas (arts. 1º e 2º, art. 40, CC/02).

Porém, os direitos de personalidade não se limitam à aptidão e capacidade de titularizar direitos e deveres (SZIANIAWSKI, 2005, p. 89-91), constituindo o direito autônomo de cada indivíduo à tutela dos elementos que constituem sua identidade, i.e., que são inerentes à condição humana, a despeito da discussão acadêmica sobre a (in)existência de um direito geral de personalidade positivado no direito brasileiro (RODRIGUES JÚNIOR, 2018. p. 683-687).

Os direitos de personalidade, cuja regulação se espalha no sistema de direito positivo (especialmente na CF/88 e CC/02), tem por objeto a proteção da existência física (tutela da vida, corpo) e psíquica (proteção da consciência, reputação, nome e vida privada) dos indivíduos, vale dizer, de bens (ou melhor, elementos) imateriais extraeconômicos e internos do ser humano, aptos a torná-lo um indivíduo único (DE CUPIS, 2004. p. 29).

Por sua natureza e estrutura, pode-se identificar com relativa facilidade as principais características dos direitos de personalidade, que abrangem: i) vitaliciedade; ii) intransmissibilidade, iii) irrenunciabilidade e indisponibilidade jurídicas, iv) extrapatrimonialidade, v) oponibilidade "erga omnes", vi) não-limitação ou caráter não-exaustivo de sua tipificação legal, iv) imprescritibilidade de seu exercício.

Para os efeitos deste estudo, interessa-nos os direitos de personalidade de tutela da vida e da integridade física, assim como da liberdade de consciência e autonomia (no sentido de autodeterminação) do indivíduo, motivo pelo qual passamos a concentrar os desdobramentos do artigo em sua análise.

3. Direito de resistir e dissentir de programas de vacinação obrigatória (ou coercitiva) como concretização prática dos direitos de personalidade

Os direitos de personalidade, como instrumento de concretização do valor fundamental da dignidade da pessoa humana, alçam o indivíduo à posição central do sistema jurídico, reconhecendo-lhe uma ampla esfera de poder (poderia se afirmar, de soberania) para tomar decisões e reagir contra lesões e ameaças de lesão contra patrimônio imaterial interno, de índole absolutamente extraeconômica, decorrente de sua condição humana:

> Os direitos de personalidade deixam de ser aquele mínimo que se impõe em toda a sociedade para se transformarem numa categoria oportunística, muito frequentemente destinada a tutelar interesses patrimoniais sob a capa de uma promíscua proteção da personalidade. (ASCENSÃO, 2012, p. 45-57)

Em outras palavras: os direitos de personalidade visam "à proteção humana contra o poder discricionário" (LISBOA, 2012, p. 41), e asseguram que cabe a cada indivíduo a palavra final sobre qualquer aspecto que envolva os atributos de sua personalidade, sendo irrelevante que o atributo integrante de sua personalidade que o indivíduo busque proteger não tenha sido tipificado pelo direito positivo:

> Isto só pode significar que o Código pressupõe uma categoria por si dos direitos de personalidade, que não depende da previsão da lei mas da própria consideração da pessoa humana." (ASCENSÃO, 2012, p. 53)

Dentre os direitos de personalidade passíveis de reconhecimento e proteção jurídica está o direito democrático de dissentir (BOBBIO, 1986, p. 60), de recusar obediência a uma dada exigência do estado (poder político) invasiva ou lesiva de seu patrimônio imaterial interno como a vida, integridade física, liberdade de consciência e de convicção, assim como dos atributos a eles relacionados (MESQUITA; MESQUITA, 2020, p. 492) como é o caso da exigência de submissão à vacinação obrigatória, como a atualmente discutida vacinação contra o vírus causador da Peste de Wuhan:

> O direito de recusa é tão evidente que até dispensaria a sua positivação em normas legais e infralegais, pois decorre do direito natural de resistência ou de oposição contra qualquer um que lhe ponha a vida em risco. (MESQUITA; MESQUITA, 2020, p. 492)

Ao tratar do caso Roe vs Wade e outros casos discutindo o "direito" de destruir uma vida humana (realizada sob o eufemismo de aborto), inclusive a dissidência do Justice Antonin SCALIA fundamentada na interpretação originalista da Constituição dos EUA, Luís Roberto

BARROSO chama a atenção para o fato de a Suprema Corte norte-americana (SCOTUS) ter reconhecido o "direito ao aborto" como uma modalidade de exercício de liberdade da gestante albergado pelo conceito de dignidade humana. O trecho citado constitui transcrição parcial de um dos votos proferidos nos casos examinados pelo autor:

> Essas questões, envolvendo as escolhas mais íntimas e pessoais que a pessoa pode tomar durante a sua vida, escolhas centrais para a dignidade pessoal e para a autonomia, são centrais também para a liberdade protegida pela Décima Quarta Emenda. No coração da liberdade está o direito de cada pessoa definir seu próprio conceito de existência, de sentido, do universo, e do mistério da vida humana. Crenças sobre essas questões não poderiam definir os atributos da personalidade caso fossem constituídas sob coerção do Estado. (BARROSO, 2014. p. 43-45)

O sentido dado à liberdade de consciência e de convicção pela SCOTUS, subordinando-os à categoria jurídica tutelada da dignidade humana e dos direitos de personalidade, poderia ser (segundo esta perspectiva e exclusivamente para o efeito da vacinação, quando a única vida envolvida é a própria) albergado como uma barreira à intervenção do estado na vida privada dos indivíduos, em lição que, guardadas as devidas proporções, aplica-se ao cenário brasileiro para reconhecer que os direitos de personalidade podem funcionar como uma mecanismo assegurador do direito do indivíduo recusar ser inoculado com qualquer vacina.

Impedir que o indivíduo (logo, o único e exclusivo titular de direitos de personalidade tendentes à tutela de sua vida, integridade física, de consciência e convicção) seja impedido de decidir se aceita ou recusa se submeter a um programa de imunização/vacinação é excluí-lo do poder (soberano, como dito anteriormente) de gerir a própria vida, vale dizer, de seu direito de autodeterminação, colocando-o numa espécie de periferia do direito, onde os direitos e deveres do indivíduo frente ao estado erodem em seu conteúdo e operabilidade, tornando-se inúteis para oporem-se ao Leviatã.

Se o indivíduo deve ser e é o centro de gravidade do sistema jurídico, a decisão (e a responsabilidade pessoal daí decorrente) de submeter-se à vacinação ou a tratamento de saúde deve competir exclusivamente ao próprio indivíduo, única pessoa apta a sopesar as

vantagens e riscos de receber vacina ou tratamento oferecidos, já que
será ela a suportar os efeitos de sua (boa ou má) decisão:

> Só desta maneira se tornará transparente a realidade da pessoa
> como o centro de gravidade do Direito e se alcançará uma base
> segura para extrair todas as consequências desta posição.
> (ASCENSÃO, 2012. p. 56)

A capacidade do indivíduo para autodeterminar sua conduta,
assumindo os riscos de suas decisões em um futuro que é sempre incerto,
constitui expressão de sua consciência e convicção, verdadeira
materialização de sua integridade psíquica, esfera pessoal (ou seria
existencial) que ninguém deve ser autorizado invadir:

> No âmbito da doutrina alemã, refere-se aqui a paradigmática
> lição de Günter Dürig, para quem a dignidade da pessoa
> humana consiste no fato de que
>
> 'cada ser humano é humano por força de seu espírito, que o
> distingue da natureza impessoal e que o capacita para, com base
> em sua própria decisão, tornar-se consciente de si mesmo, de
> autodeterminar sua conduta, bem como de formatar a sua
> existência e o meio que o circunda'. (SARLET, 2007. p. 368)

O reconhecimento desta capacidade de autodeterminação, como
expressão de seus direitos de personalidade, impede que qualquer ente
externo e mesmo o estado, ainda que com a melhor das intenções (como
a dúbia ideia de promoção da saúde pública), interfira na decisão do
indivíduo, sob pena de, privando-o da condição humana e de qualquer
dignidade, tratá-lo não como um fim, mas como um meio, o que, além
de tautológico, significaria o mais completo retrocesso à carnificina
ocorrida nos campos de concentração alemães no curso do Século XX,
horror que foi o veículo desencadeador do reconhecimento do valor
fundamental da dignidade humana como elemento de proteção
autônoma do sistema jurídico.

> [...] a individualidade é diretamente reconhecida a dignidade
> humana, dignidade que - no sentido de Kant - exclui que uma
> pessoa possa ser transformada num meio para outros fins.
> (TEPEDINO; BARBOZA; MORAES, 2014. p. 710)

Uma objeção que poderia surgir neste momento seria a preponderância de direitos, que priorizaria direitos de índole coletiva ou social em detrimento de direitos individuais e supostamente "egoísticos". A este respeito, a ideia de hierarquia e consequente a dicotomia entre direitos individuais (como os de personalidade) e direitos sociais (como à saúde pública) é absolutamente falaciosa, principalmente quando direito individual que está em jogo é extrapatrimonial e interno do indivíduo, logo, relacionados à sua condição humana:

> A distinção entre os direitos individuais da personalidade e os direitos sociais, com a ideia de que aqueles sobrepujam estes, torna-se, diante do exposto, incabível. (LISBOA, 2012, p. 75)

De outro lado, ainda que se pretenda usar a técnica (bastante criticável) da ponderação sugerida por Robert ALEXY (2015, p. 117-118),[9] que em muito se aproxima a um jogo semântico empregado para legitimar decisões estritamente políticas (baseada mais das vezes em ideologias e paixões partidárias), em detrimento de decisões jurídicas (i.e., na lógica e racionalidade internas do direito), a barreira seria superada, pois, novamente, qualquer coerção que o estado imponha para frustrar (ainda que por via obliqua) direitos de personalidade incorreria em contradição performativa, indicativa de uma contradição entre o agir e o dizer (HOPPE, 2006. p. 341-380),[10] pois negaria a proteção da condição humana para os quais estes direitos foram criados ou reconhecidos.

Em resumo: não se pode impedir o indivíduo de tomar decisões, ainda que equivocadas, quando o valor em jogo é sua própria vida e saúde: admitir que o estado tem a palavra final sobre a vida e saúde dos indivíduos significa, ao fim e ao cabo, legitimar uma forma sutil (mas não menos perniciosa) de tirania estatal, o que é absolutamente incompatível com os fundamentos do estado contemporâneo (dentre os quais se encontra o direito de resistir à injustiça e iniquidade) e, pior

---

[9] A complexa "solução" que ALEXY propõe para o caso de "colisões de direitos" é, pura e simplesmente, a escolha arbitrária de um deles a partir de um discurso preso a uma lógica circular que tenta dar ares de legitimidade ao algo cuja gênese é viciada.

[10] A compreensão da ética argumentativa e da contradição performativa, cuja explicação excede a proposta deste estudo, pode ser conferida na obra de Hans-Hermann HOPPE. *The economics and ethics of private property: studies in political economy and philosophy.* 2nd ed. Auburn: Mises Institute, 2006.

ainda, afrontoso aos direitos de personalidade positivados na constituição e legislação ordinária nacionais.

A positivação de leis estatais impondo a obrigatoriedade da vacinação nunca foi vista com bons olhos pela população, sendo exemplo clássico da resistência popular à vacinação coercitiva o episódio conhecido como a "Revolta da Vacina", no qual as pessoas recusaram a vacina contra a varíola, ocorrida no Rio de Janeiro no início do Século XX e que espalhou caos e morte pela Capital em 1904.

Finalmente, no episódio da "Revolta da Vacina", a barreira anti-vacinação foi vencida em curto espaço de tempo pela argumentação (i.e., pelo debate de argumentos favoráveis e contrários à vacinação contra a varíola), ou seja, por meio de um processo cultural de persuasão da população, apoiada na experimentação e no processo científico, não como este é percebido pelos cientistas, mas como é compreendido pelo cidadão comum,[11] que, em 1908, rendeu-se às evidências e optou voluntariamente pela vacinação em massa contra a mesma doença.[12]

Conclusão

Procurou-se demonstrar neste breve estudo que os direitos de personalidade asseguram ao indivíduo, que é a menor minoria existente sob o Sol, um conjunto de poderes destinados à proteção de sua existência e identidade, abrangendo, mas não se limitando, ao respeito à sua incolumidade física, psíquica, de consciência e convicção, os quais, para serem factíveis, foram dotados de certos e determinados atributos.

O surgimento da Peste de Wuhan (denominação mais adequada para Covid-19, à semelhança da Gripe Espanhola) e a rapidez das promessas de criação de vacinas em tempo recorde para combatê-la e pôr fim à Pandemia, trouxe à tona discussões sobre a segurança e legitimidade da vacinação obrigatória (ou coercitiva) de adultos e crianças à luz do sistema jurídico e dos direitos humanos.

---

[11] SUROWIECKI, James. *A sabedoria das multidões*. Trad. Alexandre Martins. Rio de Janeiro: Record, 2006. p. 23-45.

[12] Conclui James SUROWIECKI: "Apesar de tudo, porém, as soluções para problemas de cooperação e de coordenação são reais no sentido de que elas funcionam. Elas não são impostas de cima, emergem da massa. E, no conjunto, são soluções melhores do que as que poderiam ser oferecidas por qualquer grupo de guardiões platônicos." (SUROWIECKI, James. *A sabedoria das multidões*. Trad. Alexandre Martins. Rio de Janeiro: Record, 2006. p. 328).

O direito positivado brasileiro contém disposições que determinam a vacinação obrigatória desde o Séc. XIX, "derrubadas" pelo povo no episódio da Guerra da Vacina que eclodiu no Rio de Janeiro em 1904; em paralelo, as principais normas atualmente vigentes a disciplinar o tema, que mantém o conceito de vacinação obrigatória, se baseiam em uma lógica anterior ao surgimento e consolidação dos direitos de personalidade, que procura dotar o indivíduo de direitos que lhe assegurem autonomia plena —autodeterminação— de decisão sobre sua vida, integridade física e de saúde e pleno exercício de liberdade de consciência e de convicção, que, pelo caráter "erga omnes", podem (e devem, sempre que o indivíduo julgar necessário) ser opostos para frear investidas político-estatais de ameaça ou iniciação de agressão a estes direitos.

Como apuramos neste estudo, realizada sob o prisma dos direitos de personalidade, ainda que vacinas (desde que provadas efetivas, seguras e sem efeitos colaterais de curso ou longo prazo) sejam eficazes e contribuam para evitar a propagação de inúmeras doenças, a vacinação obrigatória (ou coercitiva) mostra-se incompatível com o plexo de poderes instituídos pelos direitos de personalidade, que asseguram ao indivíduo o direito inalienável, irrenunciável e absoluto de resistir à inoculação obrigatória (ou coercitiva) de quaisquer substancias em seu corpo (i.e., em sua propriedade primordial) tanto quando submeter-se a tratamentos médicos indesejados, sendo irrelevante que o agente externo da coerção seja um particular ou o estado, como expressão de seu direito de autodeterminação.

A coerção do estado de impor a vacinação por meio de sanções civis, políticas (como condicionar o exercício de direitos à exigência de atestado de vacinação) e até mesmo criminais afigura-se no mínimo contraditória, pois, de se um lado tenta se legitimar sob o (duvidoso) pretexto de tutelar a saúde pública, de outro simplesmente aniquila os direitos humanos fundamentais de liberdade (que resguarda a todo indivíduo o direito de gerir sua própria vida) e dignidade (assegurador da impossibilidade de ser utilizado pelo estado para experimentos médicos, ainda que sob escusas imunológicas) assegurados pela Carta Magna, que, s.m.j. e apesar das ululantes violações ocorridas no curso da Pandemia, ainda permanece em vigor.

Ainda que as vacinas possam ser eficientes e seguras, do que realmente não se dúvida, não se pode esquecer de episódios nos quais causaram efeitos colaterais seríssimos (guardadas as devidas proporções e peculiaridades, a experiência relativamente recente do episódio Cutter e mesmo da medicação Talidomida não deveriam ter sido tão rapidamente desprezada), não sendo menos verdadeiro que o indivíduo é dotado da capacidade de ponderar os riscos que deseja correr, como suportar efeitos colaterais potenciais, cabendo a ele e apenas a ele a decisão final sobre a conveniência e oportunidade de se submeter, voluntariamente, à vacinação.

Referências bibliográficas

______. *A Revolta da Vacina*. Portal Fiocruz. Disponível em: https://portal.fiocruz.br/noticia/revolta-da-vacina-2. Acesso em: 20 nov. 2020.

______. *Empresa chinesa vendia vacinas falsas contra pólio, tétano e difteria*. RFI. Disponível em: https://www.rfi.fr/br/mundo/20180723-empresa-chinesa-vendia-vacinas-falsas-contra-polio-tetano-e-difteria. Acesso em: 20 set. 2020.

______. *Smallpox and the origin of vaccination*. Our Wolrd in Data. Disponível em: https://ourworldindata.org/vaccination. Acesso em: 10 set. 2020.

______. *What determines if vaccinations are compulsory?* Our Wolrd in Data. Disponível em: https://ourworldindata.org/vaccination. Acesso em: 10 set. 2020.

ALEXY, Robert. *Teoria dos direitos fundamentais*. Trad. Virgílio Afonso da Silva. 2.ed. São Paulo: Malheiros 2015.

ASCENSÃO, José de Oliveira. *O direito civil como o direito comum do homem comum*. Revista do Instituto do Direito Brasileiro, a. 1, n. 10, Lisboa, 2012, p. 45-57.

AZEVEDO, Antônio Junqueiro de. *Caracterização jurídica da dignidade da pessoa humana*. Revista USP, São Paulo, n.53, p. 90-101, março/maio 2002. p. 100.

BARROSO, Luís Roberto. *A dignidade da pessoa humana no direito constitucional contemporâneo: a construção de um conceito jurídico à luz da jurisprudência mundial*. Trad. Humberto Laport de Mello. 3.reimpr. Belo Horizonte: Fórum, 2014.

BOBBIO, Norberto. *O futuro da democracia: uma defesa das regras do jogo*. 6.ed. Trad. Marco Aurélio Nogueira. Rio: Paz e Terra, 1986.

DE CUPIS, Adriano de. *Os direitos de personalidade*. Trad. Afonso Celso Furtado Rezende. Campinas: Romana, 2004. p. 29.

FITZPATRICK, Michael. *The Cutter Incident: How America's First Polio Vaccine Led to a Growing Vaccine Crisis*. Journal of The Royal Society of Medicine, v. 99, n. 3, The Royal Society of Medicine, London, mar. 2006. p. 156.

Disponível em: https://www.ncbi.nlm.nih.gov/pmc/articles/PMC1383764/pdf/0156.pdf. Acesso em: 15 set. 2020.

HOPPE, Hans-Hermann. *The economics and ethics of private property: studies in political economy and philosophy*. 2nd ed. Auburn: Mises Institute, 2006.

LISBOA, Roberto Senise. *Contratos difusos e coletivos: a função social do contrato*. 4.ed. São Paulo: Saraiva, 2012.

MESQUITA, Evandro Afonso de; MESQUITA, Alessandra de Andrade Barbosa Santos de. *O direito de recusa do trabalhador fundado no direito natural de resistência em tempos de pandemia*. Revista Pensamento Jurídico, v. 14, n. 2, Edição Especial "Covid-19", São Paulo, 2020. p. 490-507.

ROBERTS, Michelle. *Covid-19: Pfizer/BioNTech vaccine judged safe for use in UK*. BBC. Disponível em: https://www.bbc.com/news/health-55145696. Acesso em: 4 dez. 2020.

RODRIGUES JÚNIOR, Otavio Luiz. *Direitos fundamentais e direitos da personalidade*. In: TOFFOLI, José Antônio Dias. 30 Anos da Constituição Brasileira. Rio: Forense, 2018. p. 683-687.

SARLET, Ingo Wolfgang. *As dimensões da dignidade da pessoa humana: construindo uma compreensão jurídico-constitucional necessária e possível*. Revista Brasileira de Direito Constitucional, n. 09, jan./jun. 2007, p. 361-388.

SUROWIECKI, James. *A sabedoria das multidões*. Trad. Alexandre Martins. Rio de Janeiro: Record, 2006

SZIANIAWSKI, Elimar. *Direito de personalidade e sua tutela*. São Paulo: Revista dos Tribunais, 2005, p. 89-91.

TEPEDINO, Gustavo; BARBOZA, Heloisa Helena; MORAES, Maria Celina Bodin de *Código Civil interpretado conforme a Constituição da República*. v. 4. Rio de Janeiro: Renovar, 2014.

GOVERNO ELETRÔNICO: ACESSIBILIDADE DIGITAL PARA AS PESSOAS COM DEFICIÊNCIA E O PLENO EXERCÍCIO DA CIDADANIA

Anna Carolina Cudzynowski[1]
Ana Elizabeth Lapa Wanderley Cavalcanti[2]

Sumário: Introdução. 1. Pessoas com deficiência: breve noção histórica e definição. 2. Sociedade da informação: acessibilidade na web aos deficientes visuais. 3. Do exercício da cidadania digital. 4. Do governo eletrônico. Conclusão. Referências bibliográficas.

Introdução

Na Antiguidade, as pessoas com deficiência, seja de natureza visual, física, ou de qualquer outra natureza, foram marginalizados do processo social, sendo vítimas de preconceitos e discriminações, encontrando grande dificuldade no processo de inclusão social, uma vez que tal inserção pressupõe, por parte de toda comunidade, a aceitação das diversidades, a integração e o convívio social.

Com a evolução da sociedade e, consequentemente, com a Promulgação da Constituição Federal de 1988 (Constituição cidadã), princípios e leis sobre a defesa dos direitos individuais se positivaram. Ressalta-se que com a Constituição de 1988, o ordenamento jurídico

---

[1] Mestre em Direito da Sociedade da Informação pelo Centro Universitário das Faculdades Metropolitanas Unidas (FMU-SP). Especialista em Direito Constitucional pela Pontifícia Universidade Católica de São Paulo (PUC-SP). Integrante do Grupo de Trabalho e Pesquisa "Biodireito e Direitos da Personalidade" coordenado pela Prof. Dra. Ana Elizabeth Lapa Wanderley Cavalcanti na Centro Universitário das Faculdades Metropolitanas Unidas (FMU-SP) Advogada. Lattes: http://lattes.cnpq.br/1010856142782731. Orcid: https://orcid.org/0000-0003-0632-1641. E-mail: anna_cudzynow@hotmail.com.

[2] Mestre e Doutora em Direito pela Pontifícia Universidade Católica de São Paulo (PUC-SP). Professora da Graduação em Direito e Mestrado em Direito da Sociedade da Informação do Centro Universitário das Faculdades Metropolitanas Unidas (FMU-SP). Pesquisa acadêmica na área do Biodireito, Direitos da Personalidade; Sociedade da Informação; Direitos Humanos; Direito de Família e Direito Civil. Professora Responsável pelo Grupo de Trabalho e Pesquisa Biodireito e Direitos da Personalidade ligado ao Mestrado em Direito da Centro Universitário das Faculdades Metropolitanas Unidas (FMU-SP). Lattes: http://lattes.cnpq.br/7653309548801946. Orcid: http://orcid.org/0000-0001-7324-4741. Contato: aelwc@terra.com.br.

brasileiro passou a ter como um dos seus fundamentos o princípio da dignidade da pessoa humana, reconheceu direitos e garantias fundamentais como o direito à igualdade, à isonomia, à cidadania, bem como os dos direitos sociais e políticos.

Nesse patamar, com o advento da sociedade em rede, na qual a informação passou a ter imenso valor, sendo que as relações humanas passaram a ser mediadas por intermédio da internet, torna-se crucial a garantia de acessibilidade digital a todos, incluindo-se, sem sombras de dúvidas, os deficientes visuais. Para tanto, dentre outros diplomas legais que pode-se indicar para o estudo da temática, elenca-se, em especial, o Marco Civil da internet (Lei 12.965/2014), bem como a Convenção Internacional sobre os Direitos das pessoas com deficiência e seu protocolo facultativo que o Brasil é signatário, ambos diplomas dispondo acerca da inclusão digital das pessoas com deficiência, para a efetivação dos direitos e garantias fundamentais previstos na Lei Maior.

Nesse sentido, nos anos 2000, objetivando a participação cidadã em assuntos relacionados às políticas públicas e buscando colocar o governo acessível a todos, surge a figura do Governo Eletrônico, que pode ser definido como uma infraestrutura única de comunicação compartilhada por diferentes órgãos públicos para melhor gestão pública ao cidadão.

Assim, pode-se afirmar que o Governo Eletrônico é o método atual desenvolvido na sociedade da informação para o exercício da cidadania digital, sendo assim de suma importância propiciar e garantir a inclusão dos deficientes em tal ferramenta, bem como em outras existentes, para que possam exercer o direito constitucional da cidadania de forma autônoma, e consequentemente os direitos políticos, podendo externar opiniões, ter acesso às informações, às inovações, às propostas, ou seja, exercer o direito à cidadania de forma plena.

Portanto, o presente artigo será dividido em quatro tópicos, sendo que o primeiro irá fazer um breve relato histórico acerca dos deficientes, bem como apresentará o conceito de deficientes e dados do Censo do IBGE. O tópico seguinte analisará a Sociedade da Informação, conceituando-a, bem como abarcará a temática da acessibilidade na web aos deficientes visuais para o rompimento de barreiras, trazendo à baila tratados internacionais, dispositivos constitucionais e legislação infraconstitucional. No tópico seguinte, será estudado o conceito de cidadania, bem como a cidadania digital e, por fim, no último tópico será abordado o Governo Eletrônico, seu conceito, características e consequências para a sociedade e, em especial, aos deficientes.

1. Pessoas com deficiência: breve noção histórica e definição

Durante a Antiguidade, as pessoas com deficiência foram marginalizadas do processo social. Os gregos abandonavam as crianças deficientes nas montanhas, ao passo com que os romanos os atiravam nos rios.

Considerava-se que a pessoa com deficiência era objeto de feitiçaria ou, ainda, tinham alguma espécie de associação com o demônio, razão pela qual se justificava a marginalização ou, até mesmo, o sacrifício (LISBOA, 2014, p. 341). Somente a partir do Século XVIII, que foi dada maior atenção aos chamados deficientes, especialmente ao visual, possibilitando a eles o acesso ao ensino.[3]

Nessa toada, com a evolução da sociedade e o aprimoramento da noção de cooperação e humanidade entre os povos, a tratativa anterior destinada às pessoas com deficiência sofreu drástica mudança e valores como a dignidade da pessoa humana, assim como os direitos da personalidade foram positivados (Constituição cidadã de 1988) em legislação especial.

Primeiramente, urge salientar que a Constituição Federal de 1988 não conceituou quem deficiência e nem mesmo quem seria considerado como pessoa com deficiência, contudo, tal definição encontra-se no artigo 1º da Convenção Internacional sobre o Direito das pessoas com

---

[3] Valentin HAUY (1745-1822), preocupado com a inserção cultural e social dos cegos, fundou a primeira escola a eles destinada, que depois passou a ser chamada de Institut National de Juenes Aveugles, local no qual estabeleceu as bases da chamada educação especial, mediante a sistematização do processo educacional chamada educação especial, mediante a sistematização do processo educacional de adaptação da criança deficiente à sociedade. Sua proposta de alfabetização do cego a partir das letras em relevo foi reconhecida pela Academia de Ciências. Coube ao Capitão de Artilharia Charles Barbier (1767-1841) criar um sistema de leitura de instruções recebidas durante o período noturno, sem o auxílio de luz. Para isso, valeu-se da transcrição dos sons com pontos de relevo. Muito embora não contribua para a ortografia, pontuação ou adoção de números na escrita, trata-se de sistema organizado cuja simplificação facilita consideravelmente a comunicação. Louis Braille (1809-1852) se interessou pelo sistema de escrita noturna de Barbier, adaptando-o para o conhecido sistema Braille de comunicação escrita. Criou uma matriz de compreensão mais rápida que a de Barbier, substituindo o sistema tátil 2x6 por um menor (2x3), cuja demonstração é feita em sua obra *Procedé pour écrire les paroles, la musique et le plain-chant au moyen de points à l'usage des aveugles et disposés pour eux*. (LISBOA, 2014, p. 341).

Deficiência e seu protocolo facultativo assinado pelo Brasil em 30.03.2007.

Segundo prescreve o artigo 1º da mencionada Convenção Internacional[4], pessoas com deficiência podem ser definidas como aquelas que possuem impedimentos de longo prazo de natureza física, mental, intelectual ou sensorial, os quais, em interação com diversas barreiras, podem obstruir sua participação plena e efetiva na sociedade em igualdades de condições com as demais pessoas.

Urge mencionar que a Convenção Internacional sobre o Direito das pessoas com Deficiência ingressou no ordenamento jurídico brasileiro por meio do Decreto nº 6949/2009 e é de inquestionável relevância, face o seu status de emenda constitucional (MASSON, 2018, p. 233), tendo em vista o processo legislativo de aprovação, nos termos do artigo 5º, parágrafo 3º da Constituição Federal[5]. É o único tratado de direitos humanos assinado no Brasil que possui tal status, sendo que os demais têm natureza supralegal.

De acordo com Flávia PIOVESAN (2014, p. 297-298), o propósito maior da Convenção é promover, proteger e assegurar o pleno exercício dos direitos humanos das pessoas com deficiência, demandando dos Estados-partes medidas legislativas, administrativas e de outra natureza para implementação dos direitos nela previstos.

Assim, vislumbra-se a preocupação, inclusive de caráter internacional, no que se refere a proteção das pessoas com deficiência. A preocupação pautou-se, inclusive, em relação à terminologia a ser utilizada. Antes da Convenção era comum o uso do termo "pessoas portadoras de deficiência" ou "pessoas portadoras de necessidades especiais", após o advento da Convenção, passou-se a utilizar "pessoa com deficiência", como melhor terminologia aplicável à situação. Nesse sentido, salienta Luiz Alberto David ARAÚJO:

> O artigo primeiro traz um conceito de pessoa com deficiência, que, a partir de sua hierarquia, alterou toda a sistemática internacional, sendo, dessa forma, obrigatória a sua adoção.

---

[4] *Convenção Internacional sobre o Direito das Pessoas com Deficiência e seu protocolo* facultativo. Disponível em: http://www.planalto.gov.br/ccivil_03/_ato2007-2010/2009/decreto/d6949.htm. Acesso em: 10 dez. 2019.

[5] "Art. 5º [...] § 3º. Os tratados e convenções internacionais sobre direitos humanos que forem aprovados, em cada Casa do Congresso Nacional, em dois turnos, por três quintos dos votos dos respectivos membros, serão equivalentes às emendas constitucionais (incluído pela Emenda Constitucional n. 45/2004).

> Como se vê, o conceito anterior era baseado em um critério médico; a Convenção trouxe um critério ambiental, modificando, portanto, a normativa existente. Além disso, há dispositivos na Convenção de aplicabilidade imediata, como a regra que veda o retrocesso, determinando que a Convenção não se aplicará, caso haja norma interna mais protetiva (artigo 4º, item 4, da Convenção). As definições constantes do artigo 2º, como desenho universal, comunicação, dentre outras, servem de baliza para o legislador ordinário. (ARAÚJO, 2014, p. 290)

Superados os conceitos, urge destacar o número de pessoas com deficiência no Brasil. Segundo dados do censo IBGE-2010, cerca de 45,6 milhões de brasileiros possuem algum tipo de deficiência. Isso corresponde a aproximadamente 23,9% de toda população (LEITE, 2014, p. 303). A deficiência visual apresenta mais de 15,6 milhões de pessoas e é a que apresenta maior incidência no Brasil, seguida pela deficiência motora, auditiva, mental e física, em ordem decrescente (GUIMARÃES, 2010, p. 124).

A sociedade está marcada por tecnologias que revolucionam a percepção e a atuação humanas sobre o mundo, e que nos leva a uma nova forma de interagir social, em um momento denominado de Sociedade da Informação e do Conhecimento, determinado pela crescente onipresença e influência das novas tecnologias e da internet, que devem ser contempladas para um melhor entendimento do presente e do futuro dos cidadãos (POLIZELLI, 2008. p. prefácio x), o que atinge diretamente, e de forma mais contundente, àqueles que possuem limitações e já merecem uma maior proteção Estatal, como é o caso das pessoas com deficiência.

Nessa toada, verifica-se a importância do tema aqui estudado, face o número de deficientes no País. Assim, conforme se estudará nos tópicos a seguir, em tempos de Sociedade da Informação, de rigor a necessidade de garantir o acesso, de forma autônoma, às pessoas com deficiência, especialmente no que tange ao Governo Eletrônico, que garantirá o pleno exercício da democracia.

2. Sociedade da informação: acessibilidade na web aos deficientes visuais

De acordo com Roberto Senise LISBOA (2006, p. 78-98), a sociedade da informação, que também pode ser denominada de "sociedade do conhecimento", identifica o período histórico a partir do qual há a "preponderância da informação sobre os meios de produção e a distribuição dos bens na sociedade que se estabeleceu a partir da vulgarização das programações de dados utiliza dos meios de comunicação existentes", não se limitando, "pois, ao computador ou a um direito informático, já que estende-se a qualquer meio de comunicação presencial ou não."

Sendo assim, sociedade da informação pode ser caracterizada pelo uso de novas tecnologias para armazenamento, acesso e transmissão de dados. A internet possibilitou a comunicação em tempo real e sem limitações geográficas, tratando-se de verdadeira revolução que atinge todas as bases da sociedade, seja as relações sociais, culturais ou econômicas

Na atual era da Sociedade da Informação, período vivido pela humanidade em que a propagação de informações, ideias e conhecimento passou a crescer vertiginosamente, o conjunto dos bens imateriais passou a valer mais do que o correspondente aos bens materiais (MARTINS, 2017, p. 140).

Nessa toada, pode-se dizer que uma das grandes características da Sociedade da Informação, ou, sociedade em rede, conforme aduz Manuel Castells (2018, p. 61), é o acesso amplo e irrestrito as mais variadas informações, que passaram a ter valor na atual era, possibilitando o exercício de diversas atividades na rede, tais como: comércio eletrônico, acesso à conteúdos educacionais, acesso ao governo eletrônico.

Face a importância do acesso à informação na era digital, surge a figura da acessibilidade na web. O conceito de acessibilidade passou, e ainda passa, por várias transformações. Conforme Bruna Castanheira de FREITAS:

> Estima-se que já em 65 antes de Cristo (a.C.) havia uma epístola anônima hebraica que dizia: "e fazei caminhos retos para os vossos pés, para que não se extravie o que é manco, antes seja curado", revelando que a preocupação com a acessibilidade já existe há milhares de anos. Esta epístola apresenta um conceito interessantíssimo ao afirmar que, a partir do momento em que

> se elimina uma barreira, a deficiência é "curada." (FREITAS, 2015, p. 155)

Nesse patamar, para o presente estudo e tendo em vista a sociedade em rede, destaca-se a questão da acessibilidade na web, ou seja, a elaboração de websites que possam ser utilizados por todas as pessoas, inclusive as pessoas com deficiência, de forma livre e autônoma.

Devido a importância do tema, o artigo 9º, "caput" do Tratado Internacional sobre o Direito das pessoas com Deficiência e seu protocolo facultativo[6] traz à baila a questão da acessibilidade nos meios digitais às pessoas com deficiência, prevendo que é dever do Estado igualdade de oportunidades com as demais pessoas, devendo adotar medidas de inclusão aos sistemas de tecnologia de informação e comunicação.

No plano internacional, tem-se também a Declaração de Tunes[7], que é o primeiro Tratado Internacional a se preocupar com a sociedade da informação e que em uma das suas considerações prevê que a informação e o conhecimento são bens comuns e que o direito à comunicação é um direito fundamental e inalienável. No mais, em uma das suas constatações dispõe acerca da importância da inclusão digital para destravar o exercício do direito à comunicação.

Na seara constitucional, o artigo 227, §1º, II, da CF,[8] dispõe que é uma das responsabilidades do Estado a integração de pessoa com

---

[6] Art. 9º, "caput": A fim de possibilitar às pessoas com deficiência viver de forma independente e participar plenamente de todos os aspectos da vida, os Estados Partes tomarão as medidas apropriadas para assegurar às pessoas com deficiência o acesso, em igualdade de oportunidades com as demais pessoas, ao meio físico, ao transporte, à informação e comunicação, inclusive aos sistemas e tecnologias da informação e comunicação, bem como a outros serviços e instalações abertos ao público ou de uso público, tanto na zona urbana como na rural. Essas medidas, que incluirão a identificação e a eliminação de obstáculos e barreiras à acessibilidade, serão aplicadas, entre outros, a: [...]."

[7] *Declaração de Tunes*. Disponível em: https://movimientos.org/es/node/24127/ Acesso em: 29 mai. 2019.

[8] "Art. 227 [...] §1º. O Estado promoverá programas de assistência integral à saúde da criança, do adolescente e do jovem, admitida a participação de entidades não governamentais, mediante políticas específicas e obedecendo aos seguintes preceitos: II- criação de programas de prevenção e atendimento especializado para as pessoas portadoras de deficiência física, sensorial ou mental, bem como de integração social do adolescente e do jovem portador de deficiência, mediante o treinamento para o trabalho e a convivência, e a facilitação do acesso aos bens e serviços coletivos, com a eliminação de obstáculos arquitetônicos e de todas as formas de discriminação."

deficiência para, entre outras coisas, a total convivência e facilitação do acesso aos bens e serviços coletivos.

Outrossim, o Marco Civil da Internet (Lei 12.956/2014), em seus artigos 7º, XII[9] e 25, II[10] preveem a inclusão digital das pessoas com deficiência, denotando a preocupação do legislador em inserir todos no mundo digital, pois, caso contrário, violaria direitos e garantias fundamentais mínimos, algo totalmente inadmissível na ordem jurídica brasileira.

Urge mencionar também o artigo 3º da Lei 13.146/2015 (Estatuto da Pessoa com Deficiência) [11] que dispõe no inciso 1º acerca da acessibilidade nos meios de comunicação e informação, inclusive seus sistemas de tecnologia.

Ademais, no inciso IV encontra-se o conceito de barreiras, aduzindo ser "qualquer entrave, obstáculo, atitude ou comportamento que limite ou impeça a participação social da pessoa, bem como o gozo, a fruição e o exercício de seus direitos à acessibilidade, à liberdade de movimento e de expressão, à comunicação, ao acesso à informação, à compreensão, à circulação com segurança, entre outros."

Portanto, as novas tecnologias da informação geraram novos estilos e possibilidades de relacionamentos, em todas as esferas da convivência humana. Nas palavras de Bruna Castanheira de FREITAS:

> uma web ou ciberespaço acessível é aquele no qual qualquer pessoa, independente de possuir ou não qualquer tipo de deficiência, consegue fazer uso totalmente seguro e autônomo das funções disponibilizadas nesse meio e aproveitar as oportunidades fornecidas por ele. É importante notar também que quando uma pessoa consegue usar a rede de forma completamente autônoma, ela está exercendo e fortalecendo sua própria independência. (FREITAS, 2015, p. 159)

---

[9] "Art. 7º. O acesso à internet é essencial ao exercício da cidadania, e ao usuário são assegurados os seguintes direitos: [...] XIII- acessibilidade, consideradas as características físico-motoras, perceptivas, sensoriais, intelectuais e mentais do usuário, nos termos da Lei."

[10] "Art. 25. As aplicações de internet de entes do poder público devem buscar: [...] II- acessibilidade a todos os interessados, independentemente de suas capacidades físico-motoras, perceptivas, sensoriais, intelectuais, mentais, culturais e sociais, resguardados os aspectos de sigilo e restrições administrativas e legais."

[11] *Estatuto da Pessoa com Deficiência.* Disponível em: http://www.planalto.gov.br/ccivil_03/_ato2015-2018/2015/lei/l13146.htm/ Acesso em: 11 dez. 2019.

Dessa forma, mais do que importante, antes necessário, que se pensem as estruturas sociais e os problemas jurídicos surgidos no cenário da sociedade da informação, uma vez que é crucial garantir a acessibilidade às pessoas com deficiência, sob pena de exclusão digital e afronta a dignidade da pessoa humana.

Cabe, portanto, na sociedade informatizada e digital constituída ultimamente, que as políticas para a construção de sites acessíveis sejam efetivas, produzindo impactos positivos no âmbito social, técnico, legal, político, pessoal e ético em benefício das pessoas com deficiência, como muito bem pontua Arthur Oscar GUIMARÃES:

> No aspecto social, ao se criarem meios para as pessoas com deficiência tenham acesso a uma série de informações importantes, viabiliza-se o aumento de sua capacidade de interação e comunicação com outros indivíduos e com o seu governo, a possibilidade de exercer sua cidadania sem limitações e, ainda, compartilhar conhecimentos. Do ponto de vista econômico, com a difusão do comércio eletrônico nas diversas áreas, não se descartará o potencial de compra dessa fatia da sociedade. Pelo lado técnico, quando um site é acessível, torna-se facilmente indexado e localizado pelos mecanismos de busca tão utilizados no mundo virtual. Quanto às razões técnicas, ganha relevo a satisfação de construir um site totalmente acessível, fato que representa adquirir e praticar novos conhecimentos. Essa busca permitirá redesenhar o espaço virtual de forma a torná-lo mais sustentável. Na essência, busca-se a sustentabilidade entre as gerações, atual e futura. (GUIMARÃES, 2010, p. 131-132)

Assim, conforme será abordado nos tópicos seguintes, essencial é a necessidade da inclusão digital das pessoas com deficiência, em especial no que tange aos serviços oferecidos pelo governo eletrônico, para o pleno exercício da cidadania desses cidadãos. Contudo, por óbvio, só é possível o aceso adequado mediante o oferecimento das ferramentas necessárias para que os usuários que possuam barreiras possam ter o acesso garantido e exercer os seus direitos como cidadãos livres e autônomos.

3. Do exercício da cidadania digital

O vocábulo cidadania, do latim *civitate,* provém de *ciuitas* que, por sua vez, significa cidade, cidadania ou Estado. Assim, cidadania designa aquele que possui ligação com a cidade. Por outro lado, *ciuitas* deriva de *ciuis. Ciuis* relaciona-se ao ser humano livre e, por isso, *ciuitas* carrega a noção de liberdade em seu centro. Dessa feita, cidadania carrega a percepção da liberdade (SIQUEIRA JUNIOR, 2015, p.173).

Importante ressaltar que, cidadania é um dos fundamentos da República Federativa do Brasil e está prevista no artigo 1º, II, da Constituição Federal como o liame/vínculo entre o cidadão e o Estado, possibilitando a participação do indivíduo (cidadão) nos assuntos políticos do país, transformando-o em sujeito político.

No mais, a cidadania possui vinculação direta com a democracia, assim como com o princípio da dignidade da pessoa humana. Neste aspecto, importante é o pensamento de José Afonso da SILVA quando defende:

> Pode-se afirmar que, sendo a democracia um conceito histórico que evolui e se enriquece com o evolver dos tempos, assim também a cidadania ganha novos contornos com a evolução democrática. É por essa razão que se diz que a cidadania é tributária da soberania popular. A cidadania, assim considerada, consiste na consciência de pertinência à sociedade estatal como titular dos direitos fundamentais, da dignidade como pessoa humana, da integração participativa no processo do poder, com a igual consciência de que essa situação subjetiva envolve também deveres de respeito à dignidade do outro, de contribuir para o aperfeiçoamento de todos. (SILVA, 2014, p. 36)

Segundo Paulo Hamilton SIQUEIRA JUNIOR (2015, p. 180), atualmente, na relação entre cidadão e Estado, fala-se em cidadania digital na medida em que a sociedade da informação amplia a possibilidade de participação nos negócios do Estado. Vai além o mencionado autor, quando ressalta que a era da internet trouxe a possibilidade de maior participação democrática.

Nesse sentido, possibilitar o acesso à internet é fundamental para que cada cidadão (ã) possa, de fato, fazer parte dos processos decisórios do mundo contemporâneo (TEIXEIRA, 2013, p. 7).

Denota-se, portanto, que a comunicação e o conhecimento se tornaram fatores centrais na vida pública e privada na sociedade moderna. Na sociedade atual é imprescindível dizer que o acesso à informação é um direito primordial e essencial para garantir o exercício dos direitos fundamentais e da cidadania digital, em particular, às pessoas com deficiência, para que exerçam seus direitos de forma autônoma.

4. Do governo eletrônico

O artigo 37 "caput", da Constituição Federal traz consigo os princípios da Administração Pública direta e indireta, quais sejam: legalidade, impessoalidade, moralidade, publicidade e eficiência.

Nesse patamar, verifica-se a existência de uma ligação entre eles, mas, para o presente estudo, destaca-se o princípio da publicidade que se encontra ligado à transparência na gestão dos serviços públicos.

Assim, nos anos 2000 surgiu a figura do Governo Eletrônico que constitui nova forma de relacionamento da Administração Pública com a sociedade, evidenciando a prestação de serviços sem a necessidade da presença física, propiciando a publicidade dos atos estatais.

Governo Eletrônico é uma infraestrutura única de comunicação compartilhada por diferentes órgãos públicos a partir da qual a tecnologia da informação e da comunicação é usada de forma intensiva para melhorar a gestão pública e o atendimento ao cidadão. Assim, seu objetivo é colocar o governo ao alcance de todos, ampliando a transparência das suas ações e incrementando a participação cidadã (SILVA, 2015, p.212).

Um dos principais objetivos do Governo Eletrônico é diminuir as distâncias entre os Poderes Legislativo, Executivo e Judiciário e os cidadãos, permitindo o diálogo, a análise de propostas, otimização de serviços e a discussão de assuntos relevantes para toda sociedade.

Por óbvio, a disponibilização de dados públicos, contribui, em tese, para uma maior transparência na gestão, incentivando o controle social e qualificando a prestação de contas por parte dos governantes (SALDANHA, 2015, p. 408).

Nas palavras de Jânia Maria Lopes SALDANHA (2015, p. 408), com a implantação do governo eletrônico, O Estado se vê confrontado à necessidade de ampliar o acesso dos indivíduos às informações relativas ao seu próprio funcionamento e, citando Piana, aponta as quatro etapas do Governo Eletrônico:

> a-) Informação, disponibilizada em páginas meramente "passivas ou estáticas, não receptoras de pedidos ou consultas"; b-) interação, através da qual o usuário "já pode efetuar consultas e obter respostas da Administração pela via eletrônica (customer interactivity); c) gestão eletrônica, através da qual trâmites formais podem ser iniciados pela via eletrônica, desde que não envolvam pagamentos ou assinaturas digitais; e, por fim, d-) transação, através da qual alguns trâmites podem ser totalmente realizados pelos cidadãos pela via eletrônica, sem necessidade de que estes se desloquem ou tenham de utilizar papéis. (PIANA, 2015, p. 400)

Conforme salienta Arthur Oscar GUIMARÃES (2010, p. 128), no momento da criação do Governo Eletrônico (E-Gov), em sua proposta de Governo Eletrônico, o Brasil tinha como principal objetivo ofertar na internet todos os serviços, quais sejam:

> Acesso a informações, convergência e integração de redes e sistemas de informações, implantação de infraestrutura avançada, utilização do poder de compra do Governo, pontos de acesso público à internet e o fortalecimento da competitividade sistêmica da economia. Suas metas principais eram: serviços e informações na internet; cartão do cidadão; central de atendimento roteadora; compras governamentais pela internet; pontos eletrônicos de presença; informatização de ações educacionais; rede nacional de informações sobre saúde; sistema integrado de segurança pública; portal de apoio ao micro e pequeno agricultor; e portal de apoio ao emprego.

Merece destaque também, o Marco Civil da Internet (Lei 12.965/2014) que ao prever a atuação do Poder Público na sociedade da informação, elegeu inúmeras diretrizes que o Estado deve observar no desenvolvimento da internet que se encontram intimamente ligados ao Governo Eletrônico, evidenciando-se: a adoção de padrões de interoperabilidade (art. 24, IV) [12] , usabilidade (art. 25, IV) [13] e acessibilidade (art. 25, (II)[14].

Um marco no Governo Eletrônico ocorreu durante o mandato do Presidente Luiz Inácio Lula da Silva com a elaboração do documento de referência dos Padrões de Interoperabilidade de Governo Eletrônico (e-PING)[15] que, no Capítulo 08, apresenta a seguinte redação:

> Os sistemas de informação do Governo serão projetados de maneira a respeitar a legislação brasileira, suportando dispositivos que forneçam acessibilidade aos cidadãos portadores de necessidades especiais, a grupos étnicos minoritários e àqueles sob risco de exclusão social ou digital.

Entretanto, conforme ressalta Maria Isabel ARAUJO (2010, p. 129), o documento acima é elogiável, porém é necessário se garantir maior compromisso político na direção da inclusão digital no Brasil.

Nesse sentido, em que pese os avanços tecnológicos, as previsões legais e o advento do Governo Eletrônico desde os anos 2000, uma pesquisa realizada pela W3C Brasil e o Núcleo de Informação e Coordenação do Ponto BR (NIC.br), revela que somente 2% das páginas da web governamentais são acessíveis, do total de mais de 6 milhões de páginas analisadas, mesmo somando o surgimento do Decreto nº 5.296 (FREITAS, 2015, p. 164).

Uma vez que a "cidadania é um conceito decorrente do princípio do Estado Democrático de Direito e consiste na participação política do indivíduo nos negócios do Estado e até mesmo em outras áreas de interesse público" (NOVELINO, 2008, p. 203), como um deficiente conseguirá exercer a cidadania digital se as plataformas não são acessíveis para tal grupo de pessoas?

---

[12] "Art. 24. Constituem diretrizes para a atuação da União, dos Estados, do Distrito Federal e dos Municípios no desenvolvimento da internet no Brasil: IV: promoção da interoperabilidade entre sistemas e terminais diversos, inclusive entre os diferentes âmbitos federativos e diversos setores da sociedade;".

[13] "Art. 25. As aplicações de internet de entes do poder público devem buscar: [...] IV - facilidade de uso dos serviços de governo eletrônico;".

[14] "Art. 25; [...] II - acessibilidade a todos os interessados, independentemente de suas capacidades físico-motoras, perceptivas, sensoriais, intelectuais, mentais, culturais e sociais, resguardados os aspectos de sigilo e restrições administrativas e legais;".

[15] *Padrões de Interoperabilidade de Governo Eletrônico-ePing*. Disponível em http://eping.governoeletronico.gov.br/. Acesso em: 12 dez. 2019.

Uma proposta de Governo Eletrônico, por mais detalhada que seja, não logrará êxito se a experiência não for vivenciada pela sociedade, ou seja, de nada adiantará se os cidadãos não se sentirem partícipes e incorporarem o uso de Tecnologias de Informação e Comunicação (TIC) para se relacionar com a administração, propor políticas públicas, reivindicar soluções e participar ativamente dos rumos do governo (SILVA, 2015, p.230).

Ora, o acesso facilitado, ou seja, por intermédio das ferramentas digitais, às informações públicas, conferem maior transparência aos atos de gestão e mais, permite que a sociedade possa participar do processo político, algo que não tem ocorrido com os deficientes.

O Governo Eletrônico, por meio das Tecnologias de Informação e Comunicação (TIC) no setor público tem potencial para promover o aprofundamento da democracia, mas esse desiderato só será alcançado se junto com o provimento de soluções em Tecnologia da Informação também se operar uma mudança cultural, tanto sob o ponto de vista dos administradores, quanto na conduta dos administrados (SILVA, 2015, p.230).

Conclusão

Diante do exposto, denota-se assim que o Brasil possui instrumentos necessários à promoção da inclusão digital das pessoas com deficiência, mas que no momento ainda não se atingiu o grau máximo de excelência. E, espera-se que mais Políticas Públicas surjam para esta finalidade. Importante oferecer para TODAS as pessoas, todos os cidadãos, o direito ao pleno exercício da sua cidadania, sem qualquer distinção e, no caso das pessoas com deficiência, isso só será possível mediante a diminuição ou eliminação de barreiras (de todas as modalidades) para que o indivíduo possa exercer seu direito de forma consciente, esclarecida e, principalmente, com autonomia!

A acessibilidade passou a ser uma ferramenta essencial para o exercício da cidadania, encontrando-se ao lado da dignidade da pessoa humana, como fundamento para a efetivação de direitos e garantias fundamentais, inclusive. Sem esquecer, ainda, que tanto a dignidade da pessoa humana como a cidadania são fundamentos da República Federativa do Brasil, insculpidos no artigo 1º, II e III, da CF.

Levando-se em consideração a ideai de vulnerabilidade, as pessoas com deficiência necessitam de mecanismos para se desenvolverem e, o presente artigo teve como intuito, portanto, traçar um percurso reflexivo acerca do tema e da importância e necessidade de inclusão digital das pessoas com deficiência na Sociedade da Informação.

Garantir a acessibilidade na web permitirá a inclusão e a cidadania digital, fazendo valer as ideias e propostas do Governo Eletrônico, propiciando às pessoas com deficiência, autonomia, independência e participação em assuntos políticos, o que promoverá o desenvolvimento nacional e emancipação de toda a população com algum tipo de deficiência.

Referências bibliográficas

ARAUJO, Luiz Alberto David. *Painel sobre os Direitos das Pessoas com Deficiência no sistema Constitucional Brasileiro*. LEITE. Flavia Piva Almeida (Org.) et al. *Direito da Infância, Juventude, Idoso e Pessoas com Deficiência*. São Paulo: Atlas, 2014.

BRASIL. *Constituição da República Federativa do Brasil*. Coleção Saraiva de Legislação. São Paulo, Saraiva, 2014.

BRASIL. *Convenção Internacional sobre o Direito das Pessoas com Deficiência e seu protocolo facultativo*. Disponível em: http://www.planalto.gov.br/ccivil_03/_ato2007-2010/2009/decreto/d6949.htm. Acesso em: 10 dez. 2019.

BRASIL. *Estatuto da Pessoa com Deficiência. Lei 13.146, de 06 de julho de 2015*. Disponível em: http://www.planalto.gov.br/ccivil_03/_ato2015-2018/2015/lei/l13146.htm/. Acesso em: 29 mai. 2019.

BRASIL. Governo Digital. Disponível em: https://www.governodigital.gov.br/. Acesso em: 10 dez. 2019.

BRASIL. *Marco Civil da Internet. Lei 12.965, de 23 de abril de 2014*. Disponível em: http://www.planalto.gov.br/ccivil_03/_ato2011-2014/2014/lei/l12965.htm. Acesso em: 12 dez. 2019.

BRASIL. *Padrões de Interoperabilidade de Governo Eletrônico-ePing*. Disponível em: http://eping.governoeletronico.gov.br/. Acesso em: 12 dez. 2019.

CASTELLS, Manuel. *A sociedade em rede. Vol. 01*. Rio de Janeiro: Paz & Terra, 2018.

CAVALCANTI, Ana Elizabeth Lapa Wanderley; LEITE, Flávia Piva Almeida; LISBOA, Roberto Senise (coord). *Direito da infância, juventude, idoso e pessoas com deficiência*. São Paulo, Atlas, 2014.

FREITAS, Bruna Castanheira. *A Acessibilidade e o Direito de navegar na Web.* SIMÃO FILHO, Adalberto (org). *Direito e internet III – marco civil da internet – lei 12.965/2014 tomo II.* São Paulo: Quartier Latin, 2015.

GUIMARÃES, Arthur Oscar. *Acessibilidade digital: uma estratégia de inclusão digital e social para pessoas com deficiência.* TUNES, Elizabeth (Coord). *Nos limites da ação- Preconceito inclusão e deficiência.* São Carlos: Edufscar, 2010.

KALUME, Pedro de Alcântara. *Deficientes ainda um desafio para o governo e para a sociedade.* São Paulo: Editora LTR, 2005.

LISBOA, Roberto Senise. *Acesso à informação Digital para deficientes visuais.* CAVALCANTI, Ana Elizabeth Lapa Wanderley *et al* (Org.). *Direito da infância, juventude, idoso e pessoas com deficiência.* São Paulo: Atlas, 2014.

LISBOA, Roberto Senise. *Direito na sociedade da informação. Revista dos Tribunais.* São Paulo, v. 95, n. 847, p. 78-98, mai/2006.

MARTINS, Marcelo Guerra; BARCELLOS, Rodrigo da Silveira. *Demissão por justa causa por aprovação de comentário ("curtida") contra o empregador no Facebook. Redes: R. Eletr. Dir. Soc.,* Canoas, v. 5, n.1, p. 133-141, mai, 2017.

MASSON, Nathalia. *Manual de direito constitucional.* 6.ed. Salvador: Revista dos Tribunais, 2018.

NOVELINO, Marcelo. *Direito constitucional.* 2.ed. São Paulo: Editora Método, 2008.

PIOVESAN, Flávia. *Direitos humanos e o direito constitucional.* 14.ed. São Paulo: Saraiva, 2014.

POLIZELLI, Demerval L; OZAKI, Adalton M (Org.). *Sociedade da informação – os desafios da era da colaboração e da gestão do conhecimento.* São Paulo: Saraiva, 2008.

SALDANHA, Jânia Maria Lopes; MACHADO, Sadi Flores. *Da ciberdemocracia aos movimentos sociais e do governo eletrônico à lei de acesso à informação pública no Brasil: dimensões de política e da democracia na sociedade em rede. Anuário latino-americano de derecho constitucional, v.1,* p 6-648, 2015.

SILVA, José Afonso da. *Comentário contextual à Constituição.* 9.ed. São Paulo: Malheiros, 2014.

SILVA, Rosana Leal da. *A atuação do Poder Público no Desenvolvimento da Internet: Das Experiências de Governo Eletrônico às Diretrizes previstas na Lei n° 12.965/2014.* SIMÃO FILHO, Adalberto (org). *Direito e internet III – marco civil da internet – lei 12.965/2014 tomo I.* São Paulo: Quartier Latin, 2015.

SIMÃO FILHO, Adalberto (org). *Direito e Internet III – marco civil da internet lei 12.965/2014 tomo I.* São Paulo: Quartier Latin, 2015.

SIMÃO FILHO, Adalberto (org). *Direito e internet III – marco civil da internet – lei 12.965/2014 tomo II.* São Paulo: Quartier Latin, 2015.

SIQUEIRA JUNIOR, Paulo Hamilton. *Direitos Humanos e Cidadania Digital.* SIMÃO FILHO, Adalberto (org). *Direito e internet III – marco civil da internet – lei 12.965/2014 tomo I.* São Paulo: Quartier Latin, 2015, p.173.

TEIXEIRA, Adriano Canabarro, PEREIRA, Ana Maria de Oliveira. Trentin, Marco Antonio Sandrini. *Inclusão Digital: tecnologias e metodologias.* Salvador: Editora Edufba, 2013.

TUNES, Declaração de. Disponível em: https://www.governodigital.gov.br/. Acesso em: 29 mai. 2019.

O DIREITO FUNDAMENTAL À SAÚDE: A CIRURGIA ROBÓTICA CUSTEADA PELO PLANO DE SAÚDE

Deise Santos Curt[1]

Mayara Andrade Soares Carneiro[2]

Sumário: Introdução. 1. Da cirurgia robótica. 1.1 Modelos atuais de sistemas de Cirurgia Robótica. 2. Da cobertura da cirurgia pelos planos de saúde. Conclusão. Referências bibliográficas.

Introdução

A saúde tem sido uma das áreas que mais se beneficiou com o avanço de tecnologias. Basta, para comprovar isso, acessar *sites* de censo e verificar o aumento da taxa de sobrevida das pessoas ao redor do mundo e diminuição exponencial da taxa de mortalidade.

A saúde é considerada por tratados internacionais e pelo ordenamento jurídico brasileiro como um direito fundamental do ser humano, de modo que impedir que um ser humano exerça plenamente esse direito é um verdadeiro absurdo.

Com o desenvolvimento de grandes tecnologias, a biotecnologia se viu, mais uma vez, recebendo diversas gratas surpresas que proporcionaram grandes avanços científicos e facilitaram os tratamentos em saúde. Um desses exemplos é a cirurgia robótica.

[1] Mestre em Dircito da Sociedade da Informação pelo Centro Universitário das Faculdades Metropolitanas Unidas (FMU-SP). Especialista em Direito Médico e Hospitalar pela Escola Paulista de Direito (EPD). Bacharel em Enfermagem pela Universidade de Mogi das Cruzes (UMC). Bacharel em Direito pelas Centro Universitário das Faculdades Metropolitanas Unidas (FMU-SP). Membro do Grupo de Pesquisa "Biodireito e Sigilo" e da Comissão de Direito Médico e da Saúde da Ordem dos Advogados do Brasil, Santo André/SP (OAB/SP). Advogada. Lattes: http://lattes.cnpq.br/3114118621475022. Orcid: https://orcid.org/0000-0002-2481-5322. E-mail: deisecurt@gmail.com.

[2] Mestre em Direito da Sociedade da Informação pelo Centro Universitário das Faculdades Metropolitanas Unidas (FMU-SP). Especialista em Direito Civil e Processo Civil no Centro Universitário UniFacid Wyden (Teresina - PI). Vice-presidente da Comissão de Direito Digital da Ordem dos Advogados do Brasil, Subseção do Piauí (OAB/PI). Advogada. Lattes: http://lattes.cnpq.br/3123942841476426. Orcid: https://orcid.org/0000-0003-1139-4597. E-mail: mayaracarneir@gmail.com.

Cirurgia robótica, como o nome diz, é uma cirurgia realizada por intermédio de robôs, um tipo de cirurgia que traz vários questionamentos acerca de sua efetividade, uma vez que máquinas também são passíveis de erros como os seres humanos, porém, que podem ser considerados catastróficos por alguns, e mais irrelevantes por outros, de vez que robôs poderiam ter maior precisão em cortes cirúrgicos, por exemplo, do que um médico já cansado de diversas cirurgias, ou de uma cirurgia que acabe durando muitas horas e que pode levar à perda de concentração ou segurança com o passar das horas.

Muitos trabalhos foram realizados no sentido de comprovar a eficiência dessas cirurgias, o que fez surgir um outro contraponto: se uma cirurgia realizada por robôs pode ser bem mais eficaz, evitando outros efeitos adversos como imprecisão das incisões, infecções, etc., as pessoas deveriam possuir o direito de ter à sua disposição o melhor tratamento médico possível para poderem exercer plenamente o seu direito fundamental à saúde, pelo Sistema Único de Saúde, ou pela saúde suplementar.

Este artigo tem a intenção de demonstrar um histórico sobre a cirurgia robótica e suas implicações práticas nos hospitais do Brasil, através de uma pesquisa pelo método dedutivo, com o estudo de legislação brasileira, doutrina e jurisprudência para tentar demonstrar se o plano de saúde deve ou não ter a obrigação de custear esses tratamentos por cirurgia robótica no país.

1. A cirurgia robótica

O termo "robô" veio em 1921, quando o dramaturgo tcheco Karel Capek introduziu a noção e cunhou o termo em sua peça *Rossom's Universal Robots* (do inglês, Robôs Universais de Rossom) (SATAVA, 2002, p. 6–16).

A partir daí, os robôs passaram a assumir um grau crescente de importância tanto na imaginação, quanto na vida real. A palavra "robô" — derivada da palavra tcheca *robota*, que significa trabalho forçado — evoluiu para o significado de máquinas mudas que executam tarefas repetitivas e servis aos robôs antropomórficos altamente inteligentes da cultura popular (FELGER; NIFONG; CHITWOOD, 2001, p. 570) (LANFRANCO; CASTELLANOS; DESAI; MEYERS, 2004, p. 14-21).

A cirurgia minimamente invasiva começou em 1987 com a primeira colecistectomia laparoscópica. Desde então, a lista de procedimentos realizados laparoscopicamente cresceu em um ritmo consistente com as melhorias na tecnologia e nas habilidades técnicas dos cirurgiões (JONES; JONES, 2001, p. 107).

As vantagens da cirurgia minimamente invasiva são muito populares entre cirurgiões, pacientes e empresas de seguros de saúde. As incisões são menores; o risco de infecção é menor; as internações, se necessárias, são mais curtas; e a convalescença é significativamente reduzida. Muitos estudos, inclusive, demonstraram que os procedimentos laparoscópicos resultam em diminuição da permanência hospitalar, retorno mais rápido à força de trabalho, diminuição da dor, melhor cosmese e melhor função imunológica no pós-operatório (FUCHS, 2002, p. 154-159).

Com a popularização dos robôs que foram largamente utilizados nas indústrias, eventualmente robôs cirúrgicos tornaram-se populares. Máquinas robóticas telecirúrgicas foram usadas para realizar uma colecistectomia transcontinental (MARESCAUX; LEROY; RUBINO; SMITH; VIX; SIMONE; MUTTER, 2002, p. 487-492).

A história da robótica em cirurgia começa com o Puma 560, um robô usado em 1985 por Kwoh *et al* para realizar biópsias neurocirúrgicas com maior precisão (KIM; CHAPMAN III; ALBRECHT; BAILEY; YOUNG; NIFONG; CHITWOOD, 2002, p. 33–40) (KWOH; HOU; JONCKHEERE; HAYATI, 1988, p. p. 153-161).

Três anos depois, Davies *et al* realizaram uma ressecção transuretral da próstata usando o Puma 560 (DAVIES, 2000, p. 129-140). Esse sistema acabou levando ao desenvolvimento do PROBOT, um robô projetado especificamente para a ressecção transuretral da próstata. Enquanto o PROBOT estava sendo desenvolvido, a Integrated Surgical Supplies Ltd. de Sacramento, na Califórnia, estava desenvolvendo o ROBODOC, um sistema robótico projetado para trabalhar o fêmur com maior precisão nas cirurgias de substituição do quadril (DAVIES, 2000, p. 129-140). O ROBODOC foi o primeiro robô cirúrgico aprovado pela Food and Drug Administration - FDA.

Em meados da década de 1980, um grupo de pesquisadores do Centro de Pesquisa Ames da National Aeronautics and Space Administration - NASA, trabalhando em realidade virtual, se interessou em usar essas informações para desenvolver a cirurgia de telepresença (DAVIES, 2000, p. 129-140). Esse conceito de telecirurgia se tornou uma das principais forças por trás do desenvolvimento dos robôs cirúrgicos.

Já no início dos anos 1990, vários cientistas da equipe NASA-Ames ingressaram no Stanford Research Institute (SRI). Trabalhando com outros especialistas em robôs e realidade virtual da SRI, esses cientistas desenvolveram um telemanipulador hábil para cirurgia na mão.

Um dos principais objetivos do projeto era dar ao cirurgião a sensação de operar diretamente no paciente, e não do outro lado da sala. Enquanto esses robôs estavam sendo desenvolvidos, cirurgiões gerais e endoscopistas se juntaram à equipe de desenvolvimento e perceberam o potencial que esses sistemas tinham para melhorar as limitações da cirurgia laparoscópica convencional.

1.1. Modelos atuais de sistemas de Cirurgia Robótica

Nos dias atuais, muitos robôs e seus aprimoramentos estão sendo pesquisados e desenvolvidos. Schurr *et al* na seção de cirurgia minimamente invasiva da Eberhard Karls University desenvolveram um sistema manipulador mestre-escravo chamado ARTEMIS (SCHURR BUESS; NEISIUS; VOGES, 2000, p. 375-381). Esse sistema consiste em 2 braços robóticos controlados por um cirurgião em um console de controle.

Por sua vez, Paolo *et al* no laboratório MiTech de Scuola Superiore Sant'Anna, na Itália, desenvolveram um protótipo de sistema robótico em miniatura para colonoscopia aprimorada por computador (PAOLO; CORROZZA; PEITRABISSA, 1999, p. 1-14). Esse sistema contém as mesmas funções que os sistemas convencionais de colonoscopia, porém o faz com movimentos semelhantes a uma minhoca usando sucção a vácuo. Ao permitir ao endoscopista teleoperar ou supervisionar diretamente esse endoscópio e com a integração funcional das ferramentas endoscópicas, eles acreditam que esse sistema não é apenas viável, mas pode expandir as aplicações de diagnóstico e cirurgia endoluminal.

Vários outros laboratórios, incluindo os autores supracitados, estão projetando e desenvolvendo sistemas e modelos para *feedback* háptico baseado na realidade em cirurgia minimamente invasiva e também combinando servo visual com *feedback* háptico para cirurgia assistida por robô (THOLEY; CHANTHASOPEEPHAN; HU; DESAI; LAU, 2003, p. 794-800) (KENNEDY; DESAI, 2003, p. 2106-2111).

2. Da cobertura da cirurgia pelos planos de saúde

O artigo 196 da Constituição Federal diz: "a saúde é direito de todos e dever do Estado, garantido mediante políticas sociais e econômicas que visem à redução do risco de doença e de outros agravos e ao acesso universal e igualitário às ações e serviços para sua promoção, proteção e recuperação".

A Lei 9.656/1998 "dispõe sobre os planos e seguros privados de assistência à saúde" e, em seu artigo 1º, pondera diferenças, define plano privado de assistência à saúde, operadora de plano de assistência à saúde e carteira, também "pondera que os seguros de saúde também estão submetidos ao controle da ANS, preconizando, ainda, que quando esses contratos se afastam de restritas funções de cunho financeiro (...) devem efetivamente ser fiscalizados pela agência" (BARBUGIANI, 2015, p. 51).

Um exemplo seria "o estabelecimento de impedimentos ou dificuldades de "índole operacional, contratual ou técnica para a cobertura de serviços prestados por profissionais de livre escola do beneficiário" (BARBUGIANI, 2015, p. 52).

Assim define, no inciso I do artigo 1º da Lei, o plano privado de assistência à saúde:

> prestação continuada de serviços ou cobertura de custos assistenciais a preço pré ou pós estabelecido, por prazo indeterminado, com a finalidade de garantir, *sem limite financeiro*, a assistência à saúde, pela faculdade de acesso e atendimento por profissionais ou serviços de saúde, livremente escolhidos, integrantes ou não de rede credenciada, contratada ou referenciada, visando a assistência médica, hospitalar e odontológica, *a ser paga integral ou parcialmente* às expensas da operadora contratada, mediante reembolso ou pagamento direto ao prestador, por conta e ordem do consumidor; (...).

Ainda define no inciso II o que é Operadora de Plano de Assistência à Saúde como "pessoa jurídica constituída sob a modalidade de sociedade civil ou comercial, cooperativa, ou entidade de autogestão, que opere produto, serviço ou o contrato que trata o inciso I deste artigo". Por fim, define o que significa Carteira, como "o conjunto de contratos de cobertura de custos assistenciais ou de serviços de assistência à saúde em qualquer das modalidades de que tratam o inciso I e o § 1º deste artigo, com todos os direitos e obrigações nele contidos".

Os contratos de planos de saúde e seguros de saúde são distintos, embora sejam muito parecidos e com uma objetivação do que chama de "poupança coletiva" que é gerida pela operadora para que se garanta o acesso à saúde em algum evento futuro. Assim, as operadoras podem ser tanto de planos de saúde, quanto de seguros de saúde, com diferenças básicas nos serviços oferecidos. (BARBUGIANI, 2015. p. 29-31).

A Lei 9.961/2000 criou a Agência Nacional de Saúde Suplementar (ANS), um "órgão de regulação, normatização, controle e fiscalização das atividades que garantam a assistência suplementar à saúde" (art. 1º), com finalidade de promover a "defesa do interesse público na assistência suplementar à saúde, regulando as operadoras setoriais, inclusive quanto às suas relações com prestadores e consumidores, contribuindo para o desenvolvimento das ações de saúde no País", consoante o disposto no art. 3º. O art. 4º, por sua vez, traz as competências da ANS, nos incisos I a XLII, com os seguintes destaques:

> III - elaborar o rol de procedimentos e eventos em saúde, que constituirão referência básica para os fins do disposto na Lei no 9.656, de 3 de junho de 1998, e suas excepcionalidades; (...)
>
> X - normatizar os conceitos de doença e lesão preexistentes; (...)
>
> XII - estabelecer normas para registro dos produtos definidos no inciso I e no § 1o do art. 1o da Lei no 9.656, de 1998; (...)
>
> XVI - estabelecer normas, rotinas e procedimentos para concessão, manutenção e cancelamento de registro dos produtos das operadoras de planos privados de assistência à saúde; (...)
>
> b) adequação e utilização de tecnologias em saúde;

Já no art. 39, esta Lei deixa claro que suas disposições devem ser aplicadas às operadoras de planos privados de assistência à saúde.

Através da Lei 10.185/2001, a competência para supervisionar o seguro de saúde no Brasil passou da SUSEP – Superintendência de Seguros Privados, para a ANS.

A Resolução de Diretoria Colegiada (RDC) nº 39/2000 da ANS define, segmenta e classifica as operadoras de planos de saúde, afirmando, no artigo 1º, como operadoras de planos de saúde as "empresas e entidades que operam, no mercado de saúde suplementar, planos de assistência à saúde, conforme disposto na Lei nº 9.656, de

1998", entendendo-se o termo "operar" como "sendo as atividades de administração, comercialização ou disponibilização dos planos".[3]

Aduz, em seu artigo 10, que as operadoras segmentadas, se classificam em modalidades, quais sejam: administradora; cooperativa médica; cooperativa odontológica; autogestão; medicina de grupo; odontologia de grupo; ou filantropia.

Quem define o que são as operadoras de planos privados de autogestão, é a Resolução Normativa 137, de 14 de novembro de 2006[4], no artigo 2º, e que é bem resumida no *site* da SUSEP:[5]

> Autogestão - entidades de autogestão que operam serviços de assistência à saúde ou empresas que, por intermédio de seu departamento de recursos humanos ou órgão assemelhado, responsabilizam-se pelo Plano Privado de Assistência à Saúde destinado, exclusivamente, a oferecer cobertura aos empregados ativos, aposentados, pensionistas ou ex-empregados, bem como a seus respectivos grupos familiares definidos, limitado ao terceiro grau de parentesco consanguíneo ou afim, de uma ou mais empresas, ou ainda a participantes e dependentes de associações de pessoas físicas ou jurídicas, fundações, sindicatos, entidades de classes profissionais ou assemelhados.

O STJ, ao apreciar o projeto de súmula 937, determinou o cancelamento da súmula 469, que dispunha "Aplica-se o Código de Defesa do Consumidor aos contratos de plano de saúde" [6], sendo válido,

---

[3] AGÊNCIA NACIONAL DE SAÚDE SUPLEMENTAR. *Resolução de Diretoria Colegiada – RDC nº 39, de 27 de outubro de 2000*. Dispõe sobre a definição, a segmentação e a classificação das Operadoras de Planos de Assistência à Saúde. Disponível em: http://www.ans.gov.br/component/legislacao/?view=legislacao&task=TextoLei&format=raw&id=Mzg. Acesso em: 20 set. 2019.

[4] AGÊNCIA NACIONAL DE SAÚDE SUPLEMENTAR. *Resolução Normativa nº 137, de 14 de novembro de 2006*. Dispõe sobre as entidades de autogestão no âmbito do sistema de saúde suplementar. Disponível em: http://www.ans.gov.br/component/legislacao/?view=legislacao&task=TextoLei&format=raw&id=MTExNw==. Acesso em: 31 set. 2019.

[5] BRASIL. Governo Federal. Superintendência de Seguros Privados – SUSEP. *Microsseguros no Brasil*. Disponível em: http://www.susep.gov.br/menu/informacoes-ao-publico/microsseguros-1#8_seguros. Acesso em: 29 set. 2019.

[6] BRASIL. Superior Tribunal de Justiça. *Súmula nº 469*. Disponível em: https://scon.stj.jus.br/SCON/sumanot/toc.jsp?livre=(sumula%20adj1%20%27469%27).sub.#TIT1TEMA0. Acesso em: 30 set. 2019.

agora, o entendimento da Súmula 608, que diz: "Aplica-se o Código de Defesa do Consumidor aos contratos de plano de saúde, *salvo os administrados por entidades de autogestão*".[7]

Cláudia Lima MARQUES (2011, p. 1028-1029) dispõe acerca da colisão de direitos fundamentais, quais sejam, o direito à vida e à saúde do segurado, em contraposição aos interesses puramente econômicos do plano de saúde; em que a jurisprudência tende a optar pela prevalência do primeiro. Traz ainda, como exemplo, jurisprudência do Superior Tribunal de Justiça, qual seja, o Recurso Especial nº 183.719 - SP (1998/0055883-7), que assevera:

> 3. A exclusão de cobertura de determinando procedimento médico/hospitalar, quando essencial para garantir a saúde e, em algumas vezes, a vida do segurado, vulnera a finalidade básica do contrato.
>
> 4. Saúde é direito constitucionalmente assegurado, de relevância social e individual.[8]

A exclusão imposta pelo contrato deve, assim, ser avaliada com ressalvas, observando-se de maneira concreta que a natureza da relação ajustada entre as partes e os fins do contrato celebrado não podem ameaçar o objeto da avença.

O artigo 10 da Lei 9.656/1998[9] traz um rol taxativo dos casos em que o plano de saúde está desobrigado a cobrir, qual seja o inciso I o "tratamento clínico ou cirúrgico experimental", sendo, segundo o § 1º do

---

[7] BRASIL. Superior Tribunal de Justiça. *Súmula nº 608*. Aplica-se o Código de Defesa do Consumidor aos contratos de plano de saúde, salvo os administrados por entidades de autogestão. Disponível em: https://scon.stj.jus.br/SCON/sumanot/toc.jsp?livre=(sumula%20adj1%20%27608%27).sub . Acesso em: 30 set. 2019.

[8] BRASIL. Superior Tribunal de Justiça. *Recurso Especial nº 183.719 - SP (1998/0055883-7),* da Quarta Turma, Brasília, DF, 18 de setembro de 2008. Disponível em: https://jurisprudencia.s3.amazonaws.com/STJ/IT/RESP_183719_SP_18.09.2008.pdf?Signature=LkSVBjkmbUzz0I32C%2F0fa4QwGfs%3D&Expires=1569518293&AWSAccessKeyId=AKIARMMD5JEAO765VPOG&response-content-type=application/pdf&x-amz-meta-md5-hash=4288737642dff55d7a33eab8f1962ced. Acesso em: 21 set. 2019.

[9] BRASIL. *Lei nº 9.656, de 3 de junho de 1998*. Dispõe sobre os planos e seguros privados de assistência à saúde. Disponível em: http://www.planalto.gov.br/ccivil_03/LEIS/L9656.htm. Acesso em: 21 set. 2019.

mesmo artigo, as exceções constantes dos incisos deste artigo objeto de regulamentação pela Agência Nacional de Saúde Suplementar - ANS.

O que os planos de saúde vêm alegando, ao rejeitarem o custeamento das cirurgias robóticas, é que elas não constam no rol da ANS, como previstas, o que poderia até ser possível se não fossem o Enunciado 99 da Súmula TJSP[10] e a Súmula 102 do TJSP. O Enunciado 99 da Súmula do TJSP estabelece:

> Não havendo, na área do contrato de plano de saúde, atendimento especializado que o caso requer, e existindo urgência, há responsabilidade solidária no atendimento ao conveniado entre as cooperativas de trabalho médico da mesma operadora, ainda que situadas em bases geográficas distintas.

A Súmula 102 do TJSP traz que, "havendo expressa indicação médica, é abusiva a negativa de cobertura de custeio de tratamento sob o argumento da sua natureza experimental ou por não estar previsto no rol de procedimentos da ANS"[11].

O Parecer Técnico mais recente, publicado em maio de 2019 (Parecer Técnico nº 34/GEAS/GGRAS/DIPRO/2019), veio dispor sobre a cobertura de técnicas minimamente invasivas, como a cirurgia robótica, afirmando que "o profissional assistente tem a prerrogativa de determinar a conduta diagnóstica e terapêutica para os agravos à saúde sob sua responsabilidade, *indicando em cada caso, a conduta em saúde e procedimentos mais adequados da prática clínica, inclusive quanto às quantidades solicitadas*".[12]

---

[10] SÃO PAULO (Estado). Tribunal de Justiça do Estado de São Paulo. *Súmula nº 99.* Disponível em: https://www.tjsp.jus.br/Download/Portal/Biblioteca/Biblioteca/Legislacao/SumulasT JSP.pdf. Acesso em: 01 out. 2019.

[11] SÃO PAULO (Estado). Tribunal de Justiça do Estado de São Paulo. *Súmula nº 102.* Disponível em: https://www.tjsp.jus.br/Download/Portal/Biblioteca/Biblioteca/Legislacao/SumulasT JSP.pdf. Acesso em: 01 out. 2019.

[12] AGÊNCIA NACIONAL DE SAÚDE SUPLEMENTAR. *Parecer Técnico nº 34/GEAS/GGRAS/DIPRO/2019.* Disponível em: http://www.ans.gov.br/images/stories/parecer_tecnico/uploads/parecer_tecnico/_pa recer_2019_34.pdf. Acesso em: 21 set. 2019.

O artigo 12 da Resolução Normativa a que se refere este parecer, a RN nº 428, de 7 de novembro de 2017[13], dispõe no artigo 12 que "os procedimentos realizados por laser, radiofrequência, robótica, neuronavegação ou outro sistema de navegação, escopias e técnicas minimamente invasivas somente terão cobertura assegurada quando assim especificados no Anexo I, de acordo com a segmentação contratada."

Já no Anexo I[14], por sua vez, não constavam os procedimentos robóticos minimamente invasivos. Nesse sentido, o parecer prossegue:

> (...) caso o profissional assistente solicite um procedimento que conste no Rol vigente, mas concomitantemente solicite materiais/dispositivos utilizados exclusivamente em procedimentos cuja técnica não conste especificada no Rol de Procedimentos, a operadora não está obrigada a cobri-los, desde que isto esteja devidamente comprovado nas indicações da bula/manual/instruções de uso junto à Agência Nacional de Vigilância Sanitária – ANVISA.

Não estando, portanto, o plano de saúde obrigado a custear um tratamento, mesmo que solicitado pelo profissional da medicina, se este procedimento não constar no Anexo I da Resolução Normativa nº 428 de 2017. No caso da cirurgia robótica, ela estaria fora do âmbito de cobertura.

O dispositivo legal em comento exclui a obrigação do Plano de Saúde somente em relação a tratamento cirúrgico experimental. Na definição de tratamento cirúrgico experimental dada pela Ministra Maria Isabel GALLOTTI, da Quarta Turma do STJ,

---

[13] AGÊNCIA NACIONAL DE SAÚDE SUPLEMENTAR. *Resolução Normativa nº 428, de 7 de novembro de 2017.* Atualiza o Rol de Procedimentos e Eventos em Saúde, que constitui a referência básica para cobertura assistencial mínima nos planos privados de assistência à saúde, contratados a partir de 1º de janeiro de 1999; fixa as diretrizes de atenção à saúde; e revoga as Resoluções Normativas – RN nº 387, de 28 de outubro de 2015, e RN nº 407, de 3 de junho de 2016. Disponível em: http://www.ans.gov.br/component/legislacao/?view=legislacao&task=TextoLei&format=raw&id=MzUwMg==. Acesso em 21 set. 2019.

[14] AGÊNCIA NACIONAL DE SAÚDE SUPLEMENTAR. *Rol de Procedimentos e eventos em saúde.* Disponível em: http://www.ans.gov.br/images/ANEXO/RN/Anexo_I_Rol_2018_-_RETIFICADO.pdf. Acesso em 01 out. 2019.

> "(...) tratamento experimental é aquele em que não há comprovação médico-científica de sua eficácia, e não a utilização de medicamento escolhido pelo médico como o mais adequado à preservação da integridade física e ao completo restabelecimento do paciente."[15]

Assim, não é o caso da cirurgia robótica, por se tratar de procedimento com eficácia comprovada e que não deve ser considerada como técnica experimental.

A seguradora de saúde não pode questionar o tratamento prescrito pelo profissional habilitado, podendo, se assim o fizer, infringir o disposto no Código de Ética Médica. Assim foi decidido na Apelação nº 0003178-07.2012.8.26.0011[16]: "Não cabe à ré, administradora do plano de saúde, questionar ou impugnar o procedimento médico solicitado pelo especialista que acompanha o paciente". Entende-se que esta restrição contratual é abusiva aos direitos básicos do consumidor:

> Ademais, não se pode deixar de considerar que se trata de contrato de seguro saúde, com o objetivo de preservar ou recuperar a saúde do segurado, de forma que, sendo indicado o procedimento, para o êxito total do tratamento, afigura-se abusiva a restrição esposada pela requerida embasada em cláusula que coloca em risco o objeto do contrato, ou seja, a preservação da saúde, conforme preceitua o artigo 51, inciso IV, do Código de Defesa do Consumidor.
>
> Noutras palavras, deixar de custear tais despesas comprometeria a própria razão de ser do contrato de seguro saúde, o que não pode ser admitido (...).
>
> Diante do exposto, JULGO PARCIALMENTE PROCEDENTE a ação, confirmando a tutela anteriormente deferida, para CONDENAR A REQUERIDA AO PAGAMENTO DAS

---

[15] BRASIL. Superior Tribunal de Justiça. *Agravo Regimental no Agravo em Recurso Especial nº 7.865 (2011/0093740-9)* Relatora: Ministra Maria Isabel Gallotti (4ª Turma), p. 03. Disponível em: https://stj.jusbrasil.com.br/jurisprudencia/24974164/agravo-regimental-no-agravo-em-recurso-especial-agrg-no-aresp-7865-ro-2011-0093740-9-stj/inteiro-teor-24974165?ref=juris-tabs. Acesso em 17 dez. 2020.

[16] BRASIL. Tribunal de Justiça do Estado de São Paulo. Plano de Saúde. Gastoplastia Laparoscópica. Negativa de Cobertura. Incidência da Lei nº 9.656/98 e do Código de Defesa do Consumidor. Negativa Indevida. Plano de Saúde. Negativa Indevida de Cobertura Contratual. Dano Moral Reconhecido. Indenização bem arbitrada. *Apelação nº 0003178-07.2012.8.26.0011.* Relator: Carlos Alberto Garbi, 10ª Câmara de Direito Privado. São Paulo, 23 out. de 2012.

DESPESAS REFERENTES AO PROCEDIMENTO ROBÓTICO
utilizado no tratamento do autor. (grifo do autor)[17]

No caso acima citado, face à impossibilidade de a cirurgia ser realizada por outras técnicas, como por exemplo por laparoscopia tradicional e, também, por cirurgia aberta, entendeu-se que a negativa de cobertura para o tratamento fora abusiva, pois esse rol de procedimentos da ANS estabelece apenas as coberturas mínimas obrigatórias.

A própria Resolução Normativa da ANS, que estabelece o rol de procedimentos, deixa claro que estes procedimentos constantes no Anexo I da Resolução, são de cobertura mínima obrigatória. Logo em seu artigo 1º diz:

> Esta Resolução Normativa–RN atualiza o Rol de Procedimentos e Eventos em Saúde, que constitui a referência básica para *cobertura mínima obrigatória* da atenção à saúde nos planos privados de assistência à saúde, contratados a partir de 1º de janeiro de 1999, e naqueles adaptados conforme a Lei nº 9.656, de 3 de junho de 1998.[18]

Aos tribunais, como bem relembra Carreira [19], cabe a uniformização de entendimento e respeito aos precedentes judiciais, com destaque especial ao artigo 926 do CPC, que impõe aos tribunais o dever de "uniformizar a sua jurisprudência e mantê-la estável, íntegra e coerente", a fim de garantir a segurança jurídica e proporcionar a previsibilidade e evitar a chamada jurisprudência ziguezague.

É o que ocorre, por exemplo, quando o paciente recebe de seu médico a indicação de tratamento com a realização da cirurgia de

---

[17] Decisão proferida pelo Juiz de Direito da 3ª Vara Cível do Foro Regional de Pinheiros do Estado de São Paulo, em 18/04/2017.

[18] Agência Nacional de Saúde Suplementar. *Resolução Normativa – RN nº 428, de 7 de novembro de 2017.* Atualiza o Rol de Procedimentos e Eventos em Saúde, que constitui a referência básica para cobertura assistencial mínima nos planos privados de assistência à saúde, contratados a partir de 1º de janeiro de 1999; fixa as diretrizes de atenção à saúde; e revoga as Resoluções Normativas – RN nº 387, de 28 de outubro de 2015, e RN nº 407, de 3 de junho de 2016. Disponível em: http://www.ans.gov.br/component/legislacao/?view=legislacao&task=TextoLei&format=raw&id=MzUwMg==#secao2. Acesso em: 20 out. 2019.

[19] CARREIRA, Guilherme Sarri. *As causas da insegurança jurídica no Brasil.* Revista Pensamento Jurídico, São Paulo, v. 9, n. 1, jan./jun. 2016.

58

prostatectomia radical pela via laparoscópica robótica. Ressalta-se que esta cirurgia objetiva a cura do câncer de próstata, além de se tratar de um procedimento minimamente invasivo, garantindo ao paciente menor dor no pós-operatório, menor risco de sangramento e transfusão sanguínea e um retorno mais rápido às atividades do cotidiano. Ainda é importante aclarar que referido procedimento, com auxílio de robô, proporciona melhor índice de resultado positivo em razão da melhor visualização e a maior precisão proporcionada pelo robô Da Vinci em comparação à cirurgia aberta tradicional.[20]

A cada dois anos há atualização a respeito deste rol de procedimentos da ANS, sendo a última atualização a da Resolução 439, de dezembro de 2018, constituindo o que se diz ser a referência básica para cobertura mínima obrigatória de atenção à saúde nos planos privados de assistência, não sendo, portanto, um rol exemplificativo.

E, de acordo com seu artigo 2º, o rol garante cobertura assistencial aos beneficiários dos planos "contemplando procedimentos e eventos para a promoção à saúde, a prevenção, o diagnóstico, o tratamento, a recuperação e a reabilitação" para todas as enfermidades que compõem à CID – Classificação Internacional de Doenças e problemas relacionados à saúde.

A Resolução deixa claro que algumas diretrizes devem ser seguidas, para que se atualize o rol de procedimentos, como por exemplo, no inciso IV, do artigo 4º, que diz que uma dessas diretrizes é "a utilização dos princípios da avaliação de tecnologias em saúde – ATS", que são definidas no artigo 5º, I, como:

> processo contínuo e abrangente de avaliação dos impactos clínicos, sociais e econômicos das tecnologias em saúde, que leva em consideração aspectos como eficácia, efetividade, segurança, custos, entre outros, com objetivo principal de auxiliar os gestores em saúde na tomada de decisões quanto à incorporação, alteração de uso ou retirada de tecnologias em sistemas de saúde.

---

[20] CABOATAN, Letícia Fernandes. *Câncer de Próstata: Direito a cobertura integral do tratamento.* Migalhas, 10 nov. 2016. Disponível em: https://www.migalhas.com.br/dePeso/16,MI248669,101048-Cancer+de+prostata+direito+a+cobertura+integral+do+tratamento. Acesso em: 21 set. 2019.

Além de definir o que são esses procedimentos de avaliação de tecnologias em saúde, define, no inciso V do mesmo artigo, tecnologia em saúde como: "medicamento, equipamento, procedimento técnico, sistema organizacional, informacional, educacional e de suporte e programa ou protocolo assistencial por meio do qual a atenção e os cuidados com a saúde são prestados à população".

Para atualização desse rol, há um ato de deliberação da Diretoria Colegiada da ANS, que definirá qual o cronograma para apresentação das propostas, dará ampla divulgação aos interessados para preenchimento do formulário do site da ANS, que tem o nome de FormRol. As propostas atenderão todas as exigências necessárias e o processo de aprovação ou não terá várias fases que incluirão a participação popular e técnica. E, de acordo com a Resolução Normativa 439/2018, essa atualização contará como diretriz o alinhamento com as políticas nacionais de saúde além da defesa do interesse público.

> Art. 4º O processo de atualização periódica do Rol observará as seguintes diretrizes:
>
> I – a defesa do interesse público na assistência suplementar à saúde, de modo a contribuir para o desenvolvimento das ações de saúde no país;
>
> II – as ações de promoção à saúde e de prevenção de doenças;
>
> III – o alinhamento com as políticas nacionais de saúde;

A Lei nº 12.401/2011 "dispõe sobre a assistência terapêutica e a incorporação de tecnologias em saúde no âmbito do SUS", que define os critérios e prazos para a incorporação de tecnologias no sistema público de saúde.

Na saúde suplementar, a incorporação de novas tecnologias em saúde é regulamentada pela Resolução Normativa nº 439/2018. A atualização do rol de procedimentos ocorre a cada dois anos e os procedimentos que não forem incluídos são avaliados, através de estudos que demonstrem benefícios aos pacientes, e de acordo com procedimentos preconizados por esta resolução, que incluem, inclusive, consulta pública e elaboração de pareceres técnicos.

> Art. 21. Para fins do disposto no inciso III do art. 4º desta Resolução (439), as tecnologias avaliadas e recomendadas positivamente pela Comissão Nacional de Incorporação de Tecnologias no Sistema Único de Saúde – CONITEC, prevista

na Lei nº 12.401, de 28 de abril de 2011, serão avaliadas pelo órgão técnico competente da ANS e poderão compor a NTCP a ser submetida à deliberação da DICOL. (Nota Técnica de Consolidação das Propostas de Atualização do Rol – NTCP,) – DIRETORIA COLEGIADA

De acordo com o artigo 26 da Resolução Normativa n. 428/2017, da ANVISA, "As operadoras deverão garantir a cobertura de medicamentos e de produtos registrados pela ANVISA, nos casos em que a indicação de uso pretendida seja distinta daquela aprovada no registro daquela Agência", desde que a CONITEC tenha demonstrado evidências científicas sobre "sobre a eficácia, a acurácia, a efetividade e a segurança do medicamento ou do produto para o uso pretendido" e a ANVISA autorize o uso e fornecimento desses produtos pelo SUS.

De acordo com o Parecer nº 34/ GEAS/GGRAS/DIPRO/2019, da ANS, que trata da cobertura de técnica minimamente invasiva, laser, navegador, robótica, escopias, radiofrequência, preceitua que as operadoras de planos de saúde estarão cumprindo a legislação se usarem métodos considerados tradicionais para os procedimentos, desde que estes estejam regularizados, registrados e com indicações de uso frente à bula/manual de instruções na ANVISA:

> a operadora de planos de saúde estará cumprindo a legislação competente ao garantir o procedimento "convencional", assim como as taxas, materiais/dispositivos, contrastes, medicamentos, entre outros, necessários para a execução do procedimento de cobertura obrigatória, desde que estejam regularizados e registrados e suas indicações constem da bula/manual/instruções de uso junto à ANVISA, respeitados ainda os critérios de credenciamento, referenciamento, reembolso ou qualquer outro tipo de relação entre a operadora de planos de saúde e prestadores de serviço de saúde, conforme o Artigo 17, da RN nº 428/2017. [21]

Ainda, de acordo com o mesmo parecer, a exceção para a obrigação de cobertura dos planos é em relação aos planos antigos não-adaptados, ou seja, aqueles contratados até 01 de janeiro de 1999 e que não foram

---

[21] AGÊNCIA NACIONAL DE SAÚDE SUPLEMENTAR. *Parecer Técnico nº 34/GEAS/GGRAS/DIPRO/2019*. Disponível em: http://www.ans.gov.br/images/stories/parecer_tecnico/uploads/parecer_tecnico/_pa recer_2019_34.pdf. Acesso em: 26 nov. 2019.

ajustados à lei dos planos de saúde, lei nº 9.656/1998, nos termos do artigo 35, de modo que a cobertura desses procedimentos somente seria devida se houvesse expressa previsão contratual.

O sistema cirúrgico robótico Da Vinci (*intuitive surgical system Da Vinci*), sistema para cirurgia endoscópica, tem registro na ANVISA, sob o número 10302860146, atribuído pelo processo nº 25351.492628/2009-83, com vencimento em 08 de março de 2025.[22]

Do dia 09 a 29 de março de 2018, a CONITEC abriu consulta pública a respeito da incorporação da cirurgia robótica para tratamento de câncer de próstata pelo SUS. Inicialmente com parecer desfavorável, "devido às incertezas das evidências analisadas em comprovar a superioridade dos resultados dessa técnica em relação aos procedimentos já oferecidos pelo SUS, além do seu alto custo de aquisição e manutenção",[23] contou com a participação de alguns interessados, dentre eles profissionais da saúde e pacientes que, em sua maioria, opinaram a favor da incorporação.[24]

Já a CONITEC emitiu relatório técnico de recomendação nº 366 em dezembro de 2018, a respeito da eficácia, dentre outros, intitulado "Sistema cirúrgico robótico para cirurgia minimamente invasiva: Prostatectomia radical", em que, após reunião ocorrida em 09 de maio de 2018, 66ª reunião ordinária, decidiu por não incorporar a cirurgia robótica para prostatectomia em oncologia pelo SUS, decisão ratificada através da Portaria nº 74, de 12 de dezembro de 2018, por entender que não havia argumentos suficientes para alterar o parecer inicial, que era desfavorável, por afirmar que o custo-benefício não superaria os da cirurgia laparoscópica tradicional em relação a custos, a tempo de

---

[22] AGÊNCIA NACIONAL DE VIGILÂNCIA SANITÁRIA. *Sistema cirúrgico robótico da Vinci - intuitive surgical.* Disponível em: https://consultas.anvisa.gov.br/#/saude/25351492628200983/. Acesso em: 30 nov. 2019.

[23] CONITEC. *Sistema Cirúrgico Robótico para cirurgia minimamente invasiva: prostatectomia.radical.* ed. 84. Brasília: CONITEC, 2018. (Relatório para a sociedade). Disponível em: http://conitec.gov.br/images/Consultas/Relatorios/2018/Sociedade/ReSoc84_SISRO BOTICO_cancer_prostata.pdf. Acesso em: 27 nov. 2019.

[24] CONITEC. *Dispositivo de Cirurgia Robótica e Riociguate, divulgadas consultas públicas.* Disponível em: http://conitec.gov.br/dispositivo-de-cirurgia-robotica-e-riociguate-divulgadas-consultas-publicas. Acesso em: 27 nov. 2019.

recuperação dos pacientes e em relação ao aumento ou diminuição do que se atribui a erro médico.[25]

Conclusão

Percebe-se a evolução dos tipos de cirurgia até chegar à cirurgia robótica, uma técnica com muitas vantagens, como menores incisões; menor risco de infecção; internações mais curtas, dentre outros. Por ser relativamente novo, o método detém uma desvantagem tamanha: o alto custo e, portanto, a dificuldade de haver planos de saúde que cubram tal procedimento.

Após pesquisas empreendidas, constata-se que esse tipo de cirurgia não está incorporado ao Sistema Único de Saúde, mesmo com a ponderação do respeito que deva existir aos direitos fundamentais, quais sejam, o direito à vida e à saúde do segurado, em contraposição aos interesses econômicos do plano de saúde. Além disso, a Lei 9.656/1998 estabelece que os planos de saúde deveriam cobrir procedimentos experimentais, como a cirurgia robótica, sendo considerada abusiva a conduta dos planos de negarem tal procedimento, o qual, na verdade, é um meio de tratamento escolhido pelo profissional capacitado para tal, o médico.

Contudo, não se pode ignorar o fato de que a cirurgia robótica é procedimento que não consta no rol da ANS. Logo, entende-se que as operadoras de planos de saúde não têm a obrigação de custear esses tratamentos por cirurgia robótica. Todavia, lembra-se que se pode tentar novamente a inclusão do procedimento no Rol da ANS, nos termos da RN 439/2018, devido à importância de tal procedimento para a medicina pós-moderna.

Referências bibliográficas

AGÊNCIA NACIONAL DE SAÚDE SUPLEMENTAR. *Rol de Procedimentos e eventos em saúde.* Disponível em:

---

[25] CONITEC. *Sistema Cirúrgico Robótico para cirurgia minimamente invasiva: prostatectomia.radical.* Brasília: CONITEC, 2018 (relatório de recomendação). Disponível em: http://conitec.gov.br/images/Consultas/Relatorios/2018/Relatorio_DaVinci_Prostate ctomia_CP12_2018.pdf. Acesso em 28 nov. 2019.

http://www.ans.gov.br/images/ANEXO/RN/Anexo_I_Rol_2018_-_RETIFICADO.pdf. Acesso em 01 out. 2019.

______. *Parecer Técnico nº 34/GEAS/GGRAS/DIPRO/2019*. Disponível em: http://www.ans.gov.br/images/stories/parecer_tecnico/uploads/parecer_tecnico/_parecer_2019_34.pdf. Acesso em: 21 set. 2019.

______. *Resolução de Diretoria Colegiada – RDC nº 39, de 27 de outubro de 2000*. Dispõe sobre a definição, a segmentação e a classificação das Operadoras de Planos de Assistência à Saúde. Disponível em: http://www.ans.gov.br/component/legislacao/?view=legislacao&task=TextoLei&format=raw&id=Mzg. Acesso em: 20 set. 2019.

______. *Resolução Normativa nº 137, de 14 de novembro de 2006*. Dispõe sobre as entidades de autogestão no âmbito do sistema de saúde suplementar. Disponível em: http://www.ans.gov.br/component/legislacao/?view=legislacao&task=TextoLei&format=raw&id=MTExNw==. Acesso em: 31 set. 2019.

______. *Resolução Normativa nº 428, de 7 de novembro de 2017*. Atualiza o Rol de Procedimentos e Eventos em Saúde, que constitui a referência básica para cobertura assistencial mínima nos planos privados de assistência à saúde, contratados a partir de 1º de janeiro de 1999; fixa as diretrizes de atenção à saúde; e revoga as Resoluções Normativas – RN nº 387, de 28 de outubro de 2015, e RN nº 407, de 3 de junho de 2016. Disponível em: http://www.ans.gov.br/component/legislacao/?view=legislacao&task=TextoLei&format=raw&id=MzUwMg==. Acesso em 21 set. 2019.

AGÊNCIA NACIONAL DE VIGILÂNCIA SANITÁRIA. *Sistema cirúrgico robótico da Vinci – intuitive surgical*. Disponível em: https://consultas.anvisa.gov.br/#/saude/25351492628200983/ . Acesso em: 30 nov. 2019.

BARBUGIANI, Luiz Henrique; AGUILLAR, Fernando Herren (coord). *Planos de Saúde: Doutrina, Jurisprudência e Legislação*. São Paulo: Saraiva, 2015.

BRASIL. Governo Federal. Superintendência de Seguros Privados – SUSEP. *Microsseguros no Brasil*. Disponível em: http://www.susep.gov.br/menu/informacoes-ao-publico/microsseguros-1#8_seguros. Acesso em: 29 set. 2019.

______. *Lei nº 10.185 de 12 de fevereiro de 2001*. Dispõe sobre a especialização das sociedades seguradoras em planos privados de assistência à saúde e dá outras providências. Disponível em: http://www.planalto.gov.br/ccivil_03/Leis/LEIS_2001/L10185.htm. Acesso em: 29 set. 2019.

______. *Lei nº 9.656, de 3 de junho de 1998*. Dispõe sobre os planos e seguros privados de assistência à saúde. Disponível em: http://www.planalto.gov.br/ccivil_03/LEIS/L9656.htm. Acesso em: 21 set. 2019.

______. *Lei nº 9.961 de 28 de janeiro de 2000*. Cria a Agência Nacional de Saúde Suplementar – ANS e dá outras providências. Disponível em: http://www.planalto.gov.br/ccivil_03/leis/l9961.htm. Acesso em: 30 set. 2019.

______. *Lei nº 9656 de 03 de junho de 1998*. Dispõe sobre os planos e seguros privados de assistência à saúde. Disponível em: http://www.planalto.gov.br/ccivil_03/leis/l9656.htm. Acesso em 30 set. 2019.

______. Superior Tribunal de Justiça. Plano de Saúde. Tratamento. Medicamento. Negativa de Cobertura. Cláusula Abusiva. *Agravo Regimental no Agravo em Recurso Especial nº 7.865 (2011/0093740-9)*. Agravante: Unimed Rondônia Cooperativa de trabalho médico. Agravado: Helen de Farias Tabosa Gil. Relatora: Ministra Maria Isabel Gallotti (4ª Turma do Tribunal de Justiça do Estado de Rondônia), Rondônia, 20 de fevereiro de 2014. p. 03. Disponível em: https://stj.jusbrasil.com.br/jurisprudencia/24974164/agravo-regimental-no-agravo-em-recurso-especial-agrg-no-aresp-7865-ro-2011-0093740-9-stj/inteiro-teor-24974165?ref=juris-tabs. Acesso em: 21 set. 2019.

______. Superior Tribunal de Justiça. *Recurso Especial nº 183.719 - SP (1998/0055883-7)*, da Quarta Turma, Brasília, DF, 18 de setembro de 2008. Disponível em: https://jurisprudencia.s3.amazonaws.com/STJ/IT/RESP_183719_SP_18.09.2008.pdf?Signature=LkSVBjkmbUzzoI32C%2Fofa4QwGfs%3D&Expires=1569518293&AWSAccessKeyId=AKIARMMD5JEAO765VPOG&response-content-type=application/pdf&x-amz-meta-md5-hash=4288737642dff55d7a33eab8f1962ced. Acesso em: 21 set. 2019.

______. Superior Tribunal de Justiça. *Súmula nº 469*. Disponível em: https://scon.stj.jus.br/SCON/sumanot/toc.jsp?livre=(sumula%20adj1%20%27469%27).sub.#TIT1TEMA0. Acesso em: 30 set. 2019.

______. Superior Tribunal de Justiça. *Súmula nº 608*. Aplica-se o Código de Defesa do Consumidor aos contratos de plano de saúde, salvo os administrados por entidades de autogestão. Disponível em: https://scon.stj.jus.br/SCON/sumanot/toc.jsp?livre=(sumula%20adj1%20%27608%27).sub. Acesso em: 30 set. 2019.

______. Tribunal de Justiça do Estado de São Paulo. Plano de Saúde. Gastoplastia Laparoscópica. Negativa de Cobertura. Incidência da Lei nº 9.656/98 e do Código de Defesa do Consumidor. Negativa Indevida. Plano de Saúde. Negativa Indevida de Cobertura Contratual. Dano Moral Reconhecido. Indenização bem arbitrada. *Apelação nº 0003178-07.2012.8.26.0011*. Relator: Carlos Alberto Garbi (10ª Câmara de Direito Privado. São Paulo, 23 de outubro de 2012.

CABOATAN, Letícia Fernandes. Câncer de Próstata: *Direito a cobertura integral do tratamento*. Migalhas, 10 nov. 2016. Disponível em: https://www.migalhas.com.br/dePeso/16,MI248669,101048-Cancer+de+prostata+direito+a+cobertura+integral+do+tratamento . Acesso em: 21 set. 2019.

CARREIRA, Guilherme Sarri. *As causas da insegurança jurídica no Brasil.* Revista Pensamento Jurídico, São Paulo, v. 9, n. 1, jan./jun. 2016.

CONITEC. *Dispositivo de Cirurgia Robótica e Riociguate, divulgadas consultas públicas.* Disponível em: http://conitec.gov.br/dispositivo-de-cirurgia-robotica-e-riociguate-divulgadas-consultas-publicas. Acesso em: 27 nov. 2019.

______. *Sistema Cirúrgico Robótico para cirurgia minimamente invasiva: prostatectomia radical.* ed. 84. Brasília: CONITEC, 2018. (Relatório para a sociedade). Disponível em: http://conitec.gov.br/images/Consultas/Relatorios/2018/Sociedade/ReSoc84_SISROBOTICO_cancer_prostata.pdf. Acesso em: 27 nov. 2019.

______. *Sistema Cirúrgico Robótico para cirurgia minimamente invasiva: prostatectomia radical.* Brasília: CONITEC, 2018 (relatório de recomendação). Disponível em: http://conitec.gov.br/images/Consultas/Relatorios/2018/Relatorio_DaVinci_Prostatectomia_CP12_2018.pdf. Acesso em 28 nov. 2019.

DAVIES, B. *A review of robotics in surgery. Proceedings of the Institution of Mechanical Engineers, Part H:* Journal of Engineering in Medicine, v. 214, n. 1, p. 129–140, 2000.

FELGER, Jason E.; NIFONG, L. Wiley; CHITWOOD JR, W. Randolph. *The evolution of and early experience with robot assisted mitral valve surgery.* Current Surgery, n. 58, v.6, p. 570–575, nov./dez. 2001. p. 570.

FUCHS, K. H. *Minimally invasive surgery.* Endoscopy, v. 34, n. 2, p. 154–159, 2002.

JONES, S. B.; JONES, D. B. *Surgical Aspects and Future Developments of Laparoscopy.* Anesthesiology Clinics of North America, v. 19, n. 1, p. 107–124, 2001. p. 107.

KENNEDY, C. W.; DESAI, J. P. *Force Feedback Using Vision. Proceedings of the 11th International Conference on Advanced Robotics,* p. 2106-2111, 2003.

KIM, Victor B.; CHAPMAN III, William H. H.; ALBRECHT, Robert J.; BAILEY, B. Marcus; YOUNG, James A.; NIFONG, L. Wiley; CHITWOOD JR., W. Randolph Chitwood Jr. *Early experience with telemanipulative robot-assisted laparoscopic cholecystectomy using Da Vinci. Surgical Laparoscopy, Endoscopy & Percutaneous Techniques,* v. 12, n. 1, p. 33–40, 2002.

KWOH, Yik San; HOU, Joahin; JONCKHEERE, Edmond A.; HAYATI, Samad. *A robot with improved absolute positioning accuracy for CT guided stereotactic brain surgery.* IEEE Transactions on Biomedical Engineering, v. 35, n. 2, p. 153–161, fev. 1988.

LANFRANCO, Anthony R.; CASTELLANOS, Andres E.; DESAI, Jaydev P.; MEYERS, William C. *Robotic Surgery: a current perspective. Annals of Surgery,* v. 239, n. 1, p. 14-21, jan. 2004.

MARESCAUX, Jacques; LEROY, Joel; RUBINO, Francesco; SMITH, Michelle; VIX, Michel; SIMONE, Michele; MUTTER, Didier. *Transcontinental Robot-Assisted Remote Telesurgery: Feasibility and Potential Applications. Annals of Surgery*, n. 235, v. 4, p. 487-492, 2002.

MARQUES, Cláudia Lima. *Contratos no Código de Defesa do Consumidor: o novo regime das relações contratuais*. 6ª Ed. São Paulo: RT, 2011. p. 1028-1029

PAOLO, Dario; CORROZZA, Maria Chiara; PEITRABISSA, Andrea. *Development and in vitro testing of a miniature robotic system for computer-assisted colonoscopy. Computer Aided Surgery*, v. 4, p. 1–14, 1999.

SÃO PAULO (Estado). Tribunal de Justiça do Estado de São Paulo. *Súmula nº 99*. Disponível em: https://www.tjsp.jus.br/Download/Portal/Biblioteca/Biblioteca/Legislacao/SumulasTJSP.pdf. Acesso em: 01 out. 2019.

______. Tribunal de Justiça do Estado de São Paulo. *Súmula nº 102*. Disponível em: https://www.tjsp.jus.br/Download/Portal/Biblioteca/Biblioteca/Legislacao/SumulasTJSP.pdf. Acesso em: 01 out. 2019.

SATAVA, Richard M. *Surgical robotics: the early chronicles: a personal historical perspective. Surgical Laparoscopy, Endoscopy & Percutaneous Techniques*, v. 12, n. 1, p. 6–16, 2002.

SCHURR, M. O.; BUESS, G.; NEISIUS, B.; VOGES, U. Robotics and telemanipulation technologies for endoscopic surgery: a review of the ARTEMIS project. Schurr, M. O., Buess, G., Neisius, B., & Voges, U. (2000). *Robotics and telemanipulation technologies for endoscopic surgery. Surgical Endoscopy*, v. 14, n. 4, p. 375–381, 2000.

THOLEY, Gregory; CHANTHASOPEEPHAN Teeranoot; HU, Tie; DESAI, Jaydev P.; LAU, Alan. *Measuring Grasping and Cutting Forces for Reality-Based Haptic Modeling. International Congress Series*, v. 1256, p. 794–800, 2003.

A PROPOSTA DE EMENDA À CONSTITUIÇÃO Nº 17 DE 2019 E A PROTEÇÃO DE DADOS PESSOAIS COMO DIREITO FUNDAMENTAL AUTÔNOMO

Denise De Stefano Sanchez Guedes[1]

Introdução

Diante dos avanços tecnológicos nas áreas da informação e da comunicação presentes na sociedade da informação, dados pessoais são objeto de transação comerciais nos novos modelos de negócios. São insumos, não raro coletados de forma invisível e compõem a informação, cada vez mais utilizada para o desenvolvimento do conhecimento aplicável aos interesses público e privado, em análises preditivas comportamentais que podem afetar, favorável ou desfavoravelmente, o próprio titular dos dados, a exemplo de condutas discriminatórias realizadas por decisões automatizadas ou o direcionamento de publicidade indesejada num desequilíbrio de forças entre a pessoa e organizações públicas ou privadas.

Muitas nações, passaram a discutir o tema nas últimas décadas e a implantar normas para a tutela da proteção de dados. Nas últimas décadas, a União Europeia tem se mostrado muito atuante nos debates e pioneira na normatização sobre a matéria, razão pela qual será nosso referencial a respeito da proteção de dados na esfera dos direitos humanos, do direito constitucional e do regramento geral do bloco, vez compreender a autonomia valorativa em relação ao direito à proteção da privacidade.

Em que pese o Brasil dispor de lei ordinária federal para cuidar do tema da proteção de dados – a Lei nº 13.709/2018 (LGPD) –, tramita no Congresso Nacional a Proposta de Emenda à Constituição nº 17 de 2019, de iniciativa do Senado Federal, com os objetivos de inserir a proteção de dados pessoais no rol dos direitos e garantias fundamentais, assim como, fixar a competência privativa da União para legislar sobre a

---

[1] Pós-graduanda em Direito Digital e Proteção de Dados pela Escola Superior de Advocacia (ESA) da Ordem dos Advogados do Brasil (OAB/SP). Extensão em Gestão de Riscos, Compliance e LGPD pela Fundação Instituto de Administração (FIA-SP). Certificação EXIN-PDPE. Graduação em Direito pelo Centro Universitário das Faculdades Metropolitanas Unidas (FMU-SP). Advogada em São Paulo. Lattes: http://lattes.cnpq.br/7257204588217385. Contato: denisesguedes@gmail.com.

matéria. Contudo, nosso trabalho foca apenas no primeiro objetivo, ao expor sobre a autonomia valorativa desse direito em face do direito à privacidade e a razão pela qual deve ser elevado o status constitucional.

Por meio do método indutivo, nos debruçamos a respeito dos direitos fundamentais, à privacidade e à proteção da dados pessoais para, então, apontarmos as questões relacionadas durante o trâmite da Proposta de Emenda à Constituição nº 17, de 2019 (PEC 17/2019) até este momento.

1. Os direitos fundamentais

Os direitos fundamentais decorrem da construção e evolução dos direitos humanos, um grupo de direitos protegidos internacionalmente a partir de valores universais, cuja premissa é a dignidade humana, impedindo que a vida e ou a integridade sejam substituídas por outro valor. São historicamente ligados ao surgimento do constitucionalismo no final do século XVIII, o qual propunha a ideia de limitação do poder do Estado em face dos cidadãos, uma inovação jurídico-política resultante de muitas lutas sociais. O termo, segundo Tobeñas, surgiu na França em 1770 (droits fondamentaux), contexto de onde emergiu a Declaração de Direitos do Homem e do Cidadão (1789), que juntamente com o Bill of Rights (1689), foram incorporados à Constituição americana (1787) e à francesa (1791), dando início ao constitucionalismo moderno, no qual um conjunto de regras escritas e determinadas pelos cidadãos conformam um poder superior ao do Estado, num processo de positivação constitucional de direitos (SILVEIRA; ROCASOLANO, 2010) que posicionou o ser humano no centro da titularidade de direitos considerados básicos e comum à qualquer pessoa, compondo um núcleo intangível de direitos aos submetidos a uma determinada ordem jurídica.

> A irrenunciável dimensão subjetiva dos direitos, liberdades e garantias ganha sentido não apenas na relação antitética exclusiva indivíduo-Estado, mas também sob o ângulo da imbricação necessária do homem individual no contexto de estruturas de domínio diversificadas e múltiplas. Não é o indivíduo abstracto mas a pessoa humana, enquanto o valor concreto inserido nesta multiplicidade de contactos e enquanto vítima virtual de alienações deles resultantes, a referência

subjectiva do sistema hodierno de protecção dos direitos fundamentais. (CANOTILHO, 1993, p. 592)

Durante as intensas crises pelas quais o mundo passou no século XX,[2] milhares de pessoas, civis e militares, perderam suas vidas diante de horrores registrados.

Nesse cenário, surge a Organização da Nações Unidas – ONU (1945) com a finalidade de intermediar os conflitos internacionais em direção da paz e da democracia mediante a prevalência dos direitos humanos. Então, foi proclamada a Declaração Universal dos Direitos Humanos (1948), com os valores fundamentais convencionados à época, parte de um processo de proteção global do homem em construção e em constante evolução.

> Não é preciso muita imaginação para prever que o desenvolvimento da técnica, a transformação das condições econômicas e sociais, a ampliação dos conhecimentos e a intensificação dos meios de comunicação poderão produzir tais mudanças na organização da vida humana e das relações sociais que se criem ocasiões favoráveis para o nascimento de novos carecimentos e, portanto, para novas demandas de liberdade e de poderes. Para dar apenas alguns exemplos, lembro que a crescente quantidade e intensidade das informações que o homem de hoje está submetido, faz surgir, com força cada vez maior, a necessidade de não ser enganado, excitado ou perturbado por uma propaganda maciça e deformadora [...]. A Declaração Universal representa a consciência histórica que a humanidade tem dos próprios valores fundamentais na segunda metade do século XX. É uma síntese do passado e uma inspiração para o futuro: mas suas tábuas não foram gravadas de uma vez para sempre. (BOBBIO, 2004, p. 33)

A constitucionalização desses valores é o resultado pragmático do Estados no intuito de que erros do passado não mais se repetissem,

---

[2] Primeira Guerra Mundial (1914); a Revolução Russa (1917), que converteu o comunismo em grande força política global; a Gripe Espanhola (1918 e 1919); a Grande Depressão (1929); a Segunda Guerra Mundial (1939 a 1945); e, outros conflitos no âmbito interno dos estados nacionais, como, por exemplo, o golpe militar no Brasil (1964) e a queda do comunismo, no final de década de 80, com a libertação do leste e centro europeu da supremacia soviética.

> [...] iniciou-se uma luta mais efetiva em favor da positivação dos direitos fundamentais, afirmando-os como princípios constitucionais que se estendem a toda ordem jurídica. Ao mesmo tempo, a sociedade passou a exigir maior proteção não apenas perante o Estado, mas também – através do Estado – perante indivíduos ou entidades privadas. (SILVEIRA; ROCASOLANO, 2010, p. 149)

Nesse sentido, a ordem jurídica contemporânea é estabelecida nos moldes dos direitos humanos é fundamentada na preponderância do princípio da dignidade humana, conforme compreendido em cada fase histórica, entendido como um super-princípio orientador do direito internacional e dos Estados, bússola da hermenêutica constitucional contemporânea, desde o ponto de partida ao ponto de chegada (SILVEIRA; ROCASOLANO, 2010) e mantém o ser humano no centro do ordenamento.

Podemos afirmar que a Declaração Universal passou a inspirar a Leis Fundamentais dos países signatários, dentre eles o Brasil, e embora não tenha caráter coercitivo, em razão dos valores emblemáticos nela consagrados emerge uma obrigatoriedade ética e moral de segui-las.

A doutrina descreve a evolução e o reconhecimento dos direitos fundamentais por parte de Estados democráticos, cada qual em seu respectivo momento histórico. Ao final do século XVIII e início do século XIX, foram reconhecidos e consagrados os direitos individuais fundamentados no liberalismo, cuja essência era a luta do homem por sua liberdade individual e a limitação ao poder do Estado (direitos de primeira geração). As pressões sociais e os movimentos socialistas conquistaram novos direitos, alheios ao liberalismo e em atendimento às demandas coletivas, com bases no valor da igualdade nas esferas econômicas, sociais e culturais (direitos de segunda geração). Passo seguinte, a busca foi pelos direitos de solidariedade ou fraternidade, em atendimento aos interesses de grupos menos determinado de pessoas, compreendendo o direito ao meio ambiente equilibrado, à paz, à autodeterminação dos povos e outros direitos difusos (direitos de terceira geração) – estes são subdivididos por alguns doutrinadores em direitos de quarta e quinta geração.

No Brasil, os constituintes originários, alinhados à ordem internacional, elaboraram a Constituição da República Federativa do Brasil (1988) e determinaram, dentre outros, como princípio, a dignidade da pessoa humana (artigo 1º, inciso III); como objetivos , a construção de uma sociedade livre, justa e solidária, e a promoção do bem de todos, sem preconceitos ou qualquer forma de discriminação (art. 3º, inciso I e IV); e, como princípio regente das relações internacionais, a prevalência dos direitos humanos (art. 4º, inciso II). O artigo 5º da Carta Magna é dedicado aos direitos fundamentais, que

> cumprem a função de direitos de defesa dos cidadãos sob uma dupla perspectiva: (1) constituem, num plano jurídico-objectivo, normas de competência negativa para os poderes públicos, proibindo fundamentalmente as ingerências destes na esfera jurídica individual; (2) implicam, num plano jurídico-subjectivo, o poder de exercer positivamente direitos fundamentais (liberdade positiva) e de exigir omissões dos poderes públicos, de forma a evitar agressões lesivas por parte dos mesmos (liberdade negativa). (CANOTILHO, 1993, p. 541)

O poder político delegado pelo povo aos seus representantes, todavia, não é absoluto, razão pela qual os direitos fundamentais impõem limitações nas relações entre cidadãos (relação horizontal) e entre os cidadãos e o Estado (relação vertical). Assim, há dispositivos de caráter declaratório, afirmando a existência desses direitos, assim como, de caráter instrumental, estabelecendo medidas para assegurar a validade e a fruição dos primeiros, a exemplo do Habeas Data, cujo objetivo é garantir o acesso e a retificação de dados pessoais constantes em registros ou banco de dados do governo ou de caráter público (art. 5º, inciso LXXII).

Os direitos fundamentais são dotados de eficácia vertical e vinculam o Estado a não interferir nas liberdades e garantias dos indivíduos, assim como, a prestar serviços e assistência. (NASPOLINI; MAILLART, 2010)

O art. 5º, § 1º da CRFB/1988, determina que estes são de aplicação imediata, determinando aos poderes Judiciário, Legislativo e Executivo que os apliquem aos fatos, situações, condutas e comportamentos que regulam independentemente da existência de normas infraconstitucionais para sua regulamentação.

2. O direito à privacidade

Assim como o princípio da dignidade humana, a compreensão de direito à privacidade evolui com o tempo. Suas bases históricas partiram da ideia de delimitação entre as esferas da vida particular e pública, com a finalidade de impedir intromissões indesejadas na esfera pessoal. Esta, refere-se ao espaço em que as pessoas se refugiam da multidão, onde refletem e constroem o pensamento crítico para, então, ir ao espaço público e se posicionar ou projetar nos mais variados temas, evitando, deste modo, a prevalência de visões totalitárias em detrimento de divergências.

> O direito à privacidade é basilar à própria democracia e, ao mesmo tempo, condição essencial ao livre desenvolvimento da personalidade dos cidadãos. Somente com a fuga da "pressão social", os indivíduos conseguiriam desenvolver cada qual a sua subjetividade para, posteriormente, projetá-la em meio à sociedade. (BIONI, 2020, p. 91)

Não se trata de uma delimitação espacial, física, mas uma deliberação em dimensão determinada pelo indivíduo no âmbito de seus relacionamentos, considerando o contexto social inerente à relação, o grau de formalidade, a cultura e os valores envolvidos. Ao deliberar, há uma expectativa de autonomia, não intrusão, de ser deixado em paz, não sofrer ataques à sua honra e reputação, assim como, não ter sua correspondência violada. Portanto, a privacidade é subjetiva e envolve confiança.

Partindo do *the right to be let alone*, nos Estados Unidos, o direito à privacidade fundamentado na dicotomia entre público e privado foi apresentada por S. WARREN e L. BRANDEIS, ao final do século XIX, no apogeu do liberalismo jurídico clássico (WARREN; BRANDEIS, 1890, pp. 193-220), a partir dos direitos de liberdade e propriedade. Inicialmente, a dicotomia se restringia à esfera física e, depois, foi vinculada a uma noção de liberdade com vistas à inviolabilidade da personalidade humana e serviu como base para a compreensão da privacidade (*right to privacy*) e referência para que fosse elevada ao patamar de direito constitucional nos Estados Unidos. Surge novo o paradigma, para além da propriedade e da veracidade de informações, mas com vistas à integridade da pessoa sobre a qual uma informação diz respeito. "Nesta concepção, as pessoas procuram proteger suas informações, ou não as tornando públicas, ou tentando reparar os danos causados pela sua publicação indevida." (RUARO, 2017, p. 396-397).

O direito à privacidade foi compreendido pela Declaração Universal do Direitos do Homem (1948), conforme entendido à sua época.[3] No mesmo sentido, e consoante à corrente constitucionalista pós Guerras, a Constituição Federal da República do Brasil (1988) contemplou a privacidade e inseriu no rol dos direitos e garantias fundamentais a proteção da vida privada e da intimidade (art. 5º, inciso X), assim como, a inviolabilidade da correspondência e das comunicações (art. 5º, inciso XII):

> Numa tentativa de distinção, pode-se dizer que a vida privada, no âmbito da tutela do art. 5º, inc. X, da CF, significa a maneira de viver que o cidadão adota na vida em sociedade – envolve a profissão que escolheu, as convicções filosóficas, políticas ou ideológicas que acolheu e ostenta, torcedor deste ou daquele time esportivo, as causas sociais que o empolgam. Ou seja, envolve a forma como o cidadão se apresenta aos demais, abrangendo todos aqueles aspectos que distinguem um indivíduo do outro no seio da sociedade, a respeito dos quais ele é protegido de qualquer tentativa de influenciamento da parte do Estado, da sociedade, da família etc. Substancialmente envolve sua autonomia e liberdade para conduzir sua vida. Já a intimidade envolve, no mesmo contexto constitucional, tudo aquilo que o indivíduo opta por manter para si, fora do olhar dos outros. Envolve escolhas íntimas, no plano da afeição, da sexualidade, de convicções, predileções, hobbies. Ou seja, abrange aquilo que o indivíduo tem o direito de escolher com quem quer compartilhar tais informações: se com todo o mundo, alguns amigos, seu(sua) parceiro(a) ou seu terapeuta, ou manter para si e seu travesseiro. Envolve, enfim, um direito de autodeterminação. (FACCHINI NETO; DEMOLINER, 2019, p. 125)

A intimidade pode ser entendida como uma esfera individual, salvaguarda das relações subjetivas e íntimas da pessoa, com familiares e amigos, que se encontra no âmbito de outra esfera, de maior amplitude, envolvendo todas as demais relações da vida em sociedade, ou seja, a vida privada. A privacidade, engloba ambas as esferas e está centrada na dicotomia entre o público e o privado, corresponde a uma liberdade negativa da pessoa não sofrer interferência de terceiros, portanto, trata-se de um direito estático, a espera de uma possível violação e é imprescindível ao livre desenvolvimento da personalidade, consoante ao

---

[3] Art. XII. *"one shall be subjected to arbitrary interference with his privacy, family, home or correspondence, nor to attacks upon his honour and reputation. Everyone has the right to the protection of the law against such interference or attacks."*

princípio universal e constitucional da dignidade da pessoa humana. De outro lado, há a compreensão evoluída de direito à privacidade, que englobaria a proteção de dados pessoais, e corresponde a uma liberdade positiva, um espaço a ser construído pela pessoa por meio do controle dos fluxos informativos a ela relacionados, portanto, um direito dinâmico (BIONI, 2020). Ambos são necessários ao livre desenvolvimento da personalidade, consoante ao princípio universal e constitucional da dignidade da pessoa humana.

3. O direito à proteção de dados pessoais

Diante da evolução das tecnologias da informação e da comunicação que intensificaram a circulação de dados pessoais e sua influência no exercício do poder, a ideia de privacidade como direito de ser deixado só perde o sentido e não é mais suficiente para resguardar a pessoa frente às interferências externas e assegurar seu livre desenvolvimento. "Agora, a privacidade abrange novas dimensões relativas à coleta e tratamento de dados pessoais. Há, assim, uma necessidade de reformulação conceitual que deve ser acompanhada pelas modernas legislações" (FINKELSTEIN; FINKELSTEIN, 2019, p. 290), pois:

> cada vez mais a atividade de tratamento de dados impacta a vida das pessoas, em particular quando elas são submetidas a processos de decisões automatizadas que irão definir seu próprio futuro. Nesse contexto, o direito à proteção de dados pessoais tutela a própria dimensão relacional da pessoa humana, em especial para que tal decisões não ocasionem práticas discriminatória, o que extrapola e muito o âmbito da tutela do direito à privacidade. (BIONI, 2020, p. 96)

A ampliação do termo vida privada passou a fazer parte de julgados da Corte Europeia de Direitos Humanos, como no caso Tysiac v. Poland (2007),

> [...] 'vida privada' é um termo amplo, abrangendo, entre outros, aspectos da identidade física e social de um indivíduo, incluindo o direito à autonomia pessoal, desenvolvimento pessoal e de

estabelecer e desenvolver relações com outros seres humanos e o mundo exterior.[4]

A crescente possibilidade de acesso a um conjunto de informações, cada vez mais detalhadas e precisas sobre os indivíduos, "faz com que o estatuto jurídico desses dados se torne um dos pontos centrais que vão definir a própria autonomia, identidade e liberdade do cidadão contemporâneo" (DONEDA, 2011, p. 93), numa tendência global de entendê-lo como um direito fundamental autônomo. O jurista italiano Stefano RODOTÀ preconizava na década passada,

> Estamos diante da verdadeira reinvenção da proteção de dados – não somente porque ela é expressamente considerada como um direito fundamental autônomo, mas também porque se tornou uma ferramenta essencial para o livre desenvolvimento da personalidade. A proteção e dados pode ser vista como a soma de um conjunto de direitos que configuram a cidadania do novo milênio. (RODOTÀ, apud, BIONI, p .17)

e, nesse sentido, afirma Danilo DONEDA,

> O tratamento autônomo da proteção de dados pessoais é uma tendência hoje fortemente enraizada em diversos ordenamentos jurídicos e é caso emblemático de uma tendência que, a princípio, parecia apenas destinada a mudar determinado patamar tecnológico e a solicitar previsões pontuais no ordenamento, mas que, em seus desdobramentos, veio a formar as bases para o que vem sendo tratado, hoje, como um direito fundamental à proteção de dados (DONEDA, 2011, p. 96).

Partindo da ideia de que a pessoa não é a autora da informação pessoal, mas a legítima titular de seus elementos – os dados – e sujeito de direito, a Convenção nº 108 de Strasbourg (1981), principal marco de abordagem da matéria sob a ótica dos direitos fundamentais, no seu artigo 2º definiu informação pessoal como "qualquer informação

---

[4] *European Court of Human Rights, Tysiac v. Poland, judgement, 24/09/2007, line 107. "[...] 'private life' is a broad term, encompassing, inter alia, aspects of an individual's physical and social identity, including the right to personal autonomy, personal development and to establish and develop relationships with other human beings and the outside world."*

relativa a uma pessoa singular identificada ou susceptível de identificação," [5] ou seja, é aquela vinculada a uma pessoa revelando algum aspecto objetivo desta. O preâmbulo da Convenção estabelece que a proteção de dados pessoais está diretamente ligada à proteção dos direitos humanos e das liberdades fundamentais, pressuposto do estado democrático de direito. [6] A Diretiva 95/46/CE sobre proteção de dados na União Europeia reiterou a ideia, [7] até que a Carta dos Direitos Fundamentais da União Europeia (2000) [8] passou a tratar, expressamente, do direito fundamental à proteção de dados pessoais (DONEDA, 2011).

Recentemente, o bloco europeu reforçou e unificou a proteção de dados pessoais por meio do Regulamento Geral de Proteção de Dados Pessoais Europeu nº 679 ou General Data Protection Regulation – GDPR, promulgado em 27 de abril de 2016 e em vigor desde 25 de maio de 2018, introduzindo a concepção de gestão de proteção de dados (RUARO, 2017) adaptando princípios à sociedade da informação, que se desenvolve diante da intensa coleta e tratamento de dados, tornando-se regulamento obrigatório e aplicável todos os Estados-Membros (FACCHINI NETO; DEMOLINER, 2019):

> Por meio da proteção de dados pessoais, garantias a princípio relacionadas à privacidade passam a ser vistas em uma ótica mais abrangente, pela qual outros interesses devem ser considerados, abrangendo as diversas formas de controle

---

[5] *Details of Treaty no.108. Convention for the Protection of Individuals with regard to Automatic Processing of Personal Data.* Disponível em: https://www.coe.int/en/web/conventions/full-list/-/conventions/treaty/108. Acesso em: 17 dez. 2020.

[6] *"[...] Recalling that the right to protection of personal data is to be considered in respect of its role in society and that it has to be reconciled with other human rights and fundamental freedoms, including freedom of expression. [...]"*

[7] "Art. 1º. Os Estados-membros assegurarão, em conformidade com a presente directiva, a protecção das liberdades e dos direitos fundamentais das pessoas singulares, nomeadamente do direito à vida privada, no que diz respeito ao tratamento de dados pessoais."

[8] "Art. 8º. Protecção de dados pessoais 1. Todas as pessoas tem direito à protecção dos dados de caracter pessoal que lhes digam respeito. 2. Esses dados devem ser objecto de um tratamento leal, para fins específicos e com o consentimento da pessoa interessada ou com outro fundamento legítimo previsto por lei. Todas as pessoas tem o direito de aceder aos dados coligidos que lhes digam respeito e de obter a respectiva rectificação. 3. O cumprimento destas regras fica sujeito a fiscalização por parte de uma autoridade independente."

tornadas possíveis com a manipulação de dados pessoais. (DONEDA, 2011, p. 95)

A evolução protetiva focada nos dados pessoais, torna-se "um direito à autodeterminação informativa, pelo qual se busca tutelar os fluxos informativos conexos aos dados pessoais, sejam públicos ou privados" (FACCHINI NETO; DEMOLINER, 2019, p. 127).

O conceito de autodeterminação informacional foi cunhado em decisão da Corte Constitucional Alemã, a respeito da Lei do Censo de 1983, que estabeleceu "a importante construção de que o cidadão deve ter controle sobre os seus dados pessoais, a fim de que ele possa autodeterminar as suas informações pessoais" (BIONI, 2020, p. 98).

Em que pese a relevância da terminologia, a decisão desenvolveu um direito autônomo distinto do direito à privacidade e fundamentado no livre desenvolvimento da personalidade. Em razão dos avanços tecnológicos, economia e sociedade são cada vez mais dependentes do livre fluxo de informações, e o julgado da Corte Constitucional alemã impôs limites às organizações em relação às atividades de processamento de dados pessoais com vistas a combater o perigo de violação do novo direito de personalidade. Nesse sentido, são vertentes do direito à autodeterminação informativa o consentimento do titular dos dados, assim como, o limite imposto às organizações (BIONI, 2020):

> A 'autodeterminação informativa' pressupõe exatamente isso: o fornecimento consciente de dados e a possibilidade de impedir que venham a ser utilizados de forma incorreta ou para fins diversos daqueles para os quais foram coletados. Compreende, ainda, o direito de exigir das autoridades competentes a correção desses dados quando equivocados, e a exclusão da base de armazenamento quando cumprida a sua finalidade, ou ainda, quando esgotado o tempo previsto. (FACCHINI NETO; DEMOLINER, 2019, p. 137)

Contudo, não basta restringir o fluxo de informações, mas tutelar o fluxo apropriado de dados pessoais, [9] com vistas ao livre desenvolvimento da personalidade, e nesse sentido,

---

[9] Para H. NISSEMBAUM (2009), o fluxo apropriado se dá por meio de uma estrutura de integridade: *"What people care most about is not simply restricting the flow of information but ensuring that it flows appropriatelly, and an account of appropriate flow is given here through the framework of contextual integrity."*

> O direito à proteção de dados pessoais angaria autonomia própria. É um novo direito da personalidade que não pode ser amarrado a uma categoria específica, em particular ao direito à privacidade. Pelo contrário, demanda-se uma correspondente ampliação normativa que clareie e não empole a sua tutela. [...] a dinâmica de proteção de dados pessoais foge à dicotomia do público e do privado, diferenciando-se substancialmente do direito à privacidade. Propugnar que o direito à proteção de dados seria uma mera evolução do direito à privacidade é uma construção dogmática falha que dificulta a compreensão. É um direito que opera fora da lógica binária do público e do privado, bastando que a informação seja atrelada a uma pessoa – conceito de dado pessoa – para deflagrá-lo. (BIONI, 2020, p. 95)

Há liberdades individuais atreladas ao direito à proteção dos dados pessoais que não são contempladas pelo direito à privacidade e, caso não reconhecido como uma nova espécie de direito da personalidade, há o risco de "inviabilizar uma normatização própria para regular o fluxo informacional como fator promocional da pessoa humana" (BIONI, 2020, p. 96).

Na esfera constitucional pátria, a proteção de dados pessoais vem sendo tratado "por meio das garantias à liberdade de expressão e do direito à informação, que deverão eventualmente ser confrontados com a proteção da personalidade e, em especial, com o direito à privacidade." (DONEDA, 2011, p. 103) Ademais, a Carta Magna de 1988, prevê a inviolabilidade da vida privada e da intimidade (art. 5º, inciso X); o sigilo da correspondência e das comunicações telegráficas, de dados e das comunicações telefônicas (art. 5º, inciso XII); e, o habeas data (art. 5º, inciso LXII), ação constitucional por meio da qual o cidadão busca o direito de acessar e retificar seus dados pessoais contidos em registros ou bancos de dados em organizações governamentais ou de caráter público. A última foi concebida em razão da repressão ocorrida durante o regime militar e não por influência da evolução do tema no debate europeu ou norte-americano e é um instrumento ineficaz diante das tecnologias e do tratamento de dados presentes na Sociedade da Informação. (DONEDA, 2011).

> No panorama do ordenamento brasileiro, o reconhecimento da proteção de dados como um direito autônomo fundamental não deriva de uma dicção explícita e literal, porém da consideração

> dos riscos que o tratamento automatizado traz à proteção da personalidade à luz das garantias constitucionais de igualdade substancial, liberdade e dignidade da pessoa humana, juntamente com a proteção da intimidade e da vida privada. [...] A constituição brasileira contempla o problema da informação inicialmente por meio das garantias da liberdade de expressão e do direito à informação, que deverão ser confrontados com a proteção da personalidade e, em especial, com o direito à privacidade. (DONEDA, 2011, p. 103)

O caráter de direito fundamental e autônomo à proteção de dados pessoais é reconhecida pelo Brasil por meio da assinatura da Declaração de Santa Cruz de La Sierra,[10] o documento final do *XIII Cumbre Iberoamericana de Jefes de Estado y de Gobierno,* em 2003, sob o lema *La inclusión social, motor del desarrollo de la Comunidad Iberoamericana,* contudo, os dados pessoais vinham sendo tutelados com os fundamentos constitucionais mencionados e por meio de legislação esparsa – o Código Civil (lei nº 10.406 de 2002); o Código de Defesa do Consumidor - CDC (Lei nº 8.078 de 1990); a Lei de Acesso à Informação (Lei nº 12.527 de 2011); Lei do Cadastro Positivo (Lei nº 12.414 de 2011); e, o Marco Civil da Internet (Lei nº 12.965 de 2014), até que foi aprovada a Lei nº 13.709/2018, conhecida como Lei Geral de Proteção de Dados - LGPD, cuja vigência se deu a partir 18/09/2020 e cuida especificamente da proteção de dados pessoais.

4. A proposta de emenda à constituição nº 17 de 2019 (PEC 17/2019)

A PEC 17/2019, de iniciativa do Senado Federal, propõe incluir a proteção de dados pessoais entre os direitos fundamentais do cidadão e fixar a competência privativa da União para legislar sobre a matéria. Aprovada pelo Senado, em 03/07/2019, a PEC 17/2019, com Emenda de redação nº 01-CCJ, seguiu para a Câmara dos Deputado, onde tramita em regime especial. Após ser aprovada com alterações pela Comissão de Constituição e Justiça e Cidadania - CCJC, hoje tramita na forma do Substitutivo elaborado após seis audiências públicas, com a participação

---

[10] *"45. Asimismo somos conscientes de que la protección de datos personales es un derecho fundamental de las personas y destacamos la importancia de las iniciativas regulatorias iberoamericanas para proteger la privacidad de los ciudadanos contenidas en la Declaración de La Antigua por la que se crea la Red Iberoamericana de Protección de Datos, abierta a todos los países de nuestra Comunidad."*

da sociedade civil e autoridades públicas, e aguarda aprovação em Sessão Plenária deliberativa. (BRASIL, 2019a)

A justificação à Proposta, contida no texto inicial (BRASIL, 2019b), alega que a proteção de dados pessoais é fruto da evolução da sociedade internacional, frente ao desenvolvimento tecnológico, e por representar riscos às liberdades e garantias individuais, motivo pelo qual diversos países adotaram normas a respeito.[11]

Menciona a GDPR (General Data Protection Regulation), implementada pela União Europeia em 2018, que gerou impacto global às empresas que ofertam serviços àquele mercado, e menciona o Chile e a Argentina que já contam com leis próprias de proteção de dados. Aponta Portugal, Estônia, Polônia e Chile que já tratam do tema em suas respectivas Cartas Magnas e o dever do Brasil em acompanhá-los vez que o regramento sobre o tema necessita mais que uma lei ordinária, referindo-se à Lei no 13.709, de 14 de agosto de 2018, a Lei Geral de e Proteção de Dados - LGPD.

O texto inicial aponta que a privacidade tem sido o ponto de partida para a regulação, contudo, a proteção de dados pessoais tem se mostrado peculiar e com autonomia valorativa, merecendo tornar-se um direito de hierarquia constitucional, e ainda, diante da relevância e da abrangência da matéria, faz-se necessário que o país adote uma legislação uniforme, evitando conflitos de normas entre os entes da federação, razão pela qual deve-se fixar a competência legislativa privativa da União.

A Emenda de redação nº 01-CCJ (BRASIL, 2019c), por sua vez, está fundamentada nos termos do Parecer (SF) nº 45, de 2019 da Comissão de Constituição, Justiça e Cidadania (CCJ), que ao analisar o mérito da Proposta ressalta o desafio lançado aos legisladores para a efetiva regulamentação da proteção de dados pessoais, vez que o Direito deve acompanhar o novo paradigma resultante da velocidade dos avanços tecnológicos e mudanças nas relações sociais. Enfatiza que o tema vem sendo tratado de forma profunda em diferentes partes do mundo; a relevância da GDPR que seguiu a Diretiva 95/46/CE, de 1995,

---

[11] "O avanço da tecnologia, por um lado, oportuniza racionalização de negócios e da própria atividade econômica: pode gerar empregabilidade, prosperidade e maior qualidade de vida. Por outro lado, se mal utilizada ou se utilizada sem um filtro prévio moral e ético, pode causar prejuízos incomensuráveis aos cidadãos e à própria sociedade, dando margem, inclusive, à concentração de mercados."

no sentido de garantir a livre circulação dos dados pessoais e, simultaneamente proteger as pessoas a eles vinculadas,

> Dada a relevância do bloco europeu, das relações decorrentes da internet, e da própria natureza dos dados pessoais e sua capacidade de dispersão, o GDPR – embora adstrito ao âmbito dos seus países membros – tornou-se referência mundial. (BRASIL, 2019c, p. 3)

e, a inclusão, da proteção de dados pessoais na Carta do Direitos Fundamentais da União Europeia.[12] Menciona os Estado Unidos, que prezam pelas liberdades individuais, contudo optaram por uma abordagem setorial com base em leis e codificações esparsas, entretanto, a proteção à privacidade *(right to privacy)* nele é garantida com base na Quarta Emenda Constitucional. Por fim, indica que na América Latina, países como Chile, Argentina, Uruguai, Paraguai e México já vêm discutindo o tema e o Brasil, diante da escassez normativa específica, enfrentou dificuldades.

O Parecer descreve a forma que a proteção de dados pessoais vem sendo tutelada no Brasil, por meio da interpretação conjunta dos artigos 1º, III; 3º, I e IV, 5º, X, XII e LXXII da CRFB/88, e destaca que a doutrina e a jurisprudência reconhecem que dados pessoais demandam uma proteção além do direito à privacidade

> [...] o direito à proteção de dados pessoais no País encontra-se tutelado de forma reflexa em nossa Constituição da República, a partir da interpretação conjunta dos artigos 1º, III; 3º, I e IV, 5º, X, XII e LXXII. Contudo, a doutrina e a jurisprudência já reconhecem que o direito à privacidade vai além da proteção à vida íntima do indivíduo, mas também de seus dados pessoais, visto que estes exprimem uma abrangente projeção da personalidade humana. (BRASIL, 20c, p. 3)

e preconiza que Congresso Nacional deve cuidar da lacuna existente entre a legislação e a realidade; observa que a Lei nº 12.965 de 2014, conhecida como Marco Civil da Internet, e o Decreto nº 8.771 de 2015 que a regulamenta, dispõem sobre os direitos e deveres relativos

---

[12] "Art. 8º. 1. Todas as pessoas têm direito à proteção dos dados de caráter pessoal que lhes digam respeito."

aos dados pessoais presentes nos meios digitais, contudo não tutelam, efetivamente, os dados pessoais e o respectivo tratamento.[13]

O relatório do Parecer menciona acontecimentos mundiais que influenciaram nos debates sobre o tema, assim como, os vazamentos de dados pessoais como os ocorridos no Facebook, Uber, Netshoes, Banco Inter e lojas C&A, atingindo milhares de brasileiros, aceleraram a aprovação da LGPD, fortemente inspirada pela GDPR, e afirma que embora a legislação infraconstitucional disponha a respeito do tratamento de dados pessoais é necessário que a proteção seja elevada à esfera constitucional, vez que (a) a proteção terá maior alcance a partir do fundamento da dignidade humana; (b) as questões pertinentes à proteção e tratamento dos dados pessoais se dá num cenário de desigualdades nas relações Estado/particular e entre os particulares, tornando inequívoca a inserção da proteção dos dados pessoais no rol das garantias individuais, na mesma esfera dos direitos fundamentais consagrados; e, (c) trata-se de direitos de quarta dimensão, àqueles relacionados à democracia, à informação e ao pluralismo.

> São direitos de quarta geração o direito à democracia, o direito à informação e o direito ao pluralismo. Deles depende a concretização da sociedade aberta para o futuro, em sua dimensão de máxima universalidade, para a qual parece o mundo inclinar-se no plano de todas as relações de convivência. (BONAVIDES, apud, BRASIL, 2019c. p. 5)

Destarte, questões atuais relacionadas à eficácia horizontal dos direitos fundamentais, à proteção à privacidade e à intimidade, assim como, o direito ao esquecimento, todos relacionados ao direito da personalidade, ensejam a proteção de dados com enfoque constitucional.

> Desta análise, pode-se afirmar que, questões efetivas e atuais como a eficácia horizontal dos direitos fundamentais, a proteção dos direitos da personalidade, principalmente a proteção à privacidade e intimidade, o direito ao esquecimento como atributo relativo ao direito da personalidade, trazem à baila a necessidade da proteção dos dados pessoais com enfoque constitucional. (Brasil, 2019c, p. 5)

---

[13] O Parecer (SF) nº 45, de 2019 da CCJ foi elaborado antes da vigência da Lei no 13.709, de 14 de agosto de 2018 (LGPD).

Por fim, Emenda de redação nº 01-CCJ (BRASIL, 2019c), conclui que a PEC 17/2019 está em consonância com o Marco Civil da Internet – que dispõe sobre os princípios, garantias, deveres e direitos para o uso da internet no País e assegurou aos cidadãos que o acesso à internet é essencial para o exercício da cidadania (art. 7º, da Lei nº 12.965 de 2014) –; e, com a LGPD, que dispõe sobre o tratamento de dados pessoais com a finalidade de proteção à liberdade, privacidade e o livre desenvolvimento da pessoa natural (art. 2º, incisos I, III, IV e VII, da Leis Lei nº 13.709, de 2018). Ressalta que ao inserir a proteção de dados pessoais no rol dos direitos e garantias individuais, promove segurança jurídica, uniformiza o regramento sobre o assunto e reafirma o compromisso do País no que se refere à proteção de dados em consonância com legislações internacionais

Apresentada à Câmara dos Deputados em 03/07/2019, a PEC 17/2019, com Emenda de redação nº 01-CCJ (BRASIL, 2019d), tramita em Regime Especial. Foi admitida pela Comissão de Constituição e Justiça e de Cidadania (CCJC) e seguiu à Comissão Especial, que após seis audiências públicas com a participação da sociedade civil e autoridades públicas, apresentou o Parecer do Relator (BRASIL, 2019e), pela aprovação da Proposta de Emenda Constitucional nº 17, de 2019, na forma do Substitutivo, que contou com a participação da sociedade civil e de autoridades públicas na discussão da matéria em seis audiências públicas. Após a complementação de voto pelo relator, o texto aguarda a apreciação pelo Plenário da casa legislativa.

No Parecer, o Relator descreve os apontamentos trazidos às audiências públicas e, no que toca o escopo deste trabalho, destaca: (a) a oportunidade de atualizar e amplificar os direitos à privacidade e à intimidade, diante da constante violação numa economia da dados; (b) a defesa da inclusão do direito à proteção de dados no rol dos direitos fundamentais ,em razão da topografia do direito constitucional no ordenamento jurídico e da sua aplicação imediata; (c) a necessidade de inclusão por meio de inciso próprio no rol do artigo 5º da CRFB/88 devido à autonomia valorativa; e (d) a necessidade de uniformização de jurisprudência e segurança jurídica, com a padronização de elementos importantes ao tema.

Entendemos ser relevante para este trabalho as colocações do professor Danilo DONEDA a respeito da universalidade do direito à proteção de dados pessoais, a lógica sistêmica que deve imperar para a sua proteção e a possível dificuldade de os dados transitarem livremente sob legislação fragmentada (DONEDA, apud, BRASIL, 2019e); e, da professora Laura Schertel MENDES que explicou que "o direito de privacidade 'de estar só' é insuficiente, tendo o direito à proteção de dados assumido caráter coletivo e não apenas individual, como o direito à privacidade" (SCHERTEL, apud, BRASIL, 2019e, p. 2) e aduziu ser recomendado que estivesse num inciso separado, em razão de sua autonomia. Deu exemplo da jurisprudência alemã, em que há necessidade de uma posição ativa do Estado na defesa desse direito, e não somente um não agir.

Outros aspectos trazidos pelas autoridades e sociedade civil foram: o da advogada especialista da Confederação Nacional da Indústria – CNI, Christina Aires Correa Lima de Siqueira DIAS, propondo que a matéria fosse regulada por meio de lei federal e criticou a inclusão da proteção aos dados pessoais como direito de primeira geração no art. 5º da Constituição Federal; Deivi Lopes KUHN, especialista em adoção de Software Livre enfatizando a existência de grande desequilíbrio entre empresas grandes, empresas pequenas e o cidadão; Bojana Bellamy, representante do *Centre for Information Policy Leadership* (CIPL), ressaltando a necessária segurança jurídica na interpretação e na aplicação das normas jurídicas pertinentes, mitigando a fragmentação do quadro normativo e destacando que proteção não se dirige apenas às pessoas, mas proporciona o crescimento da confiança na economia digital; e, Ignácio YBÁÑEZ, embaixador da União Europeia no Brasil, representando a Unidade de Proteção de Fluxos de Dados da Comissão Europeia e apontando, entre outros, as vantagens da harmonização normativa e a possibilidade que é dada ao cidadão de ter maior controle sobre seus dados (BRASIL, 2019e).

O final do termo do Relator da Proposta de Emenda Constitucional nº 17, de 2019, é o seguinte:

> O direito à proteção de dados pessoais reúne as características principais dos direitos fundamentais. É um direito universal, aplicável a toda e qualquer pessoa e é um direito inalienável ou indisponível, o que impede o titular aliená-lo ou tornar impossível o seu exercício. O direito à proteção de dados também deve ser entendido como um direito essencial à formação da personalidade. Portanto, essencial à dignidade da pessoa e dela indissociável. Por fim, o direito à proteção de dados pessoais possui caráter fundamental porque vincula as ações e atividades do Poder Público e do setor privado, tornando-os parâmetros de organização administrativa e de limitação dos Poderes Públicos, assim como das empresas com relação à forma de viver dos cidadãos. Dessa forma, a

fundamentalização do direito à proteção de dados é não apenas possível, como indispensável para a autodeterminação informativa limitando as possibilidades e as formas de ação do indivíduo nos tempos atuais.

Há diferenças importantes entre a privacidade e a proteção de dados pessoais. A privacidade possui caráter mais individual, enquanto a proteção de dados é mais coletiva. A privacidade é um direito negativo, enquanto a proteção de dados assume qualidade de direito positivo, que pressupõe o controle dos dados pelo próprio indivíduo, que decide onde, quando e como seus dados circulam. Por fim, o direito à privacidade oportuniza o usufruto tranquilo da propriedade, enquanto a proteção de dados está mais ligada ao direito de igualdade, ou seja, a não discriminação e ao usufruto de oportunidades sociais.

Fica evidente, portanto, que o direito à proteção de dados transcende e se diferencia do entendimento original associado ao direito à privacidade. A proteção de dados não é meramente o direito de ser deixado só, mas deve ser entendido e exercido dentro do que se chama integridade contextual, que consiste no fluxo apropriado de informação pessoal balizado por normas informacionais definidas pelo contexto social. A inserção do indivíduo na sociedade atual, digital, implica a circulação de seus dados, mas uma circulação controlada e circunstanciada pelos direitos de personalidade desse indivíduo.

Neste particular vale ressaltar o recentíssimo julgamento na Suprema Corte do país em que se discute o acesso aos dados financeiros do cidadão no âmbito de investigações criminais. Em linhas gerais o posicionamento consensuado é de que a investigação deve garantir a manutenção do sigilo dos dados. Isto é, a circulação dos dados deve ser restrita de modo a se garantir um direito inalienável de proteção aos dados pessoais.

Vale notar, ainda, que vários países já incluíram o direito à proteção de dados pessoais no rol dos direitos fundamentais. O caso mais notório é o da União Europeia, que fez constar no art. 8º de sua Carta de Direitos Fundamentais o direito à "proteção dos dados de caráter pessoal". Como se não bastasse, a Carta Fundamental europeia foi além, determinando a necessidade de "tratamento leal, para fins específicos e com o consentimento da pessoa interessada ou com outro fundamento legítimo previsto por lei".

Nesse sentido, como transcende e se destaca do direito à privacidade, e por não se confundir simplesmente com o direito de sigilo das comunicações, é conveniente que o direito à proteção de dados pessoais seja tornando fundamental e seja insculpido em inciso separado, já que possui autonomia jurídica suficiente para merecer um dispositivo próprio.

Em razão disso, julgamos necessário aperfeiçoar a redação proposta pelo Senado Federal, introduzindo o direito à proteção dos dados pessoais em inciso individualizado, e não como acréscimo ao texto do vigente inciso XII do art. 5º. Fazemos inserir, dessa forma, um novo inciso ao final do elenco de direitos fundamentais, para acolher a inovação constitucional proposta. (BRASIL, 2019e, p. 9 a 11)

Nesse sentido, a PEC 17/2019 demonstra o intuito de inserir o direito à proteção de dados pessoais no rol dos direitos fundamentais alinhando o país à evolução dos direitos humanos e à dogmática que fundamenta a legislação da União Europeia. Aguarda a apreciação do Plenário da Câmara dos Deputados, em sessão deliberativa, desde 11/02/2020.

Conclusão

Os avanços tecnológicos nas áreas da comunicação e da informação viabilizaram um crescente fluxo de dados, inclusive os pessoais e, consequentemente, novas relações jurídicas e formas de exercício do poder.

A Proposta de Emenda à Constituição nº 17, de 2019 propõe o reconhecimento do direito à proteção de dados como fundamental e autônomo, vez que diferentemente da proteção à privacidade, busca tutelar o fluxo apropriado de dados compreendido como um prolongamento da pessoa, inerente às relações evidenciadas na Sociedade da Informação, de forma que as pessoas exerçam o controle do fluxo de seus dados de forma que seja assegurado o livre desenvolvimento consoante ao princípio universal e constitucional da dignidade humana.

A União Europeia é pioneira nos debates e normatização nesse sentido e outros países estão enfrentando a questão. O Brasil conta com a recente LGPD, legislação ordinária específica para a proteção de dados pessoais, contudo, o direito tutelado envolve liberdades individuais que podem ser violadas pelo Estado e particulares e que não são abrangidas pelo direito à privacidade cuja concepção vigente no ordenamento jurídico pátrio tem como premissa a dicotomia entre esferas pública e privada. Daí a importância do reconhecimento da autonomia e da elevação ao status constitucional do direito à proteção de dados pessoais, consoante à construção e evolução dos direitos humanos e do direito europeu, que diante dos avanços tecnológicos e comunicacionais presentes na Sociedade da Informação tutelam interesses de grupos não determinado de pessoas, no mesmo sentido do direito ao meio ambiente equilibrado, à paz, à autodeterminação dos povos e outros direitos difusos, para a promoção da dignidade da pessoa humana.

Referências bibliográficas

__________. Câmara dos Deputados. *Parecer da Comissão Especial à Proposta de Emenda à Constituição nº 17, de 2019.* 2019e. Disponível em: https://www.camara.leg.br/proposicoesWeb/prop_mostrarintegra?codteor=1841176 Acesso em: 17/11/2020.

__________. Câmara dos Deputados. *Proposta de Emenda à Constituição nº 17, de 12 de março de 2019.* 2019d. Acrescenta o inciso XII-A, ao art. 5º, e o inciso XXX, ao art. 22, da Constituição Federal para incluir a proteção de dados pessoais entre os direitos fundamentais do cidadão e fixar a competência privativa da União para legislar sobre a matéria. Disponível em: https://www.camara.leg.br/propostas-legislativas/2210757 Acesso em 14/10/2020.

__________. Senado Federal. *PEC nº 17 de 2019. Emenda de redação nº 01-CCJ.* 2019c. Disponível em: https://legis.senado.leg.br/sdleg-getter/documento?dm=7956540&disposition=inline#Emenda1. Acesso em: 16/10/2020.

__________. Senado Federal. *PEC nº 17 de 2019. Texto inicial.* 2019b. Disponível em: https://legis.senado.leg.br/sdleg-getter/documento?dm=7924709&ts=1594003895229&disposition=inline. Acesso em: 16/10/2020.

__________. Senado Federal. *Proposta de Emenda à Constituição nº 17, de 12 de março de 2019.* 2019a. Acrescenta o inciso XII-A, ao art. 5º, e o inciso XXX, ao art. 22, da Constituição Federal para incluir a proteção de dados pessoais entre os direitos fundamentais do cidadão e fixar a competência privativa da União para legislar sobre a matéria. Disponível em: https://www25.senado.leg.br/web/atividade/materias/-/materia/135594 Acesso em: 14/10/2020.

BIONI, Bruno Ricardo. *Proteção de dados pessoais: a função e os limites do consentimento.* 2 ed. Rio de Janeiro: Forense, 2020.

BOBBIO, Norberto. *A era dos direitos.* Trad. de Carlos Nelson Coutinho. Nova ed. Rio de Janeiro: Elsevier, 2004.

BONAVIDES, Paulo. *Curso de direito constitucional.* 18. ed. São Paulo: Malheiros, 2006, p. 571. In: Senado Federal. PEC nº 17 de 2019. Emenda de redação nº 01-CCJ. p. 6. Disponível em: https://legis.senado.leg.br/sdleg-getter/documento?dm=7956540&disposition=inline#Emenda1 Acesso em 16/10/2020.

BRASIL. *Constituição Federal da República Federativa do Brasil de 1988.* Disponível em: http://www.planalto.gov.br/ccivil_03/Constituicao/Constituicao.htm. Acesso em: 14/10/2020.

CANOTILHO, J. J. Gomes. *Direito constitucional.* 6 ed. rev. Coimbra: Almedina, 1993.

COUNCIL OF EUROPE. *Convention for the Protection of Individuals with regard to Automatic Processing of Personal Data.* Strasbourg, 28.I.1981. Disponível em: https://www.coe.int/en/web/conventions/full-list/-/conventions/treaty/108 Acesso em: 05/11/2020.

DONEDA, Danilo. *A proteção dos dados pessoais como um direito fundamental. Revista Espaço Jurídico.* Joaçaba, v. 12, n. 2, p. 91-108, jul./dez. 2011. Disponível em: https://www.researchgate.net/publication/277241112 A protecao dos dado s pessoais como um direito fundamental. Acesso em: 12/11/2020

EUROPEAN COURT OF HUMAN RIGHTS. *Case of Tysiac v. Poland.* 2007. Disponível em: https://hudoc.echr.coe.int/eng#{%22fulltext%22:[%22P%20and%20S%20v.%20Poland%22],%22documentcollectionid2%22:[%22GRANDCHAMBER%22,%22CHAMBER%22],%22itemid%22:[%22001-79812%22]} Acesso em: 21/10/2020.

FACCHINI NETO, Eugênio; DEMOLINER, Karine Silva. *Direito à privacidade na era digital: uma releitura do art. XII da Declaração Universal dos Direitos Humanos (DUDH) na sociedade do espetáculo. Revista Internacional Consinter de Direito,* Curitiba, v. 5, n. 9, p. 119-140, jul./dez. 2019. Disponível em: https://revistaconsinter.com/wp-content/uploads/2020/01/ano-v-numero-ix-direito-a-privacidade-na-era-digital-uma-releitura-do-art-xii-da-declaracao-universal-dos-direitos-humanos-dudh-na-sociedade-do-espetaculo.pdf. Acesso em: 20/10/2020.

FINKELSTEIN, Maria Eugenia; FINKELSTEIN, Claudio. *Privacidade e Lei Geral de Proteção de Dados Pessoais. Revista de Direito Brasileira,* Florianópolis, v. 9, n. 23, p. 284-301, maio/ago. 2019. Disponível em: https://www.indexlaw.org/index.php/rdb/article/view/5343/4545. Acesso em: 23/10/2020.

MORAES, Alexandre de. *Direito constitucional.* 33ª ed. rev. e atual. São Paulo: Atlas, 2014.

NASPOLINI, Samyra Haydêe Dal Farra; MAILLART, Adriana da Silva. *Vinculação da Empresa Privada aos Direitos Humanos Fundamentais.* In: XIX Congresso Nacional do CONPEDI, 2010, Florianópolis. Anais do XIX Congresso do CONPEDI. Florianópolis: Fundação Boiteux. Disponível em:

http://www.publicadireito.com.br/conpedi/manaus/arquivos/anais/florianop olis/Integra.pdf. Acesso em: 16/11/2020

NISSENBAUM, Helen. *Privacy in context: Technology, policiy and integrity of social life*. Stanford: Stanford University Press. 2009. Disponível em: https://www.sup.org/books/extra/?id=8862&i=Introduction_pages. Acesso em: 26/10/2020.

RODOTÀ, Stefano. *A vida na sociedade da vigilância*. Trad. Danilo Doneda e Luciana Cabral Doneda. Rio de Janeiro: Renovar, 2008. p. 17, 105 e 106. In: BIONI, Bruno Ricardo. *Proteção de dados pessoais: a função e os limites do consentimento*. 2 ed. Rio de Janeiro: Forense, 2020.

RUARO, Regina Linden. *A tensão entre o direito fundamental à proteção de dados pessoais e o livre mercado. REPATS - Revista de Estudos e Pesquisas Avançadas do Terceiro Setor,* Brasília, v. 4, n. 1, p. 389-423, Jan-Jun, 2017. Disponível em: https://portalrevistas.ucb.br/index.php/REPATS/article/view/8212/pdf Acesso em: 04/11/2020.

SECRETARIA GENERAL IBEROAMERICANA. *Declaración de la XIII Cumbre Iberoamericana de Jefes de Estado y de Gobierno bajo el lema "La inclusión social, motor del desarrollo de la Comunidad Iberoamericana*. Disponível em: https://www.segib.org/wp-content/uploads/DeclaraciondeSantaCruz.pdf Acesso em: 05/11/2020.

SILVEIRA, Vladimir Oliveira da; ROCASOLANO, Maria Mendez. *Direitos humanos: conceitos, significados e funções*. São Paulo: Saraiva, 2010.

UNIÃO EUROPEIA. *Carta dos direitos fundamentais da União Europeia*. Disponível em: https://eur-lex.europa.eu/legal-content/PT/TXT/PDF/?uri=CELEX:12016P/TXT&from=FR Acesso em: 20/10/2020.

UNITED NATIONS. *The Universal Declaration of Human Rigths*. Disponível em: https://www.un.org/en/universal-declaration-human-rights/index.html. Acesso em: 20/10/2020.

WARREN S. D.; BRANDEIS L. D. *The Right to Privacy*. Harvard Law Review. Dec. 15, 1890, Vol. 4, No. 5 (Dec. 15, 1890), pp. 193-220. Disponível em: https://www.jstor.org/stable/1321160?seq=1#metadata_info_tab_contents Acesso em: 26/10/2020.

A PROPRIEDADE INTELECTUAL INDUSTRIAL NA SOCIEDADE DA INFORMAÇÃO

Elysabete Acioli Monteiro Diogo[1]

Sumário: Introdução 1. Breve comparação entre a propriedade industrial e os direitos autorais 2. Direitos a bens imateriais 3. Das marcas e patentes 4. Do arcabouço normativo 5. Contratos de licenciamento de propriedade industrial 6. A aplicação em software, redes sociais e inteligência artificial 7. Conclusão. Referências Bibliográficas

Introdução

O presente artigo se prestará a traçar breve cenário entre a propriedade industrial e os direitos autorais, considerando as questões relativas aos bens materiais e imateriais, bem como as referências no que tangem as marcas e patentes, incluindo as marcas de certificação, levando em conta o arcabouço jurídico envolvido, e ainda os contratos de licenciamento a despeito do tema.

Há que se considerar ainda os impactos deste tema na sociedade da informação, abrangendo a aplicação em softwares e redes sociais que tanto fazem parte da vida moderna e que se tornaram praticamente indispensáveis.

Considerará a recém-divulgada pesquisa quanto a tecnologia e inteligência artificial do Instituto Nacional de Propriedade Industrial (INPI) e a análise do mapeamento realizado em termos de tecnologia e patentes depositadas em solo nacional.

---

[1] Mestranda em Direito na Sociedade da Informação pelo Centro Universitário das Faculdades Metropolitanas Unidas (FMU-SP). Especialista em História, Sociedade, Cultura pela Pontifícia Universidade Católica de São Paulo (PUC-SP). Pós-graduada (*lato sensu*) em Administração de Serviços pela Universidade de São Paulo (USP). Graduada em Direito pelo Centro Universitário das Faculdades Metropolitanas Unidas (FMU-SP). Advogada. Historiadora. Vice-Presidente do Instituto de Certificação para Excelência na Conformidade (ICEPEX). Membro da Comissão de Direito de Família, Sucessões e Adoção e da Comissão da Mulher Advogada da Ordem dos Advogados do Brasil, Santo Amaro/SP (OAB/SP). Membro da Comissão Especial de Estudos de Compliance da OAB, São Paulo/SP (OAB/SP). Lattes: http://lattes.cnpq.br/1262093623384591. Orcid: https://orcid.org/0000-0001-7630-5191. E-mail: elysabeteacioli@gmail.com.

Como problema de pesquisa, procura-se entender as dificuldades e encontrar formas diversificadas de se proteger a propriedade intelectual industrial em tempos etéreos e líquidos diante da sociedade da informação que se remonta.

Em termos metodológicos adota-se a pesquisa resulta da dedução, utilizando-se como base, a análise qualitativa de determinados doutrinas consolidadas, bem como revisão bibliográfica e legislativa, isto, com o objetivo de desenvolver alguma teoria para uma melhor proteção intelectual industrial e seus respectivos impactos na sociedade da informação.

1. Breve comparação entre a propriedade industrial e os direitos autorais

Prioritariamente a distinção entre os dois institutos, é preciso entender os requisitos aos quais pode haver diferença entre à propriedade industrial e os direitos autorais, quais sejam: a originalidade e a novidade. O primeiro está mais relacionado ao direito do autor tem sentido subjetivo, já o segundo refere-se à criação, ao que de fato é novo, tem sentido objetivo e representa novidade para o indivíduo e para o coletivo, porque na verdade se refere aquilo que antes não era conhecido.

Enquanto na esfera do direito autoral é difícil encontrar a coincidência de dois ou mais autores no resultado de uma obra, no que se refere à propriedade industrial essa questão pode ser um pouco mais comum, tendo em vista o quê uma ou mais pessoas podem estar à procura de uma determinada solução (a exemplo, tecnológica), de uma questão a ser desvendada.

É relevante para a propriedade industrial a questão da novidade sob o aspecto da objetividade que coloca o interesse coletivo de forma sobressalente em relação ao direito do autor, pois isso tem a ver com o progresso de uma sociedade.

Existe ainda a questão do desenho industrial que é considerado propriedade industrial e não proteção da lei de direitos autorais. É questão delicada pois, se porventura for divulgado antes mesmo de qualquer registro, pode ser considerada de domínio público, causando assim exploração livre. Somente quando o desenho possuir características valorativas enquanto obra de cunho artístico é que poderá se valer da proteção dos direitos autorais.

Ainda é preciso pontuar que as regras de repressão à concorrência desleal protegem contra atos de caráter confusórios e são amparados na esfera penal e civil. Um exemplo é a imitação servil em que na forma externa do produto tem-se é semelhança, porém enquanto componente interno tem-se as mínimas notificações que caracterizam a diferença. É o que se chama da obrigação de diferenciação entre os concorrentes.

Assim, entende-se que não há confusão entre a tutela de modelos como a tutela entre concorrentes, pois mesmo tendo modelos diferentes ainda que em sendo na sua característica mínima, há que se enxergar a diferença.

Em término, é preciso explicitar ainda que marca e *slogans* que são utilizados de forma tradicional e constante de maneira a se identificar determinada empresa ou produto podem ser passíveis de registro, mas se não feitos, de tanto utilizados passam a contar com proteção ainda que não registrados.

2. Direitos a bens imateriais

Historicamente é preciso reconhecer a capacidade de criação que o homem carrega em si mesmo ao longo dos séculos, seja do ponto de vista artístico seja do ponto de vista industrial.

Neste último aspecto rememora-se, à exemplo, o surgimento da imprensa bem como seu desenvolvimento por Gutemberg, a Revolução Industrial, até a assinatura das convenções internacionais de Paris em 1883 se tiver na de 1886 que protegeram a propriedade intelectual industrial e a diferiu do direito do autor.

Também é preciso diferenciar o inventor técnico do inventor artista, visto o que o primeiro tem como objetivo causar impacto na vida material da sociedade, o segundo visa produzir efeito no mundo interior da humanidade.

A primeira busca utilidade, em termos físicos, contemplando a transformação da força, da velocidade e a facilitação das relações.

Na propriedade intelectual industrial é o resultado da ideia que é protegida e não há ideia em si, por isso que neste aspecto, a formalidade da proteção deve se dar de maneira mais ampla e sistemática.

3. Das marcas e patentes

Antes de adentrarmos ao tema proposto para este tópico, preciso se discorrer minimamente que a competição industrial é relativamente nova sob ponto de vista histórico da sociedade, visto o que até a revolução francesa as corporações de ofício se os monopólios garantidos pela realeza impediam qualquer possibilidade de concorrência.

Tendo uma sociedade fabril, tem-se por óbvio a necessidade de proteção a marca de fábrica, a marca de comércio, a insígnia, o nome comercial ou qualquer sinal ou frase usada em publicidade. Tem-se, portanto, o conjunto de sinais identificadores seja de produto, seja de serviço.

A marca é qualquer nome ou sinal que seja capaz de identificar determinado produto ou serviço e estabelecer qualquer relação, portanto, entre o consumidor e o fabricante que constituiu a marca, ou seja tem uma finalidade própria, a de identificação, já que não constitui o produto em si.

Dentre os sinais identificadores há que se contemplar ainda o nome empresarial, também há que se reconhecer os conflitos entre marca e o nome empresarial, do próprio empresário, os conflitos entre as marcas não registradas e a concorrência desleal.

A proteção de caráter Internacional está amparada na Convenção de Paris, em que o Brasil é signatário e que houve revisão em 1967 e promulgada em território nacional através do decreto de 8 de abril de 1975 que traz como princípio básico o entendimento junto aos cidadãos quanto aos direitos de propriedade intelectual.

A marca registrada constitui uma relação de titularidade a quem explora e está, portanto, vinculado ao produto ou serviço. O que ocorre é que enquanto produto, pode-se alcançar um status de circulação enquanto mercadoria desligando-se do estabelecimento. O mesmo passou a ocorrer com os serviços.[2]

---

[2] Nas palavras de SILVEIRA (2005, p. 24): Um desses elementos, o produto, recebeu especial atenção do legislador, devido à sua capacidade de poder desligar-se do estabelecimento e circular como mercadoria. as técnicas modernas de prestação de serviços tornaram possível também a desvinculação dos serviços do local dos negócios. o nome é o símbolo com os quais o produtor marcava seus produtos, como signo indicador do próprio produtor ao local de produção, passaram a constituir o nome ou o sinal do produto (mercadoria ou serviço). esse é o significado atual da marca de indústria e ou comércio e de serviços.

Ainda é preciso registrar que, muito comumente no mercado, há o que se chama de "marcas de fato" e que pode ser tido como um problema no sentido de causar confusão quando colocada diante da "marca registrada", isto porque o que importa é um reconhecimento por parte do consumidor e que, portanto, gera carga valorativa. Prática esta que pode ser entendida como concorrência desleal, sob pena de atribuição de pena pecuniária.

Veja que a marca de fato que se discorre por aqui é aquela em que se sabe notoriamente vinculada a determinado produto ou serviço de maneira sistemática, cotidiana que se constrói ao longo do tempo, não sendo simplesmente a mera utilização de certa marca em situação de eventualidade.

Assim, o titular dá marca registrada goza de direito exclusivo de exploração, mas aquele que se utiliza da marca de fato também gozará dos mesmos direitos bem como todas as faculdades da lei bem como aquele registrado. Caberá solicitar judicialmente a declaração de nulidade da marca de outro, quando será considerado o princípio da especialidade, cabendo então cognição exauriente para a decisão.

A questão da utilização ou não da marca também é protegida, entendendo que a marca registrada tem exclusividade absoluta independentemente do uso, tem-se a manutenção do registro a cada dez anos e por isso mesmo considera-se bem imaterial com relativa exclusividade.

A caducidade não decorre automaticamente pelo decurso do tempo, mas sim de emissão de declaração por autoridade competente.

Merece atenção especial a marca de certificação, isto pois segundo o artigo 123, inciso II, traz-se como definição "aquela usada para atestar a conformidade de um produto ou serviço com determinado as normas especificações técnicas" e que, de acordo com a Lei 9.279, o artigo 128, § 3º, "só poderá ser requerido por pessoas sem interesse comercial ou industrial direto no produto ou serviço atestado". A violação deste tipo de marca de certificação enseja em crime de violação de marca registrada e cabe majoração da pena de um terço a metade (art. 196, II), sob pena de reclusão de 2 a 6 anos de acordo com o artigo 296, sendo enquadrado como crime de falsificação do selo ou sinal público no Código Penal.

A patente se refere a invenção ou modelo de utilidade por sua criação, conta com a presunção de autoria é aplicasse o princípio do *first aplicant* não do *first inventor*. A invenção que se refere a lei, na verdade trata do modelo de utilidade, "objeto de uso prático, ou parte deste, que apresente nova forma ou disposição, que resulte em melhoria funcional no seu uso é na sua fabricação" (art. 8º e 9º).

Por exclusão a lei traz aquilo que não considera invenção como as descobertas, as teorias científicas e métodos matemáticos, as concepções puramente abstratas, os esquemas planos princípios e outros de sorteio de fiscalização, as obras literárias de arquitetônicas e artísticas, programas de computador, apresentação de informações regras de jogo e partes ou todos os seres vivos naturais materiais biológicos (art. 10).

A patenteabilidade é o atendimento de requisitos essenciais que trazem novidade, atividade inventiva é aplicabilidade industrial. Têm prioridade o pedido nacional em relação a outro pelo prazo de um ano.

O objeto que estiver sob patente está protegido contra crime (183 e 184) de fabricar produto que seja objeto dessa patente, usar meio ao processo que seja objeto da patente a invenção e ainda de comercializar produto que seja objeto da patente ou obtido por meio de processo patenteado. Há a majoração da pena se o agente se tratar de representante, mandatário, preposto, sócio, empregado ou licenciado.

As patentes para biotecnologia vão ser tratadas por meio de regras especiais, bem como as que se referem às patentes químicas, farmacêuticas e alimentícias, a lei considera a revalidação condicional conhecida como *pipeline* e se trata do primeiro pedido de patente depositado no exterior.

Em contraponto, e não sendo a posição desta que aqui escreve, importante considerar que há na doutrina aqueles acreditam que na verdade, deveria haver uma liberdade, uma verdade com os direitos não institucionalizados, priorizando o direito individual[3]

Existem exemplos emblemáticos de pedidos de patentes que realmente são questionáveis.[4] É o caso, por exemplo, do "Sistema de rega

---

[3] Nas palavras de KINSELLA (2010, p. 51): Vemos, então, que um sistema de direitos de propriedade sobre "objetos ideais" necessariamente requer violação de direitos à propriedade de outros indivíduos, como, por exemplo, usar sua própria propriedade tangível como bem entender. Tal sistema requer uma nova regra de apropriação que subverta a regra do primeiro ocupante. PI, ao menos na forma de patentes e direitos autorais, não pode ser justificada. Não é de surpreender que advogados de PI, artistas e inventores costumem tomar como dada a legitimidade da PI. No entanto, aqueles mais preocupados com a *liberdade*, com a *verdade* e com direitos não deveriam tomar como dado o uso institucionalizado da força para aplicar direitos sobre PI. Pelo contrário, deveríamos reafirmar a *primazia* dos *direitos individuais* sobre nossos *corpos* e *recursos* escassos apropriados. (g.n.)

[4] KINSELLA (2010, p. 53), traz "alguns exemplos questionáveis de patentes americanas": "Sistema de rega e sustentação de árvore de natal", U.S. Pat. N. 4.993.176, 19 de Fev.,

e sustentação de árvore de natal", "Método de exercitar um gato", "Aparato de tapa nas costas", "Método e sistema para enviar uma ordem de compra via uma rede de comunicações, "Aplicação sanitária para pássaros" e "Sabão religioso".

4. Do arcabouço normativo

O arcabouço normativo que confere a propriedade industrial está referenciado ao Decreto n. 75.699 de 06 de maio de 1975, promulgação da Convenção de Berna, com revisão em Paris a 24 de julho de 1971. O Decreto n. 1.263 de 10 de outubro de 1994 vem a ratificar a declaração de adesão aos artigos 1º a 12 e ao artigo 28, alínea 1, sobre a revisão de Estocolmo da Convenção de Paris para a proteção da propriedade industrial.

Contempla o Decreto n. 1.355 de 30 de dezembro de 1994, que promulga a ata final que incorpora os resultados da rodada uruguaia de negociações comerciais multilaterais do GATT (*General Agreement on Tariffs and Trade*), ainda a Lei n. 9.279 de 14 de maio de 1996, que regula direitos e obrigações relativos à propriedade industrial.

Esta legislação vai trazer como anexo um acordo sobre aspectos dos direitos da propriedade intelectual relacionados ao comércio - Frank TRIPs – OMC.

A Lei n. 9.279, de 14 de maio de 1996, que regula direitos e obrigações relativos à propriedade industrial e vai discorrer quanto a titularidade, a patenteabilidade, do pedido de patente, da concessão, da vigência da patente, da proteção conferida pela patente, da nulidade da patente, da seção das licenças, da patente de interesse da defesa nacional do certificado, de adição de invenção, da extinção da patente, da retribuição anual da restauração da invenção e do modelo de utilidade realizado por emprego prestador de serviço, dos desenhos industriais e

---

1991 (Suporte de árvore de natal no formato de Papai Noel que rega); "Método de exercitar um gato", U.S. Pat. N. 5.433.036, 22 de Ago., 1995 (brilhar um laser no chão para fascinar o gato e fazer com que ele siga a luz); "Aparato de tapa nas costas", U.S. Pat. N. 4.608.967, 2 de Set., 1986 (aparato com mão humana simulada para dar um tapinha nas costas do usuário); "Método e sistema para enviar uma ordem de compra via uma rede de comunicações", U.S. Pat. N. 5.960.411, 28 de Set., 1999 (o método de "um clique" da amazon.com para comprar um item na rede através de um só clique); "Aplicação sanitária para pássaros", U.S. Pat. N. 2.882.858, 21 de Abr., 1959 (fralda para pássaros); "Sabão religioso", U.S. Pat. N. 3.936.384, 3 de Fev., 1976 (barra de sabão com design religioso de um lado e uma oração do outro).

a sua titularidade, registrabilidade, do pedido de registro e as proteções, a nulidade de registro, das marcas de sua rastreabilidade, das prioridades, dos direitos de vigências sobre a marca, e demais proteções.

Também conta com a Lei n. 9.456, de 25 de abril de 1997 e institui a Lei de Proteção de Cultivares e dá outras providências e o Decreto n. 2.366, de 05 de novembro de 1997 que regulamenta a Lei n. 9.456 que instituiu a proteção de cultivares e dispõe sobre o Serviço Nacional de Proteção de Cultivares (SNPC).

Aqui, tem-se as delimitações a respeito da propriedade intelectual quanto as cultivares passíveis de proteção, dos obtentores, da duração da concessão do certificado, da prioridade, da licença compulsória, do uso público restrito, bem como das sanções além da extinção do direito de proteção.

Vem a criar o Serviço Nacional de Proteção de Cultivares (SNPC) e vem a ditar quantos atos dos espaços e dos prazos das certidões e da procuração.

A Lei n. 9.609 de 19 de fevereiro de 1998, que dispõe sobre a proteção da propriedade intelectual de programa de computador, sua comercialização no país e dá outras providências. Traz a proteção aos direitos de autor e do registro para esse tipo, das garantias aos usuários de programas de computador, traz os contratos de licença de uso é comercialização bem como transferência de tecnologia, das informações e penalidades.

Curiosamente, há o ato normativo n. 142 de 25 de agosto de 1.998 que promulga o Código de Conduta Profissional do Agente da Propriedade Industrial e se refere aos profissionais habilitados pelo INPI. De teus deveres do agente quanto a preservação, atuação independente, contribuição para o aprimoramento, aconselhamento ao cliente e abstenção de influência indevida. trata das relações com os clientes, o sigilo profissional, da publicidade, o dever de urbanidade, bem como das penalidades, das anuidades e restaurações.

Há ainda a Lei n. 10.603, de 17 de dezembro de 2.002, que dispõe sobre a proteção de informação não divulgada submetida para aprovação da comercialização de produtos e dá outras providências, tem como intenção a proteção em seu artigo 1º:

> contra o uso comercial desleal de informações relativas aos resultados de testes ou de outros dados não divulgados apresentados às autoridades competentes como condição para

aprovar ou manter o registro para comercializar são de produtos farmacêuticos de uso veterinário fertilizantes agrotóxicos e seus componentes e afins.

E por fim, a Lei n. 10.973 de 02 de dezembro de 2.004 e que dispõem sobre incentivos à inovação e a pesquisa científica e tecnológica no ambiente produtivo e dá outras providências. Esta irá ditar quanto ao estímulo à construção de ambientes especializados e cooperativos de inovação, do estímulo à participação das Instituições de Ciência e Tecnologia (ICT) no processo de inovação, do estímulo à inovação nas empresas, há um inventor independente e dos fundos de investimento.

5. Contratos de licenciamento de propriedade industrial

Podem ser muitos os motivos que levam determinada organização a estabelecer um contrato com outra organização a fim de transferir conhecimento e desenvolver processos produtivos em uma relação de parceria. Seja por razão de se manter enquanto negócios sustentáveis, seja por praticidade e especialização no que tange as questões relativas ao projeto e desenvolvimento de seus produtos e serviços.

As *softlaw*, aquelas normas de caráter jurídico não obrigatório, mas que carregam em si força normativa por adesão, podem trazer requisitos de atendimento compulsório (ou voluntário), auditáveis e que, portanto, levam ao atendimento da conformidade destes requisitos por meio de verificação de evidências compatíveis.

São os exemplos o requisito. 8.3, de Projeto e Desenvolvimento e o requisito 8.5.3 de Propriedade Pertencente a Clientes ou Provedores Externos, da Norma Técnica Internacional ABNT ISO 9001 – Sistema de Gestão da Qualidade. Sabe-se que o termo "qualidade" aqui citado quer dizer capacidade de reprodutibilidade, ou seja, reprodução assegurada o padrão em larga escala. Também é importante lembrar que aqui, trata-se de requisitos harmonizados internacionalmente, o que permite a amplitude dos negócios econômicos mundiais.

O primeiro requisito tange a respeito ao projeto e desenvolvimento, tanto de produtos e serviços, além das generalidades, também quanto ao seu planejamento, desde a sua natureza até toda informação documentada, suas entradas (*inputs*), como funcionalidades e requisitos estatutários, os controles, como os resultados esperados, as saídas (*outputs*), como atendimento aos requisitos de entrada, como também as mudanças, alterações e autorizações para tal.

O segundo, que determina que a organização deve ser cuidadosa com aquela propriedade que não a pertence, mas que são utilizadas por ela, devendo protegê-la, contemplando ainda, o risco de perda, extravio ou danificação, retendo a devida documentação documentada. É o exemplo do licenciamento.

Esses requisitos são auditáveis, e, portanto, passam por um processo de *compliance* para que atestem a conformidade, de maneira evidenciada e, por conseguinte, obter a concessão de um certificado e logo, um selo, que poderá ser ostentado em seus produtos ou serviços relacionados.

6. A aplicação em software, redes sociais e inteligência artificial

No que tange a lei do *software* (Lei 9.609 de 19 de fevereiro de 1998), constitui-se a proteção à propriedade intelectual de programas de computador e sua comercialização equiparando-as às obras literárias.

Essa questão não se refere a proteção relativo a direitos morais (art. 2, § 1º) e protegerá em cinquenta anos o direito autoral, a proteção independe de registro e traz isenção as ideias, procedimentos normativos, sistemas e outros, esquemas, planos ou regras, formulários em branco, textos de tratados ou convenções, informações de uso comum como calendários, nomes de títulos isolados e aproveitamento de ideias.

Esta legislação também ditará quanto da não constituição de ofensa aos direitos autorais quando da reprodução, da citação de livros ou jornais em outros, apanhado de lições, utilização de obras literárias, entre outros.

Trará garantias aos usuários entendendo que o programa de computador é uma obra técnica e que, portanto, devem garantir ao usuário a segurança de utilização. Também garantirá os contratos que têm como conteúdo a produção de programas de computador, de maneira a considerar nulas as cláusulas que porventura venham a limitar a produção distribuição ou comercialização.

As sanções penais civis isentaram usuário que utiliza de forma ilícita finalizando apenas aquele que o industrializa e o que comercializa.

Em termos de inteligência artificial, assistimos um grande aumento na busca de proteção de patentes, pois segundo os dados do INPI (INPI, 2020), a busca por imagens similares em diagnóstico médico, a segurança em reconhecimento facial, o transporte em veículos autônomos e processos da linguagem natural (PLN) em atendimento por máquinas / chatbot em aprendizado profundo, são exemplos dos campos de aplicação em que se tem buscado patentes.

Ainda neste sentido, o relatório apresentado por aquela instituição traz como principais depositantes de pedidos de patentes relacionadas à inteligência artificial as seguintes empresas: Microsoft, Qualcomm, Philips, Nissan, Scania e a Boeing (INPI, 2020, p. 17).

Já os principais depositantes nacionais nessa mesma área são a Universidade Estadual de Campinas (UNICAMP), a Samsung Eletrônica da Amazônia Ltda., Embraer AS, Universidade Federal de Minas Gerais (UFMG), a Fundação Centro de Pesquisa e Desenvolvimento (CPQD), entre outros (INPI, 2020, p. 20).

Sendo assim, é possível perceber, excetuando a empresa de tecnologia mencionada, que todos os demais depositantes referem-se a instituições de educação e pesquisa, o que pode indicar que a Lei 10.973 de 02 de dezembro de 2.004 e que dispõem sobre incentivos à inovação e a pesquisa científica e tecnológica no ambiente produtivo, possa estar trazendo algum efeito prático para a sociedade, embora seja sabido que as pesquisas e desenvolvimento neste país precisam ser maior incentivadas.

Conclusão

Assim, considerando os temas aqui abordados entende-se pela plena amplitude quanto a proteção em propriedade intelectual industrial em solo brasileiro. Isto porque, como explanado o arcabouço jurídico ordenado tem o condão de alcançar as necessidades apresentadas.

No que tange as marcas de certificação, percebe-se que embora haja previsão de proteção no ordenamento jurídico, conclui-se pela fragilidade em termos de fiscalização e controle por parte do poder público, isto porque, o acompanhamento sistemático fica somente a cargo das autoridades fiscalizatórias, estas que, sabidamente, demonstram deficiência operacional.

A discussão referente as liberdades de uso para um bem maior, ou seja, satisfação de uma sociedade, bem como o argumento da não institucionalização dos resultados de ideias parece ser rica e promissora, porém, levam a concluir que encontrar um ponto de equilíbrio entre a liberdade de uso e a proteção da propriedade intelectual industrial é uma trilha a ser seguida.

Em conclusão, vale ressaltar os números divulgados pelo INPI em relação a inteligência artificial, remonta algum tipo de desenvolvimento neste país, embora concentrado nas grandes empresas multinacionais, os depositantes nacionais remetem à instituições de ensino e pesquisa, o que parece ser de bom juízo de valor.

Referências Bibliográficas

ASSOCIAÇÃO BRASILEIRA DE NORMAS TÉCNICAS (ABNT). *NBR 9001 – Sistema de Gestão de Qualidade – Requisitos*. Rio de Janeiro: ABNT, 2015.

BRANCHER, Paulo M. R. *Contratos de Licenciamento de Propriedade Industrial: Autonomia privada e ordem pública*. Belo Horizonte: Fórum, 2019.

INSTITUTO NACIONAL DA PROPRIEDADE INTECTUAL (INPI). *Radar Tecnológico. Inteligência Artificial: Análise do mapeamento tecnológico do setor através das patentes depositadas no Brasil*. Rio de Janeiro: INPI, 2020.

JUNGMANN, Diana de Mello. BONETTI, Esther Aquemi. *Inovação e propriedade intelectual: guia para o docente*. Brasília: SENAI, 2010.

KINSELLA, N. Stephan. *Contra a propriedade intelectual*. São Paulo: Instituto Ludwig von Mises Brasil, 2010.

SILVEIRA, Newton. *Propriedade intelectual: propriedade industrial, direito de autor, software, cultivares*. 3.ed. São Paulo: Manole, 2005.

DIREITOS AUTORAIS NAS PLATAFORMAS DE *STREAMING* AUDIOVISUAIS NA SOCIEDADE DA INFORMAÇÃO

Fernanda Chyn Hui Chiao[1]
Manuela Marques Micossi[2]

Sumário: Introdução. 1. A influência da internet e seus reflexos sobre os direitos autorais. 1.1. O advento da internet e o impacto da era digital no cotidiano e nos direitos autorais. 1.2 A internet e os direitos autorais na Sociedade da Informação. 2. O direito de autor e as obras audiovisuais. 2.1 Direitos patrimoniais do autor. 2.2. 2.2 Direitos morais do autor. 2.3 Como a Lei nº 9.610/1998 (LDA) prevê o uso das obras audiovisuais e a decisão do STJ a respeito do streaming. 3. Caso concreto acerca das obras na Netflix no Brasil. 4. A violação dos direitos autorais e as regulamentações jurídicas. 4.1 Tipificação das violações de uma obra audiovisual. 4.2 Legislações sobre danos de natureza autoral. 4.2.1 Sanções e danos de natureza civil. 4.2.2 Sanções e danos de natureza penal. 4.3 As regulamentações jurídicas para o serviço de *streaming*. Conclusão. Referências bibliográficas.

Introdução

Em meados dos anos 1990, com as evoluções tecnológicas, as redes sociais fizeram com que pessoas do mundo todo pudessem se comunicar com apenas trocas de mensagens instantâneas, inclusive já sendo possível ler o noticiário online, com um tempo menor para receber uma notícia internacional ou nacional, ou seja, não era mais necessário esperar até o horário do telejornal para se informar.

Atualmente com o aperfeiçoamento das inovações da tecnologia, todas as pessoas estão integradas a um novo modelo de sociedade, a Era da Sociedade da Informação, onde o principal marco é a conexão por

---

[1] Graduanda em Direito pelo Centro Universitário das Faculdades Metropolitanas Unidas (FMU-SP). Integrante do grupo de pesquisa "Direito de Autor, Família, Grupo Sociais e Informação" coordenado pelo Prof. Dr. Jorge Shiguemitsu Fujita na mesma instituição.

[2] Graduanda em Direito pelo Centro Universitário das Faculdades Metropolitanas Unidas (FMU-SP). Integrante do grupo de pesquisa "Direito de Autor, Família, Grupo Sociais e Informação" coordenado pelo Prof. Dr. Jorge Shiguemitsu Fujita na mesma instituição.

meio da *internet*. Os meios eletrônicos fazem parte do cotidiano de cada pessoa, viabilizando o melhor aproveitamento do tempo e da tecnologia disponível.

Contudo, não foram apenas os modos de comunicação que mudaram, mas a maneira pela qual o mundo passou a se entreter com filmes, seriados e músicas. De um modo geral, a tecnologia trouxe novos comportamentos sociais. Na década de 1960 a fita cassete (ou K7) era o que se tinha de mais moderno no ambiente audiovisual.

Hoje podemos contar com a facilidade das plataformas de *streaming*, sendo este o foco deste presente artigo, bem como mostrar a maneira pela qual este novo método de transmissão está inserido na sociedade, estabelecendo constantemente uma conexão direta entre os direitos autorais e os problemas que surgem quando esse direito não é respeitado.

Para tanto, o presente trabalho está constituído em quatro tópicos, tendo como propósito apresentar os procedimentos adequados, a fim de garantir os devidos direitos autorais presentes em obras audiovisuais na Sociedade da Informação.

No primeiro tópico serão apresentadas ao leitor uma breve síntese sobre a evolução da *internet* até chegar aos moldes atuais e a relação entre a *internet* e os direitos autorais, com exemplificações de *sites* ou aplicativos populares da época.

Já no segundo capítulo serão comentadas as explicações em relação aos direitos morais e patrimoniais do autor, de que forma a legislação brasileira vigente encara os novos desafios que vieram com o *streaming* e de que forma a Lei nº 9.610/1998 enquadra o uso de obras audiovisuais.

No terceiro tópico será abordada uma discussão sobre uma importante plataforma de *streaming* que vem sendo vítima de violação dos direitos autorais por parte dos seus usuários e de que maneira ela está agindo para diminuir ao máximo esse crime.

No quarto capítulo serão apresentadas as tipificações de violações dos direitos autorais em obras audiovisuais e um breve parecer entre as diversas práticas ilegais contra as obras, como também suas consequências jurídicas e possíveis resoluções para o combate às violações desses direitos, assim indicando a existência de órgãos competentes que regulamentam esses direitos para uma menor ocorrência de violações.

1. A influência da internet e seus reflexos sobre os direitos autorais

1.1 O advento da *internet* e o impacto da era digital no cotidiano e nos direitos autorais

A passagem do século XX para o XXI trouxe vastas mudanças principalmente na área tecnológica e uma das principais foi a *internet*, na época chamada de "ARPANET" (*Advanced Research Projects Agency Network*), criada no ano de 1969, nos Estados Unidos, com o objetivo de interligar laboratórios de pesquisa com fins militares. Deste modo, com esse mecanismo foi possível manter a conexão entre soldados e cientistas até mesmo em caso de bombardeio (SILVA, 2001).

Em 1982, o uso acadêmico da ARPANET foi liberado inicialmente apenas nos Estados Unidos, na mesma época em que ocorreu uma pequena expansão para alguns países europeus, e o nome *"Internet"* passou a ser usado. Já em 1987, o uso recreativo da mesma foi liberado, entretanto apenas em seu país de origem (SILVA, 2001).

No ano de 1992 com diversas empresas provedoras de *internet* sendo criadas, o Laboratório Europeu de Física de Partículas (Cern) criou o World Wide Web (WWW), e desde então as inovações foram cada vez mais evoluindo (SILVA, 2001).

No Brasil a *internet* somente se instalou no ano de 1995, porém algumas universidades conseguiram o acesso entre os anos de 1989 e 1990. Na segunda metade da década de 1990 deu-se o início da evolução da *internet* até alcançar a estrutura atual. Nessa época uma quantidade expressiva de pessoas estava se adaptando à nova realidade virtual: o acesso ao conhecimento, à cultura, aos serviços, a criação do *e-mail* e as trocas de mensagens instantâneas, um fator que tornou a vida das pessoas mais simplificada.

Segundo o jornalista Thiago Barros, em um artigo escrito ao *site TechTudo*, os *sites* mais famosos naquele momento eram o *GeoCities*[3] e o *Myspace*,[4] ou seja, *sites* que ajudavam no deslocamento das pessoas nos grandes centros e as conectavam com o mundo. Com o passar dos

---

[3] O servidor Yahoo! GeoCities foi criado em 1994, por David BOHNETT e John REZNER. O servidor era um hospedeiro de sites e, ficou no ar até setembro de 2009.

[4] A rede social MySpace entrou no ar em 2003, criada por Tom Anderson, Christopher DEWOLFE e Jon HART, em 2011 a rede social foi vendia à empresa Specific Media, foi relançada no fim de 2012 e está em atividade até hoje.

anos começaram a ser criadas as redes sociais, como o *Classmates*,[5] o *Linkedin*, o *Orkut*, o *Facebook*, entre outros. Neste mesmo momento mecanismos de busca, como o *Google* e o *Yahoo*, também foram criados.

Já no ano de 2005, com uma proposta de reprodução de conteúdos audiovisuais, o *Youtube* foi lançado e em 2010, com o intuito de ser uma rede social focada em fotografias, o *Instagram*. Desde então o número de usuários nas redes cresce a cada dia, para facilitar ainda mais o cotidiano das pessoas. Os aplicativos de mensagens de celular começaram a surgir, sendo, atualmente, o mais utilizado o *WhatsApp*.

Na última década as criações mais atraentes ao público foram os serviços de *streaming* [6] de séries, filmes e músicas, realizados por plataformas como a *Netflix*,[7] a *Amazon Prime Video*, o *Globoplay*,[8] o *Spotify*, a *AppleMusic*[9] e, recentemente, a *Disney+*.[10]

1.2 A *internet* e os direitos autorais na Sociedade da Informação

A origem conceitual da Sociedade da Informação se deu no mundo globalizado e atualmente é uma expressão empregada para se fazer referência a um novo tipo de sociedade, tal como aduzem Ronny Max MACHADO e Jorge Shiguemitsu FUJITA:

> "O mundo globalizado trouxe a sociedade da informação ou sociedade da comunicação que difere da sociedade de conhecimento, isto por que é uma expressão utilizada pelo

---

[5] Criado em 1995 por Randy CONRADS era uma rede social, porém em 2010 já com uma queda expressiva no número de usuários, a rede se transformou em um site de memórias, com anuários escolares, fotos, entre outros. O nome foi alterado para Memory Lane.

[6] O *streaming* é uma tecnologia desenvolvida para transmitir dados pela internet, como músicas ou filmes, sem a necessidade de baixar o conteúdo.

[7] A plataforma de streaming foi desenvolvida em 1997 por Reed HASTING e Marc RANDOLPH, porém só começou a ter popularidade em 2007 nos Estados Unidos da América e desde 2018 é a empresa de entretenimento de maior valor de mercado do mundo.

[8] O serviço foi criado por Valdir MIRANDA em 2013, a ideia foi apresentada ao Grupo Globo e em 2015 foi lançada. Atualmente é o segundo aplicativo de streaming mais assinado do Brasil.

[9] A plataforma de streaming de música foi criada em 2015 pela empresa Apple.

[10] O serviço foi lançado pela empresa The Walt Disney World em 2019, a princípio apenas nos Estados Unidos da América, no Canadá e nos países baixos, contudo o serviço está se expandindo e tem previsão de lançamento no Brasil em novembro de 2020.

Unesco, que traduz a implantação de um conhecimento informacional" (MACHADO; FUJITA, 2018, p. 264)

A questão do direito autoral está presente na legislação brasileira desde a primeira Constituição Republicana no ano de 1891, porém a partir da criação da *internet* a violação deste direito está se tornando mais simples e frequente, uma vez que uma pessoa pode apenas "copiar e colar" uma obra, postar nas redes e dizer que o texto foi escrito por ela mesma. Essa prática se configura como plágio, dentre estes há alguns casos que ocorrem sem a intenção de prejudicar outrem. Um exemplo disso ocorre quando um estudante copia informações de determinados *sites* para algum trabalho e não cita a autoria do artigo.

Uma situação que atualmente está ocorrendo frequentemente, envolvendo a violação de direitos autorais é a postagem de séries ou filmes, na plataforma do *Google*, sendo este o *Google Drive*. Há também outras formas de desrespeitos aos direitos autorais dentro do universo audiovisual, como explica o *site Smart Rights*:

> [...] o streaming de obras audiovisuais também precisa assegurar as licenças de direitos autorais para ofertar o conteúdo ao público consumidor. E parte deste licenciamento diz respeito aos direitos de execução pública das trilhas sonoras dos audiovisuais. As músicas que compõem um audiovisual podem ter sido especialmente compostas para a trilha sonora bem como podem ser obras musicais preexistentes sincronizadas ao audiovisual. Em ambos os casos, a exibição, difusão ou transmissão deste conteúdo gera direitos de execução pública musical aos titulares da obra musical e do fonograma.[11]

Uma outra realidade do mundo moderno e tecnológico é o uso do IPTV,[12] cujo protocolo consiste na transmissão de sinal de televisão via *internet* simultaneamente, além de que diversos canais estão aderindo a este modo de transmissão, como por exemplo, a emissora Globo que realiza esse serviço em sua plataforma *Globoplay,* o canal Esporte

---

[11] ______. *Streaming de vídeo e direitos autorais.* Smart Rights. Ed. 19 mai. 2019. Disponível em: https://smartrights.za.mus.br/472/. Acesso em: 02 out. 2020.

[12] Transmissão de sinal de televisão para a internet ou serviço de streaming simultaneamente.

Interativo, o qual realiza o serviço em sua plataforma Esporte Interativo *Plus*, entre outros canais.

A operação realizada respeitando os direitos de autor e o direito de transmissão do programa não é ilegal, porém o que ocorre regularmente é o uso de *gadgets*.[13] Neste serviço, quando o aparelho é devidamente conectado a uma televisão por exemplo, basta apenas que o consumidor baixe os canais que deseja desfrutar. Em diversos casos essa obtenção é de forma gratuita, ou quando é obtido de forma paga, é um valor menor do que o considerado "normal" (FERNANDES NETO; SILVA, 2019, p. 1201).

Para essa operação ocorrer na prática, as pessoas que assinam os canais considerados pagos estão redistribuindo seu sinal por meio do aparelho, algo considerado ilícito, ou seja, constitui pirataria, a qual é definida pela distribuição de produtos sem a autorização do autor, e que não segue qualquer norma de direito autoral e/ou direito de transmissão (FERNANDES NETO; SILVA, 2019, p. 1201).

Segundo a ABTA (Associação Brasileira de Televisão por Assinatura), em uma pesquisa realizada em 2019, a pirataria resultou em um prejuízo de 8,6 bilhões de reais em um ano às companhias de televisão, enquanto também considera que 4,2 milhões de casas acessam a pirataria no Brasil, reduzindo as casas que assinam algum serviço de TV.[14]

2. O direito de autor e as obras audiovisuais

2.1 Direitos patrimoniais do autor

Os direitos patrimoniais fazem parte dos direitos autorais, como explica a Lei n. 9.610/1998, que dispõe sobre os Direitos Autorais. Preceitua o seu art. 22: "Pertencem ao autor os direitos morais e patrimoniais sobre a obra que criou".

---

[13] São dispositivos portáveis que tem diversas funções dependendo do tipo de aparelho, podendo ser um relógio que se conecta ao smartphone, o próprio smartphone pode ser considerado um gadgets, porém nesse caso específico do artigo se trata dos aparelhos que se conectam nas televisões para transformá-las em Smart Tv.

[14] REDAÇÃO. 2019. *Pirataria na TV paga no Brasil gera prejuízo de R$8,6 bilhões.* Disponível em: https://www.bahiadevalor.com.br/2019/09/pirataria-na-tv-paga-na-brasil-gera-prejuizo-de-r-86-bilhoes/. Acesso em: 10 out. 2020.

Os direitos autorais do autor são passados aos herdeiros e têm duração de 70 (setenta) anos após a morte do autor, "contados de 1º de janeiro do ano seguinte ao da sua morte"[15], podendo esse direito ser cedido ou transferido para outrem, denominado titular de direitos.

Segundo a Agência Senado, são direitos patrimoniais:

> Usufruir e dispor da obra, autorizando ou não a sua utilização; Colocar à disposição do público a obra, na forma, local e pelo tempo que desejar, cobrando ou não por isso; Receber, no mínimo, 5% sobre o aumento do preço em cada revenda de obra de arte ou manuscrito original.[16]

Após 70 (setenta) anos da morte do autor, a obra entra em domínio público, onde cabe ao Estado zelar por sua integridade e autoria. Caso houver diferentes edições de uma mesma obra, os herdeiros não podem reproduzi-la, bem como o cônjuge, sendo que este não tem nenhum direito sobre as obras do autor, apenas sobre a sua exploração.[17]

2.2 Direitos morais do autor

Os direitos morais do autor são aqueles relacionados à sua personalidade, Adriana Garcia da SILVA (2017) explica o que são esses direitos morais:

> Dentre os direitos morais do autor, há o direito de integridade da obra, isto é, terceiro não pode modificá-la sem a autorização do seu titular (autor). Muitas vezes o autorizado a explorar a obra, não se atenta para esta prerrogativa do autor, isto é, acredita que pequenas alterações na obra não lhe trará implicações jurídicas, o que não é verdade. Qualquer alteração pretendida, há a necessidade de autorização expressa por seu titular.

---

[15]BRASIL. Brasília, DF: Senado Federal. *Criador tem direito moral e patrimonial sobre sua obra.* Disponível em: https://www.senado.gov.br/noticias/jornal/cidadania/Direitoautoral/not004.htm. Acesso em: 10 out. 2020.

[16]Idem.

[17]Idem.

Como citado anteriormente, o direito moral também está incluído nos direitos autorais. Este último se associa com a personalidade do autor, podendo este ir contra qualquer alteração em sua obra que possivelmente possa a vir ocorrer ou que afete a sua imagem na vida pessoal ou profissional. Esse direito não pode ser transferido ou cedido a outrem e, também, não pode ser renunciado. O autor pode reivindicar a qualquer momento a autoria de sua obra, independentemente da forma na qual ela for escrita, seja seu nome verdadeiro, pseudônimo ou apenas as iniciais de seu prenome e sobrenome. A Lei de Direitos Autorais – LDA (Lei n. 9.610/1998) trata em seu capítulo dois sobre este assunto, a saber:

Dos Direitos Morais do Autor

Art. 24. São direitos morais do autor:

I - o de reivindicar, a qualquer tempo, a autoria da obra;

II - o de ter seu nome, pseudônimo ou sinal convencional indicado ou anunciado, como sendo o do autor, na utilização de sua obra;

III - o de conservar a obra inédita;

IV - o de assegurar a integridade da obra, opondo-se a quaisquer modificações ou à prática de atos que, de qualquer forma, possam prejudicá-la ou atingi-lo, como autor, em sua reputação ou honra;

V - o de modificar a obra, antes ou depois de utilizada;

VI - o de retirar de circulação a obra ou de suspender qualquer forma de utilização já autorizada, quando a circulação ou utilização implicarem afronta à sua reputação e imagem;

VII - o de ter acesso a exemplar único e raro da obra, quando se encontre legitimamente em poder de outrem, para o fim de, por meio de processo fotográfico ou assemelhado, ou audiovisual, preservar sua memória, de forma que cause o menor inconveniente possível a seu detentor, que, em todo caso, será indenizado de qualquer dano ou prejuízo que lhe seja causado.

§ 1º Por morte do autor, transmitem-se a seus sucessores os direitos a que se referem os incisos I a IV.

§ 2º Compete ao Estado a defesa da integridade e autoria da obra caída em domínio público.

§ 3º Nos casos dos incisos V e VI, ressalvam-se as prévias indenizações a terceiros, quando couberem.

Art. 25. Cabe exclusivamente ao diretor o exercício dos direitos morais sobre a obra audiovisual.

> Art. 26. O autor poderá repudiar a autoria de projeto arquitetônico alterado sem o seu consentimento durante a execução ou após a conclusão da construção.
>
> Parágrafo único. O proprietário da construção responde pelos danos que causar ao autor sempre que, após o repúdio, der como sendo daquele a autoria do projeto repudiado.
>
> Art. 27. Os direitos morais do autor são inalienáveis e irrenunciáveis.

Contudo, apesar da legislação sobre os direitos autorais ser muito abrangente, há casos em que existe a impossibilidade do impedimento de citação e/ou exibição de uma determinada obra, os quais serão vistos a seguir.

A expressão "limites dos direitos autorais" significa situações onde não ocorre um desrespeito ao direito autoral, ou seja, quando há uma liberação legal para uma determinada obra ser utilizada e/ou citada, sem que haja uma liberação do autor ou um aviso prévio ao mesmo.

Na legislação, esses limites são encontrados na Lei n. 9.610/1998, em seu capítulo IV.

Os pontos mais importantes deste capítulo tratam sobre o uso das obras, sendo atribuídos os devidos créditos ao autor, não podem ser penalizados ou impedidos em veículos de comunicação – como por exemplo em artigos noticiários – a transcrição da obra para o *braille,* em citações onde não se visam ao lucro, em provas administrativas e judiciárias, nas construções de paráfrases e paródias, e em exposições para fins educativos.

2.3 Como a Lei nº 9.610/1998 (LDA) prevê o uso das obras audiovisuais e a decisão do STJ a respeito do *streaming*

Quando tratados a partir do ponto de vista legal, os direitos patrimoniais e morais da obra audiovisual cabem ao diretor. Já a pessoa que desenvolveu o assunto da obra recebe o título de coautor.[18]

---

[18]Diretores Brasileiros de Cinema e Audiovisual (DBCA). *Direito de autor.* Disponível em: http://diretoresbrasil.org/direito-de-autor/#:~:text=Os%20Direitos%20de%20Autor%20de,liter%C3%A1rio%2C%20music al%20e%20o%20diretor . Acesso em: 17 de out. 2020.

Para uma obra ser adaptada ao universo audiovisual é necessária a autorização do autor e de seu intérprete. Esse consentimento tem duração de dez anos. De acordo com o artigo 82 da LDA, este contrato deve estabelecer:

> I - a remuneração devida pelo produtor aos coautores da obra e aos artistas intérpretes e executantes, bem como o tempo, lugar e forma de pagamento;
>
> II - o prazo de conclusão da obra;
>
> III - a responsabilidade do produtor para com os co-autores, artistas intérpretes ou executantes, no caso de co-produção.

O artista que desistir de participar da produção da obra audiovisual não pode impedir a continuação da produção da mesma, e caso o intérprete já tenha gravado alguma parte da obra, serão resguardados os direitos já adquiridos.

Os artigos 84 e 85 da Lei de Direitos Autorais (Lei n. 9.610/1998) tratam exclusivamente da situação dos coautores, sendo que o primeiro artigo diz respeito à remuneração. Caso "a remuneração dos co-autores da obra audiovisual dependa dos rendimentos de sua utilização econômica, o produtor lhes prestará contas semestralmente, se outro prazo não houver sido pactuado.", enquanto o segundo artigo dispõe sobre a utilização de uma parte da obra em uma situação fora da produção do filme, da série, do que foi gravado. E "não havendo disposição em contrário, poderão os co-autores da obra audiovisual utilizar-se, em gênero diverso, da parte que constitua sua contribuição pessoal."

O parágrafo único do artigo 85 da mesma Lei prevê uma situação de não conclusão da obra por parte do produtor: "se o produtor não concluir a obra audiovisual no prazo ajustado ou não iniciar sua exploração dentro de dois anos, a contar de sua conclusão, a utilização a que se refere este artigo será livre."

Todas as partes que devem ser citadas na obra audiovisual são:

> Art. 85 (...).
>
> § 2º Em cada cópia da obra audiovisual, mencionará o produtor:
>
> I - o título da obra audiovisual;

II - os nomes ou pseudônimos do diretor e dos demais co-autores;

III - o título da obra adaptada e seu autor, se for o caso;

IV - os artistas intérpretes;

V - o ano de publicação; VI - o seu nome ou marca que o identifique.

VII - o nome dos dubladores.

O último artigo da Lei dos Direitos Autorais diz respeito às reproduções musicais dentro de uma obra audiovisual:

> Art. 86. Os direitos autorais de execução musical relativos a obras musicais, lítero-musicais e fonogramas incluídos em obras audiovisuais serão devidos aos seus titulares pelos responsáveis dos locais ou estabelecimentos a que alude o § 3o do art. 68 desta Lei, que as exibirem, ou pelas emissoras de televisão que as transmitirem.

Em 2017 o Superior Tribunal de Justiça (STJ) entendeu que a transmissão de dados e/ou informações via *streaming* é uma exibição pública, logo consistindo em arrecadação, embasada na Lei de Direitos Autorais (LDA). Segundo o ministro Villas Bôas Cueva: "[...] reputa-se a internet como local de frequência coletiva, caracterizando-se, portanto, a execução como pública"[19].

Vejamos a seguir um caso concreto que envolve uma das maiores plataformas de *streaming* do mundo, a Netflix.

3. Caso concreto acerca das obras na Netflix no Brasil

Tendo em vista que a Netflix é considerada uma das plataformas de *streaming* mais populares mundialmente, é uma empresa que conta com mais de 40 milhões de assinantes em quase todos os países,[20] sendo

---

[19]______. *STJ divulga entendimentos sobre direito autoral em streaming, TVs e hotéis.* Disponível em: https://www.conjur.com.br/2017-nov-12/stj-divulga-teses-direito-autoral-streaming-tvs-hoteis. Acesso em 01 out. 2020.

[20]ARAUJO, Bruno. *Netflix quer brasileiro para dar pegada local a cardápio de filmes e séries.* Disponível em: http://g1.globo.com/tecnologia/noticia/2015/04/netflix-quer-brasileiro-para-dar-pegada-local-cardapio-de-filmes-e-series.html#:~:text=Netflix%20quer%20brasileiro%20para%20dar,s%C3%A9ries%20%7C%20Tecnologia%20e%20Games%20%7C%20G1&text=Servi%C3%A7o%20de%20s

esta plataforma um serviço que se trata especificamente por meio de uma assinatura mensal, em que o usuário realiza um pagamento para ter acesso a uma diversidade de conteúdos audiovisuais, oferecendo os devidos licenciamentos aos produtores da obra, compreendendo também produções cinematográficas originais da própria plataforma, desde que estejam em observância com os direitos autorais.

Atualmente, grande parte da população busca entretenimento em meios *online*, utilizando como transmissores em televisões, *smartphones*, *tablets* e também através de dispositivos que possibilitam a conexão em outros aparelhos eletrônicos, sendo o *Chromecast*, *Apple TV*, *Xbox* entre outros, acarretando um grande sucesso do aplicativo. Contudo o serviço ainda está exposto a diversas complexidades que o *streaming* pode oferecer:

> *Streaming* é uma técnica que permite a transmissão de informação multimídia através de uma rede de computadores concomitantemente com o consumo desta informação multimídia por parte do usuário. Em outras palavras, enquanto o usuário assiste a um vídeo, as próximas cenas estão sendo transmitidas. Deste modo, o usuário começa a assistir a um vídeo sem antes ter que baixá-lo integralmente. Aplicações de *streaming* de vídeo possibilitam a transmissão de vídeo ao vivo e também de vídeos maiores sem que o usuário tenha que armazená-los ou esperar muito tempo para começar a assisti-los. (CLEMENTE, 2017, p. 1-15)

A Netflix, além de oferecer obras audiovisuais de diferentes estúdios de produção e distribuição cinematográficas, buscou produzir originalmente suas obras, como destaca a própria Netflix. "Também produzimos internamente e adquirimos os direitos exclusivos para transmitir conteúdos. [...] Chamamos essas produções de originais Netflix", [21] sejam filmes, séries, documentários e dentre outras produções. Para isso, tentam acessar as frequências pelass quais o usuário acessa a plataforma e as preferências em determinados países ou regiões, para que consigam recomendar conteúdos visuais com a mesma temática ou de certa forma relacionada, porém não impedem que ele tenha acesso a outras obras audiovisuais disponibilizadas no catálogo. O

---

treaming%20de%20v%C3%ADdeos,catalogar%20conte%C3%BAdo%20usando%20tempero%20regional. Acesso em 14 out. 2020.

[21] NETFLIX. 2017. *Como a Netflix licenciará séries e filmes?* Disponível em: https://help.netflix.com/pt/node/4976. Acesso em: 10 out. 2020.

sistema de análise de preferências da plataforma reconhece o que cada assinante tende a assistir com maior frequência para que assim possam recomendar séries ou filmes de acordo com o mesmo gênero, como se fosse uma espécie de lista personalizada, dando o número percentual que acreditam o quanto a pessoa pode se atrair pelos relacionados, conseguindo garantir a satisfação do cliente e na tentativa de captar a maior atenção e tempo do usuário para assistir aos conteúdos em que concerne o *streaming*.

Diante disso, a plataforma de *streaming* proporciona maior segurança e retorno de lucros e investimentos com a produção e com outros estúdios cinematográficos, através de contratos e acordos realizados entre as empresas. Além disso, a Netflix contrata pessoas para trabalharem como *taggers*, para isso é necessário ser "[...] alguém realmente analítico a ponto de desconstruir filmes e programas, de forma bem subjetiva, com as diferenças de um título para o outro", como afirma Todd Yellin, vice-presidente de inovação da Netflix[22], ou seja, um crítico de conteúdos visuais que escolhe o que irá ou não entrar no catálogo da plataforma, classificando-os com *tags* (palavras-chave).

O serviço da Netflix possui licença reconhecida para transmitir obras audiovisuais em sua plataforma, mediante autorização do autor da obra para disponibilizar no catálogo aos assinantes. Assim, o produtor da obra terá sua propriedade intelectual devidamente utilizada, respeitada e remunerada. A plataforma de *streaming* ainda destaca sobre os conteúdos que são destinados aos usuários, sendo estes passíveis de proteção pelos direitos autorais:

> O serviço Netflix e todo o conteúdo visualizado por intermédio do serviço Netflix destina-se exclusivamente para uso pessoal e não comercial. Durante sua assinatura Netflix, a Netflix concede a você uma licença limitada, não exclusiva e não transferível para acessar o serviço Netflix e assistir ao conteúdo da Netflix. Com exceção à licença limitada descrita acima, nenhum outro direito, titularidade ou participação lhe é concedido. (CARMO; CARDOSO, 2017, p. 15)

O processo de licenciamento entre o programa de TV e a Netflix se dá através da permissão da pessoa que produziu a obra, mediante contrato a ser assinado como um vínculo entre as partes, definindo,

---

[22] NETFLIX. 2017. *Como a Netflix licenciará séries e filmes?* Disponível em: https://help.netflix.com/pt/node/4976. Acesso em: 10 out. 2020.

assim, o tempo de disponibilização que um programa de TV deve permanecer para transmissão do conteúdo na plataforma aos assinantes. Após o término deste contrato de licenciamento, caso o conteúdo tenha feito sucesso na plataforma, a Netflix pode ou não renegociar com o autor da obra para devidos custos legais.[23]

A grande questão é que um dos maiores problemas da Netflix se dá por conta do fator competitivo entre as obras pirateadas e os planos de acesso à *internet* com *download* limitado, como ocorrem em casos em que a pessoa decide aproveitar o serviço de alguns de seus concorrentes, não sendo apenas serviços de *streaming*, mas também assistir à TV, a um DVD pirata ou baixar um *torrent*[24], como destaca Reed HASTINGS, o presidente da Netflix. A própria Netflix explica como se dá a licença e o porquê da indisponibilização de alguns títulos:

> A Netflix trabalha com provedores, distribuidores, produtores e criadores de conteúdo para adquirir licenças de séries de TV e filmes e disponibilizá-los em nosso serviço. A indisponibilidade de um conteúdo para transmissão é causada por alguns fatores diferentes, como:
>
> Outra empresa detém os direitos exclusivos do conteúdo no momento.
>
> Os direitos de transmissão não estão à venda pelo fornecedor do conteúdo.
>
> Popularidade, custo, sazonalidade ou outros fatores ou disponibilidades locais.
>
> O uso de VPN limita o acesso apenas às séries e filmes disponíveis no mundo inteiro. Para saber mais, consulte Reprodução de séries e filmes com VPN.[25]

As violações de direitos autorais no serviço de *streaming* vêm com o tempo que a concorrência entre os mercados visuais transmite conteúdos exclusivos e diferenciados em cada plataforma, originando assim a ressurreição do fenômeno da pirataria. Tal situação

---

[23] ______. *Como o Netflix paga pelo licenciamento de filmes e programas de TV - 2020 - Talkin go money.* Disponível em: https://pt.talkingofmoney.com/how-netflix-pays-for-movie-and-tv-show-licensing. Acesso em: 15 out. 2020.

[24] Torrent é uma extensão dos arquivos compatíveis com o compartilhamento BitTorrent, criada em 2001. Cria uma rede, chamada de P2P entre os usuários, com a principal função de distribuir arquivos entre os usuários da rede.

[25] NETFLIX. 2017. *Como a Netflix licenciará séries e filmes?* Disponível em: https://help.netflix.com/pt/node/4976. Acesso em: 10 out. 2020.

proporcionou um mercado à base de assinaturas mensais, a partir do qual apenas o indivíduo que assinasse o serviço teria acesso a todos os conteúdos da plataforma, contudo apenas a Netflix não teria recomendações de obras audiovisuais o suficiente para agradar a todos e também muitas pessoas não aceitam pagar o serviço de forma mensal e preferem se utilizar de obras pirateadas que são encontradas na *internet*, a partir do que é afirmado pelo CEO da empresa britânica Muso, responsável por controles de pirataria na *internet*, Andy CHATTERLEY:

> A chegada de mais e mais plataformas distintas vai trazer uma era de fragmentação ainda maior e, ao mesmo tempo, alienar o consumidor que poderia estar disposto a pagar pelo conteúdo, simplesmente porque eles não podem justificar pagar por outro serviço quando tudo que eles realmente queriam era uma série ou filme.[26]

Por conseguinte, a plataforma de *streaming* adotou alguns recursos contra as suas obras serem pirateadas, e o principal deles é o recurso de proibição de *screenshot* e *screencasts*, como é popularmente conhecido, referindo-se o primeiro ao fato de tirar uma foto da própria tela (*print*) ou o segundo, gravar a tela do dispositivo móvel, garantindo assim a não ocorrência da pirataria, apesar disso ainda é comum encontrar *sites* que remetem sobre como é possível se utilizar do uso de algumas obras audiovisuais e com alta qualidade, mesmo que isso ocorra de forma ilegal, com o auxílio do uso de ferramentas tecnológicas que estão cada vez mais atualizadas, possibilitando, assim, o uso indevido de cópia dessas obras.

4. A violação dos direitos autorais e as regulamentações jurídicas

4.1 Tipificação das violações de uma obra audiovisual

Com os efeitos da tecnologia e seus avanços no mundo contemporâneo, a reprodução de obras audiovisuais foi se tornando cada

---

[26] SANTINO, Renato. *Como o 'boom' de concorrentes da Netflix causou uma nova era da pirataria*. Disponível em: https://olhardigital.com.br/cinema-e-streaming/noticia/como-o-boom-de-concorrentes-da-netflix-causou-uma-nova-era-da-pirataria/89716. Acesso em: 16 out. 2020.

vez mais desenfreada em razão de ser um mecanismo que pode ser acessado diretamente de qualquer meio tecnológico, consequentemente acarretando nos diferentes usos de diversas obras sem o consentimento do autor e do diretor da produção, conhecido em termos jurídicos como uma violação de direitos autorais e até mesmo ocasionar os fenômenos de plágio, contrafação e pirataria como explicam Ronny Max MACHADO e Jorge Shiguemitsu FUJITA:

> "O fluxo de informações que trafega na rede mundial de computadores é imensurável e o controle sobre ele ainda requer muitos cuidados e mecanismos capazes de fiscalizar e gerenciar a circulação de dados" (MACHADO; FUJITA, 2018, p. 268)

Conforme explica BITTAR:

> Alguns desses meios não se acham regulamentados, outros escapam ao controle dos interessados, ou não contam com sistemática de cobrança, de sorte que não recebem os titulares os direitos que lhes são devidos, muitas vezes por desconhecimento desse campo ou por força de renitência de pessoas responsáveis pelo pagamento. (BITTAR, 2019, p. 85)

O plágio se trata de uma prática ilegal, em que o plagiador, de forma intencional, se utiliza dos créditos que deveriam ser destinados ao autor original da obra, podendo esta ser disponibilizada em qualquer *site* ou compartilhada de forma ilícita, a fim de obter vantagens a si mesmo, ou, como observado por NETTO, "Trata-se de ação dolosa de usurpação (convenientemente "camuflada") da obra alheia" (NETO, 2015, p. 199). O plagiador pode ser qualquer pessoa que esteja em qualquer lugar do mundo, ainda mais que o fenômeno se dá de fácil acesso na *internet*, compreendendo, assim, a expansão de suas criações ilícitas em um contexto global, principalmente em *websites* que contêm filmes e séries resultados da prática de plágio.

A contrafação, nos termos do artigo 5º, VII, da Lei de Direitos Autorais (Lei n. 9.610/1998) é "a reprodução não autorizada" de obras protegidas por direitos autorais. Assim como no plágio, não se leva em conta o consentimento do autor da obra, porém a pessoa que pratica tal ato ilícito também busca um aproveitamento econômico de uma forma ilegal. Manoel J. Pereira dos SANTOS afirma em seu livro Propriedade Intelectual que:

> Na verdade, para a configuração da contrafação é suficiente o elemento da ilicitude, uma vez que a utilização não autorizada de obra alheia constitui por si só uma infração, independentemente de existir ou não o caráter "fraudulento" da violação. Esta distinção é importante para se determinar a aplicação das regras gerais de responsabilidade civil. (ASCENSÃO; SANTOS; JABUR, 2014. p. 164)

Ressalta-se que a contrafação não é qualquer utilização não autorizada, porém configura a reprodução ilícita de obras intelectuais, conforme disposto no artigo 104 da Lei de Direitos Autorais.

A pirataria é relacionada à distribuição de obras sem a autorização e consentimento dos autores, inclusive, ainda, considerado um crime contra os direitos autorais. Para GANDELMAN, "cada etapa do desenvolvimento tecnológico - paralelamente aos eventuais progressos da criatividade intelectual que promove - engendra suas formas próprias e características de pirataria" (GANDELMAN, 2007, p. 68).

Alguns dos maiores problemas referentes a essa prática nas obras cinematográficas são o mercado e a velocidade com que estas obras são vendidas ao público em geral por um preço mais acessível, o que consequentemente é um fato que atrai o conhecimento de muitas pessoas.

O número de pessoas que assistem filmes ou séries provenientes de pirataria claramente teve um aumento muito significante. Um exemplo são as obras que são publicadas de forma ilegal no *Youtube*, um *site* mundialmente conhecido em que são postados vídeos de qualquer assunto, podendo ser publicado por qualquer artista ou pessoa física. De certa forma o indivíduo opta por assistir de forma fácil e gratuita, e para não gerar gastos à pessoa que disponibilizou o arquivo, não pede autorização. Outro exemplo se trata de filmes e séries disponibilizados no *Google Drive*, uma ferramenta do *Google*, onde as pessoas conseguem guardar seus arquivos que podem ser acessados de onde ela estiver, entretanto está se tornando cada vez mais popular o compartilhamento de arquivos por pessoas que possivelmente assinam o serviço de plataformas de *streamings* conhecidas, mencionados no item nº 2, e gravam os vídeos em alta qualidade para que ela obtenha um valor simbólico de quem assistir ou fazer um *download* de sua atividade.

Não obstante, o professor Francis BALLE afirma que:

Antes de qualquer coisa, os meios de comunicação procuram lucro: A mídia comercial se baseia na lei de mercado em que tudo se vende e tudo se compra. Para atingir seus objetivos, os empresários da informação, se empenham em atender as necessidades de seus "clientes", eles buscam, acima de tudo, agradar e seduzir. O mercado é isto o que funciona. Quanto a concorrência entre as empresas de mídia, a última palavra sobre a compra de seus produtos sempre será destinada aos clientes. Que ganhe o melhor! Este é o ditado popular. (BALLE, Apud NOGUEIRA JÚNIOR, 2013, p. 66)

Dentre outras circunstâncias de violação de direitos autorais, há aqueles que decorrem de impróprios e mau uso de obras audiovisuais, sendo assim necessárias possibilidades e soluções, que visam à restrição e à punição dessa prática na era da Sociedade da Informação e, até mesmo, que possam contribuir na reforma ou reforço de legislações.

4.2 Legislação sobre danos de natureza autoral

4.2.1 Sanções e danos de natureza civil

Os direitos autorais são os direitos que devem ser devidamente reconhecidos ao autor ou criador da obra, sendo de suma importância para estimular as atividades que envolvem o desenvolvimento econômico, social e cultural, sobretudo na sociedade da informação, ou seja, "[...] podemos afirmar que o direito de autor é o direito que o criador de obra intelectual tem de gozar dos produtos resultantes da reprodução, da execução ou da representação de suas criações" (AFONSO, 2009, p. 10). No entanto, as violações de direitos autorais ainda ocorrem de forma frequente entre muitas pessoas, cabendo à Legislação Brasileira sancionar leis civis e penais, a fim de punir quem pratica ilegalmente tais atos.

Para isso, deve-se tomar conhecimento de que o conceito de responsabilidade civil é claramente interligada à natureza dos direitos autorais, visto que este retrata reconstituir os resultados causados pelo dano, até que foram criadas sanções civis de cunho indenizatório que possam reparar o dano, portanto quem pratica estes atos estão diante da consequência prevista em lei.

A responsabilidade civil está relacionada com a culpa subjetiva no momento em que a pessoa que violou a autoria agiu com dolo ou com imprudência, imperícia ou negligência, enquanto a responsabilidade objetiva independe da prova da culpa do agente, bastando a demonstração do nexo causal entre a conduta do agente e o dano. Na Lei n. 9.610/1998 de Direitos Autorais, são dispostas indicações de indenizações que o violador deve respeitar, como uma forma de punir quem desrespeita esses direitos (ALVES, 2020).

No Brasil, dentre algumas sanções, a principal se dá pela Lei n. 9.610/98 de Direitos Autorais, cuja legislação visa a proteger a aplicabilidade das obras e seu respectivo criador, seja fisicamente ou virtualmente, além de também prever as punições para quem tem intenções de violar a intimidade e a privacidade do autor, como destaca em seu artigo 7º, inciso VI:

> Art. 7º, São obras intelectuais protegidas as criações do espírito, expressas por qualquer meio ou fixadas em qualquer suporte, tangível ou intangível, conhecido ou que se invente no futuro, tais como: [...]
>
> VI - as obras audiovisuais, sonorizadas ou não, inclusive as cinematográficas.

Ademais, Afonso explica que a mesma lei estabelece entre os artigos 101 a 110 as sanções civis sem prejuízo das penas cabíveis, demonstrando que quem detém o maior poder claramente é o autor ou até titulares da obra audiovisual. Consequentemente estes, a partir de medidas judiciais, podem suspender ou interromper a transmissão e retransmissão de suas obras utilizadas indevidamente (AFONSO, 2009, p. 122). É importante considerarmos também o que estabelece o artigo 107 da lei autoral:

> Art. 107. Independentemente da perda dos equipamentos utilizados, responderá por perdas e danos, nunca inferiores ao valor que resultaria da aplicação do disposto no art. 103 e seu parágrafo único, quem:
>
> I - alterar, suprimir, modificar ou inutilizar, de qualquer maneira, dispositivos técnicos introduzidos nos exemplares das obras e produções protegidas para evitar ou restringir sua cópia;
>
> II - alterar, suprimir ou inutilizar, de qualquer maneira, os sinais codificados destinados a restringir a comunicação ao público de obras, produções ou emissões protegidas ou a evitar a sua cópia;

III - suprimir ou alterar, sem autorização, qualquer informação sobre a gestão de direitos;

IV - distribuir, importar para distribuição, emitir, comunicar ou puser à disposição do público, sem autorização, obras, interpretações ou execuções, exemplares de interpretações fixadas em fonogramas e emissões, sabendo que a informação sobre a gestão de direitos, sinais codificados e dispositivos técnicos foram suprimidos ou alterados sem autorização.

Como dispõe o artigo 186 do Código Civil de 2002, a responsabilidade civil é primordial para entendimento do que decorre de um ato ilícito: "Art. 186 - Aquele que, por ação ou omissão voluntária, negligência ou imprudência, violar direito e causar dano a outrem, ainda que exclusivamente moral, comete ato ilícito.".

Ainda assim, a pessoa que comete plágio, contrafação ou pirataria contra um filme ou série viola os direitos patrimoniais do autor, visto que, com a evolução tecnológica, houve um aumento no número de *downloads* ilegais de obras na *internet*. Segundo o *site* Canal Ciências Criminais, "No ano de 2017, foi apurado que 81% dos internautas baixam conteúdos ilegais e 86% dos internautas acham correto baixar conteúdo pirata" (TASINAFFO, 2018).

4.2.2 Sanções e danos de natureza penal

A lei autoral também é disposta não só civilmente, mas também no Código Penal de 1940, estando relacionada ao Título III, Capítulo I, sobre "Dos Crimes contra a Propriedade Intelectual", cabendo as sanções de caráter punitivo, expressas nos artigos 184 a 186 que preveem:

Art. 184. Violar direitos de autor e os que lhe são conexos:

Pena – detenção, de 3 (três) meses a 1 (um) ano, ou multa.

§ 1o Se a violação consistir em reprodução total ou parcial, com intuito de lucro direto ou indireto, por qualquer meio ou processo, de obra intelectual, interpretação, execução ou fonograma, sem autorização expressa do autor, do artista intérprete ou executante, do produtor, conforme o caso, ou de quem os represente:

Pena – reclusão, de 2 (dois) a 4 (quatro) anos, e multa.

§ 2o Na mesma pena do § 1o incorre quem, com o intuito de lucro direto ou indireto, distribui, vende, expõe à venda, aluga, introduz no País, adquire, oculta, tem em depósito, original ou cópia de obra intelectual ou fonograma reproduzido com violação do direito de autor, do direito de artista intérprete ou executante ou do direito do produtor de fonograma, ou, ainda, aluga original ou cópia de obra intelectual ou fonograma, sem a expressa autorização dos titulares dos direitos ou de quem os represente.

§ 30 Se a violação consistir no oferecimento ao público, mediante cabo, fibra ótica, satélite, ondas ou qualquer outro sistema que permita ao usuário realizar a seleção da obra ou produção para recebê-la em um tempo e lugar previamente determinados por quem formula a demanda, com intuito de lucro, direto ou indireto, sem autorização expressa, conforme o caso, do autor, do artista intérprete ou executante, do produtor de fonograma, ou de quem os represente:

Pena – reclusão, de 2 (dois) a 4 (quatro) anos, e multa.

§ 40 O disposto nos §§ 10, 20 e 30 não se aplica quando se tratar de exceção ou limitação ao direito de autor ou os que lhe são conexos, em conformidade com o previsto na Lei nº 9.610, de 19 de fevereiro de 1998, nem a cópia de obra intelectual ou fonograma, em um só exemplar, para uso privado do copista, sem intuito de lucro direto ou indireto.

[...]

Art. 186. Procede-se mediante:

I - queixa, nos crimes previstos no caput do art. 184;

II - ação penal pública incondicionada, nos crimes previstos nos §§ 10 e 20 do art. 184;

III – ação penal pública incondicionada, nos crimes cometidos em desfavor de entidades de direito público, autarquia, empresa pública, sociedade de economia mista ou fundação instituída pelo Poder Público;

IV – ação penal pública condicionada à representação, nos crimes previstos no § 3º do art. 184.

A redação atual do artigo 184 traz as penas destinadas a quem infringir os direitos de autor e os que lhe são conexos, como as violações mencionadas anteriormente, como se afirma em seu §1º que na distribuição de cópias ilegais se incluem a venda e o aluguel sem autorização do produtor. Também na matéria legal do mesmo artigo, o §4º confere à legislação penal explicitar as exceções ou limitações ao direito de autor ou os que lhes são conexos, como a cópia de uma obra voltada para uso pessoal, ou seja, esse ato não é considerado ilícito, pois este não tem intenções de obter um lucro seja direto ou indireto.

Enquanto isso, o artigo 186 da legislação penal aponta que os crimes praticados do artigo 184 têm procedimento previsto, porém como as violações às obras nos serviços de *streaming* dizem respeito a atos públicos, cabe o procedimento mediante ação penal condicionada previsto no Código de Processo Penal.

4.3 As regulamentações jurídicas para o serviço de *streaming*

Determinadas possibilidades de se combaterem as tipificações de violação de direitos autorais foram cada vez mais sendo adotadas principalmente a respeito da pirataria, que é uma prática que tem sido frequente entre os usuários, tendo em vista que "O setor audiovisual sofre enormes prejuízos devido ao avanço da pirataria, destacadamente a pirataria no ambiente digital".[27]

O combate ao plágio têm sido uma questão certamente discutida na sociedade, principalmente por conta do auxílio da tecnologia. Atualmente existem as ferramentas anti-plágio, que consistem em identificar se a pessoa retirou a citação de algum meio de comunicação virtual, assim como o direito autoral deve ser respeitado quando ocorrer a citação de uma outra pessoa que escreveu sobre o assunto, como afirma o *site* Bhbit:

> O combate ao plágio desafia os professores modernos e, nesse contexto, a tecnologia aparece como uma maneira eficiente de garantir trabalhos 100% originais, baseados em pesquisas e na organização do pensamento dos estudantes. É preciso deixar claro para os alunos que existem ferramentas capazes de detector cópias de qualquer tipo, além de reforçar que esse tipo de prática é crime contra a lei dos direitos autorais.[28]

Uma possibilidade de se solucionar a questão dos direitos autorais em plataformas de *streaming* seria a criação de uma legislação exclusiva contendo tipificação em ocorrência de gravações de tela, com um limite

---

[27] ANCINE. *Programa de Combate à pirataria da ANCINE.* Disponível em: https://www.ancine.gov.br/sites/default/files/Programa%20de%20Combate%20a%20 Pirataria.pdf. Acesso em: 17 out. 2020.

[28] ______. *Combatendo o plágio nos trabalhos escolares.* Disponível em: https://www.bhbit.com.br/educacao/combatendo-o-plagio-nos-trabalhos-escolares/. Acesso em: 18 out. 2020.

de valor cobrado às assinaturas para haver uma igualdade de valor entre as plataformas legais e as transmissões ilegais com o uso dos *gadgets,* e assim, conseguir minimizar o quanto for possível essas transmissões, penas mais severas nas tipificações de pirataria, além da criação de um órgão público exclusivo para fiscalização e prevenção de violações dos direitos autorais e pirataria no ambiente virtual.

A ANCINE e a ANATEL formaram uma parceria como uma forma de combate direcionada à pirataria de conteúdos audiovisuais na *internet* objetivando maior efetividade e agilidade para combater a pirataria, sendo uma parceria feita há pouco tempo e também inspirada em alguns países que já haviam buscado soluções contra o fenômeno da pirataria, como a Inglaterra e Portugal.[29]

O Brasil criou no ano de 2004 uma instituição própria para averiguar e fiscalizar abordagens em relação à questão da pirataria. Trata-se do Conselho Nacional de Combate à Pirataria (CNCP), cuja instituição é composta por órgãos e entidades da sociedade civil e representantes do poder público, a fim de proteger a Propriedade Intelectual e os direitos autorais. Esse Conselho tem o objetivo de "propor e coordenar ações públicas e privadas para prevenir e combater a pirataria e os delitos contra a propriedade intelectual com a visão de unir todos os brasileiros na causa."[30].

Conclusão

Como fora exposto no presente trabalho, a nossa principal finalidade foi apresentar um estudo a respeito de direitos autorais nas plataformas de *streaming*, iniciando com assuntos sobre a evolução da *internet* que se tornou a grande responsável por resultar de forma mais simplificada a vida das pessoas. Na década de 1990 com as redes sociais e com os meios de comunicação *online* o mundo se conectou de forma

---

[29]ANCINE. *Ancine e Anatel formam parceria inedita para combater pirataria de conteúdos audiovisuais na internet.* Disponível em: https://www.ancine.gov.br/pt-br/sala-imprensa/noticias/ancine-e-anatel-formam-parceria-dita-para-combater-pirataria-de-conte-dos#:~:text=A%20ANCINE%20tem%2C%20entre%20suas,efetivas%20ao%20combate%20%C3%A0%20opirataria. Acesso em: 17 out. 2020.

[30]BRASIL. Ministério da Justiça e Segurança Pública. *Combate à pirataria: saiba como funciona.* Disponível em: https://www.justica.gov.br/news/combate-a-pirataria-no-brasil-voce-sabe-como-funciona. Acesso em: 20 out. 2020.

definitive, fazendo com que notícias do mundo todo fossem veiculadas em questão de poucos minutos.

Os modos de transmissão de filmes, séries e músicas também passaram por imensas transformações até chegarem ao modelo mais utilizado atualmente, o *streaming*. Apesar desse método ter reduzido gastos, tempo e dispositivos para poder acessar conteúdos, há alguns aspectos negativos que começaram a ocorrer com uma frequência maior, como por exemplo, o desrespeito aos direitos autorais e a facilidade de piratear as obras.

É de conhecimento que, depois de popularizado, o *streaming* dificilmente partirá das vidas da sociedade, pois ele passará por contínuas atualizações, tornando-se cada vez mais simples a sua utilização e com isso os problemas de violação de direito autoral, de pirataria e de transmissão ilegal ainda continuarão a existir.

A plataforma de *streaming* Netflix é a mais conhecida mundialmente, no que tange à sua grande demanda. Os usuários certamente selecionam suas preferências para assistirem imediatamente, e com a possibilidade de até conseguirem baixar o conteúdo para assistir a qualquer momento, caracterizando-se como um diferencial no mercado de obras audiovisuais, além de que se deve levar em conta de que suas licenças são adquiridas de acordo com os estúdios que concordam em firmar contratos juntamente com a Netflix. A empresa esclarece em seus termos de uso o que deve ser concordado pelo usuário, mas também visando a minimizar os riscos relacionados aos direitos autorais em qualquer parte do mundo. Contudo, a própria plataforma atualmente vêm sendo alvo de diversas obras pirateadas por conta dos contratos não renovados entre a Netflix e os estúdios de cinema, tendo como consequência a repercussão livre na *internet*, em que qualquer pessoa pode acessar a obra que deseja assistir sem realizar a assinatura mensal do *streaming*, originário de atos ilícitos.

Portanto, é necessário que a população não se mantenha em estado de inércia diante de inúmeras condutas que ocorrem no ambiente virtual com usuários que permanecem desrespeitando os direitos e interesses do autor da obra, ainda mais quando se tem uma projeção delas se tornarem cada vez mais frequentes. Mesmo que haja um órgão fiscalizador que visa ao combate à pirataria, ainda é necessário que haja no Brasil e no mundo legislações exclusivas voltadas para o serviço de *streaming*, porquanto estão ocorrendo divergências entre as espécies e os métodos de realização dos crimes e a legislação.

No entanto, embora tenha uma doutrina especializada que garante os direitos de autor e como se dão as transmissões, parcerias entre empresas contra as violações de direitos autorais, a criação de um órgão fiscalizador é insuficiente para reduzir a disponibilização indevida de obras audiovisuais. Estamos vivendo na Sociedade da Informação, onde o uso da *internet* se tornou desenfreado e constante. A ampliação de legislações destinadas especificamente ao serviço de *streaming* é necessária, como também é imprescindível a criação de novos órgãos que busquem fiscalizar e regulamentar as práticas inadequadas de forma mais rígida, garantindo, assim, os direitos de criação intelectual resguardados ao autor ou produtor da obra.

Deve-se ressaltar que, apesar da evolução da tecnologia, o quanto antes essas legislações forem criadas, as fiscalizações e verificações de atividades ilegais se disseminarão em um aspecto mais rápido e Seguro, proporcionando, assim, garantias ao autor ou diretor da obra e maior proteção ao indivíduo que está assistindo, qualquer que seja o tipo de obra audiovisual para entretenimento.

Referências bibliográficas

______. *Combatendo o plágio nos trabalhos escolares.* Disponível em: https://www.bhbit.com.br/educacao/combatendo-o-plagio-nos-trabalhos-escolares/. Acesso em: 18 out. 2020.

______. *Como o Netflix paga pelo licenciamento de filmes e programas de TV - 2020 - Talkin go money.* Disponível em: https://pt.talkingofmoney.com/how-netflix-pays-for-movie-and-tv-show-licensing. Acesso em: 15 out. 2020.

______. *STJ divulga entendimentos sobre direito autoral em streaming, TVs e hotéis.* Disponível em: https://www.conjur.com.br/2017-nov-12/stj-divulga-teses-direito-autoral-streaming-tvs-hoteis. Acesso em 01 out. 2020.

______. *Streaming de vídeo e direitos autorais.* Disponível em: https://smartrights.za.mus.br/472/ . Acesso em: 02 out. 2020.

______. *Qual a diferença entre Direito Moral e Patrimonial?* Disponível em: https://www.abramus.org.br/musica/musica-faq/12222/qual-a-diferenca-entre-direito-moral-e-patrimonial/. Acesso em: 12 out. 2020.

AFONSO, Otávio. *Direito autoral: conceitos essenciais.* São Paulo: Manole. 2009.

ALVES, Rafael Leandro dos Santos. *Direitos do autor: a cultura de violação dos direitos autorais.* Disponível em: https://conteudojuridico.com.br/consulta/artigos/54625/direitos-do-autor-a-cultura-de-violao-dos-direitos-autorais. Acesso em 02 out. 2020.

ANCINE. *ANCINE e ANATEL formam parceria inédita para combater pirataria de conteúdos audiovisuais na internet.* Disponível em: https://www.ancine.gov.br/pt-br/sala-imprensa/noticias/ancine-e-anatel-formam-parceria-dita-para-combater-pirataria-de-conte-dos#:~:text=A%20ANCINE%20tem%2C%20entre%20suas,efetivas%20ao%20ocombate%20%C3%A0%20opirataria . Acesso em: 17 out. 2020.

______. *Programa de Combate à pirataria da ANCINE.* Disponível em: https://www.ancine.gov.br/sites/default/files/Programa%20de%20Combate%20a%20Pirataria.pdf. Acesso em: 17 out. 2020.

ARAUJO, Bruno. *Netflix quer brasileiro para dar pegada local a cardápio de filmes e séries.* Disponível em: http://g1.globo.com/tecnologia/noticia/2015/04/netflix-quer-brasileiro-para-dar-pegada-local-cardapio-de-filmes-e-series.html#:~:text=Netflix%20quer%20brasileiro%20para%20dar,s%C3%A9ries%20%7C%20Tecnologia%20e%20Games%20%7C%20G1&text=Servi%C3%A7o%20de%20streaming%20de%20v%C3%ADdeos,catalogar%20conte%C3%BAdo%20usando%20tempero%20regional . Acesso em 14 out. 2020.

ASCENSÃO, José de Oliveira; SANTOS, Manoel J. Pereira dos; JABUR, Wilson Pinheiro. *Série GVlaw: Propriedade Intelectual: Direitos Autorais.* 1.ed. São Paulo, Saraiva, 2014. p. 164.

AUDIOVISUAL, *Diretores Brasileiros de Cinema e (DBCA). Direito de Autor.* Disponível em: http://diretoresbrasil.org/direito-de-autor/#:~:text=Os%20Direitos%20de%20Autor%20de,liter%C3%A1rio%2C%20musical%20e%20o%20diretor . Acesso em: 17 de out. 2020.

BARROS, Thiago. *Relembre sites que marcaram os anos 1990 e 2000.* Disponível em: https://www.techtudo.com.br/listas/noticia/2015/11/relembre-sites-que-marcaram-os-anos-90-e-2000.html. Acesso em 02 out. 2020

BITELLI, Marcos Alberto Sant'Anna. *Direito de Autor e Novas Mídias.* Revista de Direito Privado, São Paulo, vol. 3, Jul./Set. 2000.

BITTAR, Carlos Alberto. *Direito de autor.* 7. ed. São Paulo: Forense, 2019.

BRASIL. Brasília, DF: Senado Federal. *Criador tem direito moral e patrimonial sobre sua obra.* Disponível em: https://www.senado.gov.br/noticias/jornal/cidadania/Direitoautoral/not004.htm. Acesso em: 10 out. 2020.

BRASIL. Ministério da Justiça e Segurança Pública. *Combate à pirataria: saiba como funciona.* Disponível em: https://www.justica.gov.br/news/combate-a-pirataria-no-brasil-voce-sabe-como-funciona . Acesso em: 20 out. 2020.

______. *Violação de Direito Autoral.* Disponível em: https://www.tjdft.jus.br/institucional/imprensa/campanhas-e-produtos/direito-facil/edicao-semanal/violacao-de-direito-autoral. Acesso em 13 out. 2020.

CARMO, Valter Moura do; CARDOSO Gleissa Mendonça Faria. *Os Direitos Autorais diante da Disponibilidade das Obras Audiovisuais Transmitidas pela Netflix.* Revista de Direito, Inovação, Propriedade Intelectual e Concorrência, v. 3, n. 1, p. 1-20, jan./jun. 2017. Disponível em: https://www.researchgate.net/publication/322582926 OS DIREITOS AUTORAIS DIANTE DA DISPONIBILIDADEDAS OBRAS AUDIOVISUAIS TRANSMITIDAS PELA NETFLIX. Acesso em: 10 out. 2020, p. 15

CLEMENTE, Ricardo Gomes. *Uma solução de streaming de vídeo para celulares: conceitos, protocolos e aplicativo.* Apud SCHIONTEK, Mateus; COHENE Vitória Castilho; BUIATTI Renato. *O netflix e a mudança na distribuição audiovisual com a popularização do streaming.* Anais do 40º Congresso de Ciências da Comunicação, Intercom – Sociedade Brasileira de Estudos Interdisciplinares da Comunicação, 2017, p. 1-15. Disponível em: https://portalintercom.org.br/anais/nacional2017/resumos/R12-1859-1.pdf. Acesso em: 17 dez. 2020.

COSTA NETTO, José Carlos. *Direito autoral no Brasil.* 3. ed. São Paulo, 2018.

COSTA NETTO, José Carlos. *Estudos e pareceres de direito autoral.* São Paulo: Forense. 2015.

DINIZ, Maria Helena. *Curso de direito civil brasileiro: responsabilidade civil.* v. 7. São Paulo, SP: Saraiva, 2018.

SILVA, Adriana Garcia da. *Direito moral do autor.* 2017. Disponível em: https://peduti.com.br/blog/direito-moral-do-autor/. Acesso em: 16 de out. 2020.

FURINI, Liana Gross; TIETZMANN, Roberto. *A influência na popularização do serviço de streaming de vídeo pirata Popcorn Time.* Disponível em: http://repositorio.pucrs.br/dspace/bitstream/10923/9904/2/A influencia d a interface na popularizacao do servico de streaming de video pirata Popcorn Time.pdf. Acesso em: 01 out. 2020.

GANDELMAN, Henrique. *De Gutemberg a Internet: direitos autorais na era digital.* 4. ed. Rio de Janeiro, RJ: Editora Record, 2001.

KOHN, Karen; MORAES, Cláudia Herte de. *O impacto das novas tecnologias na sociedade: conceitos e características da Sociedade da Informação e da Sociedade Digital.* In. CONGRESSO BRASILEIRO DE CIÊNCIAS DA COMUNICAÇÃO, 30. 2007. Santos. Anais eletrônicos. Santos: UFSM/Cesnors. Disponível em: https://www.researchgate.net/profile/Claudia Moraes3/publication/238065 799 O impacto das novas tecnologias na sociedade conceitos e caracte risticas da Sociedade da Informacao e da Sociedade Digital1/links/58f4 09060f7e9b6f82e7c45c/O-impacto-das-novas-tecnologias-na-sociedade-conceitos-e-caracteristicas-da-Sociedade-da-Informacao-e-da-Sociedade-Digital1.pdf Acesso em 02 out. 2020.

MACHADO, Ronny Max; FUJITA, Jorge Shiguemitsu. *Os impactos da sociedade da informação no direito à privacidade da pessoa natural e da pessoa jurídica*. *Revista Thesis Juris*. v. 7, n. 2, 2018, p. 264. Disponível em: https://periodicos.uninove.br/thesisjuris/article/view/11270/5259. Acesso em: 20 out. 2020.

MESSIAS, Ewerton Ricardo; VITA Jonathan Barros. *Availability de Obras no Netflix e Direitos Autorais: Complexidades dos Contratos Multinível - Produção, Transmissão e Sindycation*. Revista Eletrônica do Curso de Direito da UFSM, v. 13, n. 3, pp. 1161 - 1189, Marília, 2018. Disponível em: https://periodicos.ufsm.br/revistadireito/article/view/31802. Acesso em: 18 out. 2020.

NETFLIX. 2017. *Como a Netflix licenciará séries e filmes?* Disponível em: https://help.netflix.com/pt/node/4976. Acesso em: 10 out. 2020.

______. 2017. *Página inicial de privacidade e segurança*. Disponível em: https://help.netflix.com/pt/node/100628. Acesso em: 10 out. 2020.

______. 2017. *Termos de uso da Netflix*. Disponível em: https://media.netflix.com/pt_br/terms-and-conditions. Acesso em: 04 out. 2020.

FERNANDES NETO, Paulo Antônio; SILVA, Marcelo Santana. *Direitos Autorais e Internet: o streaming ilegal de obras audiovisuais. Cadernos de Prospecção*, v. 12, n. 5 (Especial), 2019, p. 1190-1205. Disponível em: https://portalseer.ufba.br/index.php/nit/article/view/30508/20662. Acesso em: 03 out. 2020.

NOGUEIRA JÚNIOR, Dario de Azevedo. *Direitos autorais e a pirataria: uma polêmica na realidade virtual*. Revista FAMECOS, v. 20, n. 1, p. 47-68, jan./abr. 2013. Disponível em: https://revistaseletronicas.pucrs.br/ojs/index.php/revistafamecos/article/view/13645. Acesso em: 04 de out. 2020, p. 66.

PETRÓ, Gustavo. *Brasileiros ainda não entenderam o Netflix, diz presidente da empresa*. Disponível em: http://g1.globo.com/tecnologia/noticia/2012/08/brasileiros-ainda-nao-entenderam-o-netflix-diz-presidente-da-empresa.html#:~:text=Para%20Reed%20Hastings%2C%20presidente%20da,o%20servi%C3%A7o%20de%20v%C3%ADdeos%20funciona%22.&text=Mas%2C%20por%20ser%20algo%20novo,executivo%20em%20entrevista%20ao%20G1. Acesso em: 15 out. 2020.

REDAÇÃO. 2019. *Pirataria na TV paga no Brasil gera prejuízo de R$8,6 bilhões*. Disponível em: https://www.bahiadevalor.com.br/2019/09/pirataria-na-tv-paga-na-brasil-gera-prejuizo-de-r-86-bilhoes/. Acesso em: 10 out. 2020.

SANTINO, Renato. *Como o 'boom' de concorrentes da Netflix causou uma nova era da pirataria*. Disponível em: https://olhardigital.com.br/cinema-e-streaming/noticia/como-o-boom-de-concorrentes-da-netflix-causou-uma-nova-era-da-pirataria/89716. Acesso em: 16 out. 2020.

SANTOS, Manuella Silva dos. *Direito autoral na era digital: Impactos, controvérsias e possíveis soluções*. Disponível em: http://www.dominiopublico.gov.br/download/teste/arqs/cp063159.pdf. Acesso em: 07 out. 2020.

SCHIONTEK, Mateus; COHENE Vitória Castilho; BUIATTI Renato. *O Netflix e a mudança na distribuição audiovisual com a popularização do streaming*. Disponível em: https://portalintercom.org.br/anais/nacional2017/resumos/R12-1859-1.pdf. Acesso em: 15 out. 2020.

SILVA, Leonardo Werner. *Internet foi criada em 1969 com o nome de "Arpanet" nos EUA*. Folha de São Paulo. Ed. 12 ago. 2001. Disponível em: https://www1.folha.uol.com.br/folha/cotidiano/ult95u34809.shtml#:~:text= A%20internet%20foi%20criada%20em,Departamento%20de%20Defesa%20n orte%2Damericano. Acesso em 01 out. 2020.

TASINAFFO, Fernanda. *Pirataria virtual: download e comercialização e sua penalização*. Canal Ciências Criminais. 10 abr. 2018. Disponível em: https://canalcienciascriminais.com.br/pirataria-virtual-download/ Acesso em: 11 out. 2020.

TENÓRIO FILHO, Geraldo Magela Freitas; MALLMANN, Querino. *Os Direitos Autorais na Era Digital: Desafios e Novas Perspectivas Jurídicas*. Disponível em: http://pidcc.com.br/artigos/012017/092017.pdf. Acesso em: 03 out. 2020.

VIEIRA, Lucas Bezerra. *Contrafação: o uso indevido de obras autorais e suas consequências*. Disponível em: https://www.ldsoft.com.br/blogs/contrafacao-o-uso-indevido-de-obras-autorais-e-suas-consequencias/ Acesso em 03 out. 2020.

O MATRIMÔNIO SOB OS PILARES DO ISLÃ E DO DIREITO ISLÂMICO

Gabriela Vieira e Silva [1]

Introdução

Os seres humanos são subdivididos em grupos sociais, os quais apresentam características divergentes entre si, como por exemplo, diferenças linguísticas, culturais e de credo. Na Sociedade da Informação, com o advento da globalização e da comunicação instantânea, ocorre um maior contato entre estes grupos e, consequentemente, uma troca de informações e costumes, de maneira rápida e em nível mundial.

Dentro da mesma há o antagonismo entre as informações verdadeiras e as falsas, deturpadas, sendo o fenômeno de transmissão em massa da última denominado de *fake news*[2]. Comumente, a mídia ocidental transmite informações errôneas acerca de questões do Oriente Médio, principalmente as relacionadas com a questão religiosa muçulmana, crença majoritária na localidade. Tal é abordada de maneira superficial e associada a comportamentos culturais de povos e nações.

As normas postuladas e estabelecidas pelas escrituras sagradas são aplicadas de maneira igualitária a todos os seguidores do Islã. Entretanto, existem diversas interpretações destes escritos, além disso aspectos culturais, costumes, e até a política, em caso de países com o Islamismo como religião oficial do Estado, também interferem nestas interpretações. Desse modo, a aplicação, na prática, dos mandamentos e do ordenamento jurídico-religioso diferem, no primeiro caso, de

---

[1] Graduanda em Direito pelo Centro Universitário das Faculdades Graduanda em Direito pelo Centro Universitário das Faculdades Metropolitanas Unidas (FMU). Membro do Grupo de Trabalho e Pesquisa "Direito de Autor, Família, Grupos Sociais e Informação", do Centro Universitário das Faculdades Metropolitanas Unidas, liderado pelo Prof. Dr. Jorge Shiguemitsu Fujita

[2] O termo *Fake News* designa notícia falsa.

indivíduo para indivíduo, e no segundo, de Estado-Nação para Estado-Nação.

O presente trabalho objetiva abordar o instituto do matrimônio sob a perspectiva islâmica, distinguir aspectos culturais de religiosos e desmistificar paradigmas preconceituosos e intolerantes cristalizados na mentalidade de grande parte das pessoas. A intenção deste trabalho é construir um panorama geral sobre o que afirmam as escrituras islâmicas e as principais interpretações destas.

1. A história e aspectos gerais do matrimônio

O casamento é uma união entre duas pessoas, sancionado legal e socialmente, regulada pela lei, costumes e crenças individuais, os quais prescrevem os direitos e deveres dos cônjuges na relação matrimonial (LEACH, 1955, p. 182-186). Esta relação é um instituto social universal, estando, portanto, presente em todas as culturas mundiais. Diverge em alguns fundamentos e regulamentos, devido às diferenças culturais e legislativas.

As razões para que uma pessoa contraia o casamento são diversas, como, por exemplo, questões legais, sociais, emocionais, econômicas e espirituais.

A realização do matrimônio foi a solução encontrada pelos antigos agrupamentos humanos para a garantia da perpetuação da linhagem sanguínea e do direito à propriedade.[3] O casamento, como conhecido hoje, é originário da Inglaterra e sua primeira realização é datada entre 1250-1300 a.C.[4], mas a prática é ainda mais antiga, sem uma marcação cronológica definida.

No mundo ocidental cristão, a noção do casamento como um sacramento, não somente um contrato legal e social, deriva do Apóstolo Paulo, o qual comparou a relação do marido e da mulher, com a relação de Jesus Cristo com a Igreja.[5] Em 886 d.C., o Papa Nicolau reafirmou a importância do consentimento dos noivos, sendo que a ausência deste tornava o instituto inválido. Nos anos 1500, era muito comum que a celebração ocorresse sem nenhuma testemunha, mas, em 1563, o

---

[3] Disponível em: https://www.thespruce.com/history-of-marriage-2300616. Acessado em 19/10/2020, às 20:33.

[4] *Ibidem.*

[5] *Ibidem.*

Concílio de Trento[6] determinou como obrigatória a presença de um padre e, no mínimo, de duas testemunhas.[7]

Ao abordar aspectos históricos do conúbio, fatos oriundos da Igreja Católica Apostólica Romana se miscigenam com a História do Mundo Ocidental. Tal fato decorre de sua imensa influência política, econômica e social, e o domínio, praticamente um monopólio, sobre as esferas do conhecimento e do ensino.

2. O matrimônio sob o prisma do islã

O primeiro casamento celebrado na história da humanidade foi o de Adão e Eva,[8] o qual foi realizado por Deus. Portanto, o matrimônio não é uma invenção humana, mas sim divina. O profeta Mohammed, o mais importante profeta dos muçulmanos e o último profeta enviado por Deus a Terra, afirma que todos os jovens, do sexo masculino, que tiverem condições físicas e financeiras devem contrair casamento. É algo que *Allah*[9] incentiva e aprecia, que o agrada. Quem não tiver as condições citadas acima e, consequentemente, não pode contrair o matrimônio, deverá jejuar para controlar seus desejos sexuais e não cometer *haraam*[10].

Os princípios supracitados podem ser encontrados no *Qu'ran*[11], livro sagrado islâmico, nos versículos 32 e 33 da *Surah An-Noor:* "Casai os celibatários, dentre vós, e também os virtuosos, dentre vossos servos e servas. Se forem pobres, Deus os enriquecerá com Sua graça, porque é Munificente, Sapientíssimo"[12] e "Aqueles que não possuem recursos

---

[6] O Concílio de Trento, realizado entre 1540 e 1560, foi um dos meios da Igreja Católica reagir às Reformas Protestantes, na chamada Contrarreforma Católica. Objetivava resolver os problemas institucionais e religiosos, por meio da reafirmação ou eliminação de alguns dogmas e do reajuste da conduta dos clérigos e dos fiéis católicos. Disponível em: https://historiadomundo.com.br/idade-moderna/concilio-trento.htm. Acessado em 19/10/2020, às 23:04.

[7] Disponível em: https://www.thespruce.com/history-of-marriage-2300616. Acessado em 19/10/2020, às 20:33.

[8] O primeiro casal de seres humanos, segundo o Alcorão.

[9] *Allah* significa Deus em árabe.

[10] Na língua árabe e na religião islâmica, *haraam* significa algo que é ilícito, não é permitido na religião, pecado.

[11] *Qu'ran* é o livro sagrado, Alcorão ou Corão, em árabe.

[12] Tradução de: *Waankihoo alayama minkum waalssaliheena min aaibadikum waimaikum in yakoonoo fuqaraa yughnihimu Allahu min fadihi waAllahu wasiaaun*

para casar-se, que se mantenham castos, até que Deus os enriqueça com a Sua graça. [...]".[13] Analisando o primeiro fragmento, nota-se que o verbo 'casar' se encontra conjugado no imperativo afirmativo, indicando que é uma ação obrigatória ou fortemente indicada por *Allah*. Também, neste mesmo fragmento, observa-se que o celibato ou monastério é vedado pelos preceitos islâmicos. Já no segundo trecho, compreende-se que é necessária a posse de recursos para casar-se e, caso não a tenha, deve-se manter a castidade, até que haja a possibilidade de este indivíduo contrair consórcio.

Na *Surah Ar-Room*, versículo 21, afirma-se que "Entre os Seus sinais está o de haver-vos criado companheiras da vossa mesma espécie, para que com elas convivais; e colocou amor e piedade entre vós. Por certo que nisto há sinais para os sensatos."[14] Podemos analisar que um dos sinais divinos em nossas vidas é a existência do sentimento 'amor' e de uma companheira, para que o indivíduo possa viver e prosperar, em paz, na Terra. Evidencia-se, mais uma vez, nessa passagem, o incentivo de *Allah* para que o casamento seja, habitualmente, celebrado entre os seres humanos.

O profeta afirmou que a escolha de uma esposa deve ser pautada em quatro pilares: o dinheiro e a nobreza (nível) da família, a beleza e o nível da religiosidade da mulher. Seguir esses pilares é a chave para um casamento bem sucedido, de acordo com o profeta.

Os feitos e ditos do profeta Mohammed são considerados fontes de ensinamentos e de normas muçulmanas, juntamente com as palavras divinas transcritas no *Qu'ran*. Ele era casado, portanto casar-se é seguir seus feitos e sua tradição. O profeta disse que nenhum lar é construído no Islã, de modo amável aos olhos de *Allah,* que não pelo matrimônio. Também disse que as melhores pessoas de uma nação são aquelas que

---

aaleemun. [*Surah An-Nur* 32]. Disponível no aplicativo *Muslim Pro*. Acessado em 20/10/2020.

[13] Parte inicial do fragmento traduzido de: *Walyastaaafifi allatheena la yajidoona nikahan hatta yughniyahumu Allahu min fadlihi waallatheena yabtaghoona alkitaba mimma malakat aymanukum fakatiboohum in aaalimtum feehim khayran waatoohum min mali Allahi allathee atakum wala tukrihoo fatayatikum aaala albighai in aradna tahassunan litabtaghoo aaarada alhayati alddunya waman yukrihhunna faina Allaha min baaadi ikrahihinna ghafoorun raheemun.* Disponível no aplicativo *Muslim Pro*. Acessado em 20/10/2020.

[14] Traduzido de: *Wamin ayatihi an khalaqa lakum min anfusikum azwajan litaskunoo ilayha wajaaaala baynakum mawaddatan warahmatan inna fee thalika laayatin liqawmin yatafakkaroona.* [*Surah Ar-Rum* 21]. Disponível no aplicativo *Muslim Pro*. Acessado em 20/10/2020.

se casaram e escolheram seu companheiro, e as piores são aquelas que escolheram permanecer distantes do conúbio e vivem como solteiros.

Segundo o líder da comunidade islâmica da cidade de Guarulhos, no Estado de São Paulo, *Sheik*[15] Aboo Abudo Atibo Araujo, o casamento e a família são conceitos intrínsecos no islamismo, pois o casamento é o único meio *halal* [16] de se constituir uma família. Diferentemente do que defende o Direito Brasileiro, pois, para tal, a formação da família não ocorre necessariamente por meio do matrimônio, podendo ocorrer, também, por meio da união estável e outros. Tanto a família, quanto o casamento são dois dos pilares fundamentais do islamismo. Desse modo, as regras que regem o casamento, e consequentemente, a família, são fortemente valorizadas e respeitadas por esta comunidade.

Os princípios e finalidades do conúbio, sob a visão islâmica, são formar uma família, repassar e conservar os ensinamentos religiosos para os seus descendentes, viver uma vida *halal,* preservar a imagem de ambos os cônjuges, manter respeito na sociedade e, acima de tudo, agradar a Deus. Os *mullah,* estudiosos das escrituras e leis sagradas, acreditam que o desejo sexual, principalmente o masculino, é incontrolável. Portanto, é necessário que os jovens se casem cedo, sem que ocorra o tradicional namoro conhecido no mundo Ocidental, para que suas castidades sejam preservadas e, consequentemente, preservem suas vidas *halal* e suas imagens como indivíduos de respeito.

No Islã, sexo ou qualquer outro contato, como beijos e abraços, são proibidos antes do casamento. Desse modo, quem os pratica antes do tempo permitido não é considerado respeitável e a sua vida é *haraam.* A relação sexual não apresenta somente a finalidade de procriação, sendo o prazer sexual, de ambos, estimulado e considerado um meio de limpar a alma dos pecados, de acordo com os discursos do profeta e de *Qu'ran.* O primeiro afirmou que um homem que se aproxima de sua mulher é guardado por dois anjos, e naquele momento ele é visto como um guerreiro aos olhos de Deus, lutando por Sua causa; quando o marido tem relações íntimas com a sua esposa, seus pecados caem como folhas de uma árvore, seus pecados são removidos.

O sexo masculino e o feminino são, espiritualmente, iguais. Conforme vemos na *surah An-Nisaa,* versículo 124, "Aqueles que

---

[15] Xeique (em português), *Sheik* (em inglês) ou *xāyḥ,* (em árabe) é um líder muçulmano, de um bairro, de uma cidade ou até mesmo de um país.

[16] Na língua árabe e na religião islâmica, *halal* significa algo que é lícito, é permitido na religião, não é pecado.

praticarem o bem, sejam homens ou mulheres, e forem fiéis, entrarão no Paraíso e não serão defraudados, no mínimo que seja".[17] Entretanto, ambos contêm papéis um pouco discrepantes dentro do instituto matrimonial. A principal obrigação do homem é velar por sua família, manter e ensinar a religião, prover alimentos *halal*, vestuário, artigos de saúde, entre outros. Não é, portanto, obrigação da mulher ser a mantenedora da casa. Contudo, vale frisar que ela é livre para escolher se quer trabalhar ou se quer ajudar, financeiramente, o seu marido para cuidar da casa. Na ausência do companheiro, é função da esposa ser a provedora da casa. A obrigação para com os filhos, assim como para sua educação, manter suas castidades e respeitar seu companheiro, são deveres de ambos. Há, erroneamente, no Ocidente, a representação da mulher muçulmana como oprimida e inferior ao seu marido, e a associação da religião ao patriarcado e machismo. Na verdade, o que ocorre é a assimilação de condutas de alguns seguidores com a religião, sendo, portanto, uma questão individual e cultural, oriunda de um sistema que se utiliza da leitura equivocada dos textos religiosos para legitimar suas bárbaras ações "de dominação, de violência e de exclusão em relação às mulheres" (EL HAJJAMI, 2008, p. 107-120) e, consequentemente, não advêm dos ensinamentos religiosos. Além disso, a mídia ocidental transmite uma visão estereotipada e deturpada do Islã, corroborando com a perpetuação da associação de atitudes machistas aos princípios islâmicos.

Em 2004, foi elaborado o novo Código da Família marroquina[18], visando à dissolução do sistema de interpretação equivocado das normas divinas, citado anteriormente, e a garantir tratamento jurídico igualitário para ambos os sexos. Os objetivos principais deste conjunto de normas jurídicas é extinguir a visão degradante da mulher e estabelecer a igualdade entre o *pater familias*[19] e o *mater familias*[20]. Desse modo, legalmente no Marrocos, ambos os cônjuges se tornam responsáveis pela família e devem ter no mínimo 18 anos para que a celebração do casamento ocorra. Ademais, não é mais necessária a tutela matrimonial, caso a mulher for maior de idade.

---

[17] Traduzido de: *Waman yaaamal mina alssalihati min thakarin aw ontha wahuwa muminun faolaika yadkhuloona aljannata wala yuthlamoona naqeeran. [Surah An-Nisa'* 124] Disponível no aplicativo *Muslim Pro*. Acessado em 20/10/2020.

[18] *Ibidem.*

[19] Poder familiar paterno.

[20] Poder familiar materno.

Ao casar-se, a mulher deve consentir, não por coerção, mas por sua própria vontade. Ela é livre para escolher com quem e quando irá trocar seus votos. Na comunidade islâmica há um dito, o qual afirma que "o casamento está nas mãos da mulher, e o divórcio nas mãos do homem".[21] Analisando-o, infere-se que quem tem o poder decisório sob o acontecimento do casamento é a mulher. Já quem tem o poder decisório sobre o divórcio é o homem. Importante frisar que é necessário o consentimento de ambos os envolvidos, para que haja a oficialização de ambos os institutos. No dia da celebração do casamento, o mesmo deve ocorrer perante duas testemunhas, sendo que cada um dos nubentes escolhe a sua testemunha, para que se possa averiguar que não houve coerção de nenhuma das partes. No caso da testemunha da noiva, é preferível que seja seu pai, tio e/ou irmão (tutores). O casamento deve ser realizado por um *Sheik*. Em caso de países nos quais a religião islâmica é oficial, o casamento religioso tem efeitos civis, podendo variar de acordo com a legislação vigente em cada um. Entretanto, em países laicos, como o Brasil, é necessário que o casamento ocorra em ambas as esferas, civil e religiosa, para que seja válido sob os aspectos de cada uma. O conúbio puramente religioso é considerado inexistente para efeitos legais.

O marido deve presentear sua esposa com um dote. Segundo o dicionário Michaelis, dote é um "conjunto de bens que a mulher, ou alguém por ela, transfere ao marido para ajudá-lo a prover os encargos matrimonias, sob a condição de que lhe sejam restituídos, se a sociedade conjugal for dissolvida".[22] O dote, no sentido transcrito anteriormente, é visto, por muitos, como a compra de um dos cônjuges. Todavia, o foco deste estudo é no significado para a religião islâmica, para a qual o dote é um presente do homem para a sua mulher, de acordo com a capacidade financeira do primeiro.[23] Pode ser em dinheiro, vestuário, objetos, joias, etc., não havendo restrições quanto a isso ou ao valor.

Sob a perspectiva islâmica, o casamento é considerado nulo quando o cônjuge do sexo masculino não é muçulmano, mas a noiva é muçulmana. A regra islâmica é que a fiel somente pode se casar com um muçulmano, já o homem pode se casar com uma mulher proveniente das

---

[21] Dito "popular", de autor desconhecido, reproduzido pelo *Sheik* Aboo Abudo Atibo Araujo.

[22] Disponível em: https://michaelis.uol.com.br/moderno-portugues/busca/portugues-brasileiro/poliginia. Acessado em: 21/10/2020.

[23] Informações coletadas mediante perguntas realizadas ao *Sheik* Aboo Abudo Atibo Araujo, líder muçulmano da cidade de Guarulhos, São Paulo.

Religiões do Livro,[24] contudo é mais indicado que ele se case com uma mulher da religião islâmica, para que compartilhem os mesmos preceitos e crenças e para que haja uma relação mais harmônica. Tal fundamento objetiva o perpetuamento e prevalência do ordenamento islâmico na casa, no relacionamento e na criação dos filhos do casal. Pois, acredita-se que há uma maior tendência de os filhos seguirem a crença paterna[25].

A norma do Islã permite que a poligamia[26] ocorra em alguns casos específicos. Os homens podem se casar com até quatro mulheres. O intuito desse matrimônio múltiplo é ajudar as viúvas, que perderam seus maridos devido às guerras, às doenças etc., e os eventuais filhos desse relacionamento. Em algumas comunidades africanas muçulmanas, é comum que o irmão do *de cujus* se case com a viúva, a fim de prover os meios básicos de sobrevivência para a mulher e, eventualmente, aos filhos. Vale frisar que só é possível que esse tipo de matrimônio ocorra com o consentimento da primeira esposa, ou das esposas anteriores, e caso o marido tenha condições financeiras e físicas de manter e tratar suas esposas de maneira igualitária. Além disso, ressalta-se que não é uma conduta imposta ou recomendada, sendo tolerada em casos específicos. Tal tipo de relacionamento não é considerado adultério sob os aspectos religiosos. Uma mulher islâmica não pode casar-se com mais de um homem, pois a poliandria[27] não é permitida pelos ordenamentos, somente a poliginia[28]. Atualmente, em muitos países do Oriente Médio ou de cultura majoritária muçulmana, a poligamia é comumente praticada de maneira equivocada, não seguindo as razões e necessidades especificadas pela norma religiosa.

---

[24] As chamadas Religiões do Livro são o Judaísmo, o Cristianismo e o Islamismo. A relação de unidade estre essas três religiões é que os judeus, cristão e islâmicos são todos considerados filhos de Abraão (BORAU, 2008, p. 21).

[25] Informações coletadas mediante perguntas realizadas ao *Sheik* Aboo Abudo Atibo Araujo, líder muçulmano da cidade de Guarulhos, São Paulo.

[26] O dicionário Michaelis conceitua a poligamia como uma "forma de casamento em que uma pessoa tem vários cônjuges ao mesmo tempo". Disponível em: https://michaelis.uol.com.br/moderno-portugues/busca/portugues-brasileiro/poligamia. Acessado em 11/10/2020.

[27] O dicionário Michaelis conceitua a poliandria como uma "forma de matrimônio de uma mulher com vários homens". Disponível em: https://michaelis.uol.com.br/moderno-portugues/busca/portugues-brasileiro/poliandria. Acessado em 11/10/2020.

[28] O dicionário Michaelis conceitua a poliginia como "condição de um homem casado com diversas mulheres simultaneamente". Disponível em: https://michaelis.uol.com.br/moderno-portugues/busca/portugues-brasileiro/poliginia. Acessado em 21/10/2020.

O *Qu'ran* atribui grande importância à igualdade e à justiça no tratamento das múltiplas esposas, como se pode analisar em dois de seus trechos:

> Se temerdes ser injusto no trato com os órfãos, podereis desposar duas, três ou quatro das que vos aprouver, entre as mulheres. Mas, se temerdes não poder ser equitativo para com elas, casai-vos, então, com uma só, ou conformai-vos com o que tender à mão. Isso é o mais adequado, para evitar que cometais injustiças. (Surah An-Nisaa, versículo 3)[29]

> "Não podereis, jamais, ser equitativos com vossas esposas, ainda que nisso vos empenheis. Por essa razão, não declineis demasiadamente uma delas, deixando-a como se estivesse abandonada; porém, se vos reconciliardes e temerdes, sabei que Deus é Indulgente, Misericordiosíssimo" (*Surah An-Nisaa*, versículo 129)[30]

A legislação brasileira não permite que um indivíduo tenha dois ou mais cônjuges, sendo inclusive um tipo penal[31]. Não há concessões pautadas no gênero sexual dos envolvidos, como no Islã. A doutrina penalista afirma que

> "Visa a lei proteger a organização familiar, mais especificamente o casamento monogâmico, que é regra na grande maioria dos países ocidentais, de tal forma a evitar reflexos na ordem jurídica que regulamenta os direitos e obrigações entre os cônjuges" (GONÇALVES, 2011, p. 568).

Uma das hipóteses para a criação de tal regulamento é que os legisladores visavam a proteger os cofres da União, quando proibiram a bigamia em território nacional, além de manter a moral cristã enraizada e generalizada na cultura ocidental. Analisando-se um caso prático, há, por exemplo, o pagamento de pensão para o cônjuge do *de cujus*. Desse

---

[29] Tradução livre de: *Wain khiftum alla tuqsitoo fee alyatama fainkihoo ma taba lakum mina alnnisai mathna wathulatha warubaaaa fain khiftum alla taaadiloo fawahidatan aw ma malakat aymanukum thalika adna alla taaaooloo.* [*Surah An-Nisa' 3*]. Disponível no aplicativo *Muslim Pro.* Acessado em 13/10/2020.

[30] Traduzido de: *Walan tastaeeaaoo an taaadiloo bayna alnnisai walaw harastum fala tameeloo kulla almayli fatatharooha kaalmuaaaallaqati wain tuslihoo watattaqoo faina Allana kana ghafooran raheeman.* [*Surah An-Nisa' 129*]. Disponível no aplicativo *Muslim Pro.* Acessado em 21/10/2020, às 00:09.

[31] Tipo Penal, segundo Damásio Evangelista de JESUS, "é o conjunto dos elementos descritivos do crime contidos na lei penal. É o conjunto dos elementos da conduta punível definido pela lei." (2009, p. 37).

modo, se houvesse a garantia legal de pagamento para vários cônjuges de uma mesma pessoa, o gasto federal seria multiplicado.

A poligamia está prevista no Código Penal, como bigamia, no artigo 235:

> Art. 235. Contrair alguém, sendo casado, novo casamento:
>
> Pena- reclusão, de dois a seis anos
>
> §1º Aquele que, não sendo casado, contrai casamento com pessoa casada, conhecendo essa circunstância, é punido com reclusão ou detenção de um a três anos.
>
> §2º Anulado por qualquer motivo o primeiro casamento, ou por outro motivo que não que não a bigamia, considera-se inexistente o crime.

Guilherme de Souza NUCCI relaciona a bigamia à poligamia, afirmando que mesmo sendo conceitos discrepantes, são analisados e julgados como semelhantes sob a perspectiva jurídica brasileira:

> Bigamia é a situação da pessoa que possui dois cônjuges. Entretanto, no contexto dos crimes contra o casamento, quer espelhar a hipótese do sujeito que se casa mais de uma vez, não importando quantas. Assim, quem se casa por quatro vezes, por exemplo, é considerado bígamo, embora seja autêntico polígamo (cuida-se de interpretação extensiva do termo bigamia). (NUCCI, 2016, p. 868)

Assim, no Brasil, não haverá a celebração de casamentos poligâmicos. Portanto, se um muçulmano brasileiro, ou não, residente ou presente em território nacional, optar por se casar com mais de uma pessoa, tal instituto não será reconhecido legalmente e, consequentemente, não terá suas garantias legais reconhecidas e protegidas. Será, somente, celebrado e reconhecido no âmbito religioso islâmico.

O divórcio não é proibido religiosamente. Entretanto, o Livro Sagrado aconselha e incentiva que os casais realizem diversas tentativas de resolução de conflitos antes que, efetivamente, dissolvam os laços matrimoniais. Uma das tentativas é que o casal permaneça morando na mesma casa, mas durma em quartos distintos e não tenha relação sexual, ou qualquer outro tipo de contato afetuoso. Após trinta dias, os conúbios devem se reunir e conversar, a fim de tomarem uma decisão mais clara e racional sobre seu futuro conjugal. Caso preferirem, podem chamar um familiar próximo para auxiliar na conversa e possível conciliação. Por fim, se o casal realmente decidir pelo divórcio, não haverá impedimentos religiosos. [32]

3. O matrimônio sob o prisma do direito islâmico

O Direito Islâmico advém das normas da religião, positivadas no *Qu'ran,* mas também é grandemente influenciado pela cultura e pelas normas tradicionais de cada região, na qual é aplicado. Assim, este direito é um ramo do islamismo.

O sistema jurídico islâmico, comumente conhecido como *Shari'a*[33], apresenta duas fontes. A primeira, e a mais importante, são os ensinamentos divinos, a *ayat* [34], encontrada no *Qu'ran,* e os ensinamentos do profeta Mohammed, os *hadiths,* encontrados na *Sunnah*[35]. A fonte secundária é subdivida em quatro: *Ijma*[36], *Qiyas*[37], *Urf* [38]e *Ijtihad.*[39] Ressalta-se que não se deve confundir o direito islâmico com o direito positivado dos Estados muçulmanos.

As normas religiosas que regem o casamento e a família são oriundas do *Qu'ran* e *Hadiths.* Entretanto, obviamente, elas não são idênticas em todos os países que as institui. Variam, segundo aspectos

---

[32] Informações coletadas mediante perguntas realizadas ao *Sheik* Aboo Abudo Atibo Araujo, líder muçulmano da cidade de Guarulhos, São Paulo.

[33] "*Shari'a* é uma palavra em árabe que significa 'trajeto' ou 'caminho'. Atualmente o termo é comumente utilizado para se referir à 'lei Islâmica', um sistema detalhado do direito religioso desenvolvido pelos estudiosos muçulmanos nos primeiros três séculos do Islã e, contemporaneamente, ainda tem força entre os fundamentalistas. A *Shari'a* objetiva descrever, em detalhes, todos os atos humanos possíveis, dividindo os em permitidos *(halal)* e proibidos *(haraam).*" Tradução livre de: "*Shari'a is an Arabic word meaning 'path' or 'way.' Today the term is used most commonly to mean 'Islamic law,' the detailed system of religious law developed by Muslim scholars in the first three centuries of Islam and still in force among fundamentalists today. Shari'a tries to describe in detail all possible human acts, dividing them into permitted (halal) and prohibited (haraam).*" Retirado de *"What Is Shari'a?" (published by the Barnabas Fund, January-February 2007),* acessado em 12/10/2020.

[34] É o nome de cada um dos versículos do *Qu'ran,* sendo, portanto, os ensinamentos de *Allah.*

[35] *Sunnah* é a compilação dos feitos e dizeres do profeta Mohammed.

[36] É a concordância dos juristas muçulmanos sob a interpretação do *Qu'ran* e da *Sunnah.*

[37] É o uso de analogias.

[38] São os costumes locais de uma sociedade ou região.

[39] É o pensamento, ou opinião, individual de um estudioso da religião islâmica sobre um determinado assunto.

culturais, legislativos e divergências de interpretações dos textos sagrados.

O ordenamento jurídico em análise admite duas categorias de matrimônio: o *nikah*[40] e o *mut'ah*[41]. Nas sociedades regidas pela *Shari'a*, o *nikah* é a modalidade de casamento mais empregada. A tradução literal deste termo é 'relação sexual'. Analisando-o, conclui-se que este casamento é um contrato entre um homem e uma mulher, o qual só se torna legítimo, no aspecto divino e social, por meio da relação sexual. No espectro religioso, este acordo é válido se realizado no aspecto escrito e/ou verbal. O conúbio é formalizado por um contrato ('*aqd*), que versa sobre a declaração (*ijab*) e a aceitação *(qubul)*. A mulher declara que está adentrando no âmbito matrimonial, e o homem a aceita como sua esposa. Há uma divergência entre as correntes de pensamentos islâmicas[42] sobre quais devem ser as exatas palavras que os noivos devem pronunciar neste momento, mas todas concordam que o homem, em seu discurso, deve demonstrar, por meio de suas palavras, sua satisfação com a celebração do contrato. É preferível que ambos os discursos sejam pronunciados na língua árabe.

A identidade dos noivos deve ser clara, pois o contrato pode ser considerado inválido, caso haja a celebração de casamento entre alguns graus de parentesco. Ao homem é vedada a contração de casamento com sua mãe, avós, filha(s), sobrinha(s), neta(s), tia(s), tia(s)-avó(s), a mãe ou avós de sua esposa, filha(s) ou neta(s) de sua esposa oriundas de casamento anterior, a ex-esposa de seu(s) filho(s) ou neto(s). A principal divisão islâmica, *Shi'a*[43] e *Sunni*,[44] diverge quanto a dois outros fatores de invalidez do contrato. Os *Shi'a* acreditam que a crença do noivo de uma muçulmana, já citado e explicado neste estudo, é o único outro fator

---

[40] É o casamento sem um tempo de duração determinado antes de sua celebração, comumente realizado nas sociedades ocidentais e, inclusive, muçulmanas.

[41] É o casamento com um tempo de duração, tal período é estipulado antes do casamento. Sua ocorrência não é comum, mesmo nas comunidades muçulmanas, sendo aceito somente em uma parcela de tais sociedades. Notas 39 a 42. Disponível em: https://www.al-islam.org/muta-temporary-marriage-islamic-law-sachiko-murata/permanent-marriage. Acessado em 13/10/2020.

[42] Correntes de pensamentos com diferentes interpretações dos textos sacros.

[43] Os *Shi'a*, xiitas em português, são os muçulmanos descendentes do profeta Mohammed. Disponível em: https://www.history.com/news/sunni-shia-divide-islam-muslim. Acessado em 15/10/2020.

[44] Os *Sunni*, sunitas em português, são os muçulmanos não descendentes do profeta Mohammed. Disponível em: https://www.history.com/news/sunni-shia-divide-islam-muslim. Acessado em 15/10/2020.

adicional. Entretanto, os *Sunni* pregam que, além da religião professada pelo homem, é de extrema importância que ambos sejam vistos, sob o ponto de vista social, como iguais.

Nas interpretações das correntes islâmicas *Maliki, Shafi'i* e *Hanbali*[45], a mulher não tem o direito de celebrar o trato sem a presença de seu guardião *(wali)*, o qual seria, preferencialmente, seu pai ou avô, ou, em caso de ausência de ambos, algum parente próximo do sexo masculino. O objetivo desta presença é a execução das vontades paternas em relação ao casamento de sua filha e as da noiva. Para os seguidores da *Hanbali,* o contrato pode ser concluído sem a presença do guardião, mas só é oficializado mediante sua posterior aprovação. Já para as correntes *Shi'i* e *Hanafi*[46], a mulher só necessita da presença de um tutor, caso não tenha atingido a idade mínima para se casar, não tenha atingido a puberdade, seja considerada incapaz de realizar uma decisão por si mesma ou caso seja uma mulher idosa. Acredita-se que somente mulheres nessas condições se casariam contra sua vontade. Em situação contrária, a mulher é plenamente capaz de decidir com quem irá se casar, não necessitando, portanto, o auxílio de um terceiro. Nesses casos de requerimento de um tutor, este pode ser um parente próximo do sexo feminino, caso não haja um do sexo masculino, para os pensadores da *Hanafi.*

Para *Shafi'i, Hanbali e Hanafi*, o pacto só é válido se realizado na presença de duas testemunhas. Para *Malikis* a necessidade de tais testemunhas só ocorre na consumação do casamento. Finalmente, para os *Shi'a* a presença de espectadores não é um pilar do conúbio, desse modo, sua ausência não resulta em invalidez. [47]

Todos os pensadores concordam que o pagamento do dote é crucial. Há duas modalidades de dote, o *al-mahr al-musamm*[48], o qual é acordado entre o homem e a mulher, e o *al-mahr al-mathal*[49], o qual a mulher recebe sem prévia concordância. Em casos de consumação ou de morte do esposo, o recebimento deverá ser de maneira integral. Em algumas hipóteses o dote pode ser anulado, parcial ou completamente, como por exemplo: se houver divórcio antes da consumação, é

---

[45] Disponível em: https://www.al-islam.org/muta-temporary-marriage-islamic-law-sachiko-murata/permanent-marriage. Acessado em 13/10/2020.

[46] *Ibidem.*

[47] *Ibidem.*

[48] *Ibidem.*

[49] *Ibidem.*

necessário o pagamento de sua metade; se a mulher for infiel deverá reembolsar o valor total ao marido; se o homem for infiel, o casamento se torna invalido, e deve haver o pagamento da metade do valor; e se o marido, ou a mulher, anular o casamento, alegando a impotência do outro parceiro, a esposa manterá o valor integral de seu dote. É recomendável, pelos juristas muçulmanos, que as mulheres se abstenham das relações sexuais até que o pagamento seja realizado. Se o homem for incapaz de o fazer, a mulher pode anular a pacto conjugal. De acordo com as linhas de pensamento *Maliki, Hanbali,* e *Shi'i,* na condição de o contrato matrimonial ser considerado inválido, mas que já foi consumado, a mulher somente tem direito ao *al-mahr al-musamm,* caso esse foi acordado anteriormente a esta constatação.[50]

A fim de que ocorra o divórcio, o esposo deve apresentar pensamento racional e lógico, já ter atingido a maturidade e estar agindo por sua vontade. A esposa deve ser oriunda de um casamento permanente, pois não existe a possibilidade de divórcio em casamentos temporários ou em uma relação adúltera. O divórcio apresenta duas categorias, o tradicional *(sunni)*[51] e o não tradicional *(bid'i),*[52] sendo o último proibido. No tradicional, a mulher deve se encontrar pura e não ter tido relações sexuais durante, aproximadamente, um mês. Considera-se ela impura durante seu período menstrual e após o parto. Caso a menopausa esteja se aproximando ou a menstruação esteja atrasada, o marido deve esperar três meses para realizar o requerimento, para ter a certeza de que ela não esteja grávida. Ocorre o não tradicional quando o pedido é realizado enquanto a esposa se encontra impura ou não houve abstinência. Na última hipótese, o divórcio é considerado inválido. Observa-se que o homem pode se divorciar, a qualquer momento, de alguém com quem ainda não consumou o casamento, não atingiu a puberdade ou que se encontra na menopausa.

Após o divórcio, os ex-cônjuges não podem se casar novamente. Tal fato, torna-se viável, somente se a mulher se casar com outro homem, consumar o segundo casamento e divorciar-se novamente. Após o segundo divórcio, é permitido que ela se case com o primeiro marido, se assim o desejar. É permitida a inclusão de uma condição de divórcio no contrato de casamento, por exemplo a noiva pode estipular que se seu noivo realizar determinadas condutas, ela terá o direito de pedir o

---

[50] *Ibidem.*

[51] *Ibidem.*

[52] *Ibidem.*

divórcio. Para que a separação seja oficializada, é dever do homem pronunciar *taliq*[53] para a sua esposa. A mulher pode ter a iniciativa do processo, por meio de uma corte religiosa, a qual o tornará legítimo.

Quando o marido morre ou houve a separação, a mulher deve esperar um período para se casar novamente. Na primeira condição, caso ela não esteja grávida, deve esperar um mês e dez dias. Mas caso esteja, o tempo de espera acaba quando a criança nasce. Na segunda, se não houve consumação, não tem período de espera. Mas se houve, aguardam-se três meses. [54]

A outra categoria matrimonial é o *mut'ah,*[55] no qual o contrato estipula o período no qual o casamento será vigente, sendo, portanto, temporário. Encontra-se referenciado na *Sunnah, Qu'ran* e na jurisprudência islâmica. [56] É legalmente celebrado por meio de um contrato, assim como o *nikah.* Na realização deste, ambos nubentes devem declarar sua aprovação e o noivo deve evidenciar sua satisfação com o pacto em sua declaração.

Assim como no *nikah,* o homem só pode contrair uma união com uma consorte muçulmana ou de uma das Religiões do Livro, e a mulher, somente com um muçulmano. Se o homem já for permanentemente casado, ele não pode contrair um *mut'ah* sem a permissão de sua esposa ou esposas. Uma mulher casada, permanentemente, não pode se casar, com outro, transitoriamente. Não é recomendável que uma virgem contraia o casamento temporário.

Caso o contrato não mencione o período de duração do consórcio, esse será invalidado e convertido em um *nikah.* Não há um tempo máximo ou mínimo estipulado para a duração, este deverá ser acordado entre os consortes e deverá satisfazer os dois.

O pagamento do dote para a esposa também ocorre nesta modalidade. Assim que o acordo é concluído, a mulher deve receber o presente do marido. Se o último consumar ou não o matrimônio antes de sua expiração, não altera o fato de que a esposa deve permanecer com a quantia integralmente. Os noivos devem concordar e dispor no

---

[53] Palavra árabe que significa 'divórcio'. Disponível em: https://www.collinsdictionary.com/dictionary/english/talaq. Acessado em 15/10/2020.

[54] Disponível em: https://www.al-islam.org/muta-temporary-marriage-islamic-law-sachiko-murata/permanent-marriage. Acessado em 19/10/2020.

[55] Palavra árabe que significa prazer, gozo, satisfação.

[56] Disponível em: https://www.al-islam.org/muta-temporary-marriage-islamic-law-sachiko-murata/four-pillars-muta#i-formula. Acessado em 21/10/2020.

contrato sobre o valor do dote, contudo não existe uma estimativa preestabelecia.[57]

Permite-se que o casal estabeleça, contratualmente, o número de relações sexuais que eles terão durante a ocasião do casamento e o período do dia em que elas ocorrerão. Não há divórcio nesta relação, os sujeitos se tornam separados a partir da expiração do contrato. Após a separação, é recomendável que a mulher espere dois ciclos menstruais para que contraia novo matrimônio. Segundo o *Iman*[58] al-Baqir, se o marido morrer, o período de espera feminino é de quatro meses e dez dias, independentemente de ser *nikah* ou *mut'ah*. [59] Já para o *Iman* Já'far, o período deve ser de sessenta e cinco dias.[60] A jurisprudência islâmica trata de maneira igualitária ambas as categorias do instituto, quanto a este intervalo, assim tal apresenta igual duração nos dois casos.[61] Este deve ocorrer mesmo que não haja a consumação.

O contrato do *mut'ah* não pode ser renovado enquanto estiver vigente. Quando este expirar e o casal decidir permanecer no matrimônio temporário, eles podem celebrar um novo contrato. Nesse caso, não é necessário um tempo de espera entre os casamentos.

Para os *Shi'i* o *mut'ah* era muito comum na época em que o profeta Mohammed vivia em Medina. Nessa época os homens procuravam prazer nas mulheres por um tempo limitado em troca de dinheiro (dote). Já para os *Sunni* esta prática também era muito comum na época do profeta, mas divergem quanto aos motivos. O teólogo sunita Fakhr al-Din al-Razi justificou a realização deste casamento em sua obra 'Great Commentary *on the Qur'an'*, na qual disse que o profeta fazia longas peregrinações para Meca e as mulheres deste local se preparavam especialmente para esta ocasião. Alguns de seus companheiros reclamavam do longo período longe de suas mulheres, e o profeta lhes dizia para se satisfazerem com aquelas mulheres de Meca.[62] Atualmente

---

[57] *Ibidem.*

[58] *Iman* é "o líder do culto na Mesquita, e é o título dos principais líderes religiosos a suceder" o profeta Mohammed. Disponível em: https://www.infoescola.com/cultura/termos-ligados-ao-islamismo/. Acessado em 21/10/2020.

[59] Disponível em: https://www.al-islam.org/muta-temporary-marriage-islamic-law-sachiko-murata/statutes-muta#conditions-contract. Acessado em 21/10/2020.

[60] *Ibidem.*

[61] *Ibidem.*

[62] Disponível em: https://www.al-islam.org/muta-temporary-marriage-islamic-law-sachiko-murata/legitimacy-muta#shii-view Acessado em 21/10/2020.

a prática deste casamento não é mais exercitada, sendo até proibida em alguns países.

Conclusão

O matrimônio, no âmbito religioso islâmico, é regido pelas normas contidas no *Qu'ran* e na *Sunnah*. Evidenciou-se neste texto que a aplicação destas normas diverge entre indivíduos e lugares, devido às influências culturais, legislativas, de costumes e as diferentes interpretações, significando, portanto, um erro associar um comportamento individual ao ordenamento religioso islâmico, e disseminar uma visão concebida em conhecimentos superficiais.

No âmbito matrimonial, correntes de pensamentos de estudiosos das escrituras islâmicas divergem quanto a como devem ser feitas as declarações de aceitação na celebração do casamento, na necessidade ou não de testemunhas, como o divórcio deve ocorrer, condições de devolução parcial ou total do dote, entre outros aspectos. Cabe ao fiel escolher a visão, a opinião, a interpretação que lhe mais agrada, que lhe parece que mais se aproxima do que *Allah* queria nos dizer por meio de seu Livro. Ressalta-se, novamente, a pluralidade de interpretações e o livre arbítrio de o indivíduo escolher seu caminho.

Diante do estudo e das informações supracitadas, conclui-se que não existe uma visão uniforme sobre os elementos do Islã. Desse modo, não há uma uniformidade de conduta dos fiéis, devido ao fato de que as condutas descritas no *Qu'ran* não são impostas, tendo o indivíduo a sua autonomia de escolher quais mandamentos seguir ou não. A conduta de um muçulmano não é a síntese dos ensinamentos dispostos por Deus, pelo profeta e pelos grandes estudiosos do tema.

Para a solução da disseminação de informações falsas, recomenda-se a obtenção de informações oriundas de fontes confiáveis e verdadeiras, por meio da leitura de livros sagrados e religiosos, estudos sobre produções acadêmicas desta área e sanar as dúvidas mediante conversas com *Sheiks* e *Mullahs*.

Referências bibliográficas

______. *Concílio de Trento.* Disponível em: https://historiadomundo.com.br/idade-moderna/concilio-trento.htm. Acessado em: 19/10/2020.

______. *How long has the institution of marriage existed for?* Disponível em: Https://www.thespruce.com/history-of-marriage-2300616. Acessado em: 19/10/2020.

______. *Islam's sunni-shia divide.* Disponível em: https://www.history.com/news/sunni-shia-divide-islam-muslim. Acessado em: 15/10/2020.

______. *Permanent marriage.* Disponível em: https://www.al-islam.org/muta-temporary-marriage-islamic-law-sachiko-murata/permanent-marriage. Acessado em: 13/10/2020.

______. *Termos ligados ao islamismo.* Disponível em: https://www.infoescola.com/cultura/termos-ligados-ao-islamismo/. Acessado em: 21/10/2020.

______. *The four pillars of mut'a.* Disponível em: https://www.al-islam.org/muta-temporary-marriage-islamic-law-sachiko-murata/four-pillars-muta#i-formula. Acessado em: 21/10/2020.

______. *The legitimacy of mut'a.* Disponível em: https://www.al-islam.org/muta-temporary-marriage-islamic-law-sachiko-murata/legitimacy-muta#shii-view. Acessado em: 21/10/2020.

______. *The meaning of mullah.* Disponível em: https://dictionary.cambridge.org/pt/dicionario/ingles/mullah. Acessado em: 01/10/2020.

______. *The meaning of mullah.* Disponível em: https://www.britannica.com/topic/mullah. Acessado em: 01/10/2020.

______. *The meaning of talaq.* Disponível em: https://www.collinsdictionary.com/dictionary/english/talaq. Acessado em: 15/10/2020

______. *The statutes of mut'a.* Disponível em: https://www.al-islam.org/muta-temporary-marriage-islamic-law-sachiko-murata/statutes-muta#conditions-contract. Acessado em: 21/10/2020.

______. *What is shari'a?* Disponível em: https://issuu.com/barnabasfund/docs/what-is-sharia. Acessado em: 12/10/2020.

ALHARBI, Rakan. (2014). *Comparative Analysis of Marriage under Islamic Law between Saudi Arabia and Egypt.* 10.13140/RG.2.2.10816.02567.

BORAU, José Luis Vázquez. *As religiões do Livro: Judaísmo, Cristianismo e Islamismo.* São Paulo: Paulus, 2008.

BRASIL. *Código Penal*. Disponível em: https://www.planalto.gov.br/ccivil_03/decreto-lei/del2848compilado.htm. Acessado em: 11/10/2020.

DÍCIO. Verbete *sheik*. Disponível em: https://www.dicio.com.br/sheik/. Acessado em: 01/10/2020.

EL HAJJAMI, Aïcha. *A condição das mulheres no Islã: a questão da igualdade*. *Cad. Pagu*, Campinas, n. 30, p. 107-120, Junho 2008.

GONÇALVES, Victor Eduardo Rios. *Direito penal esquematizado: parte especial*. São Paulo: Saraiva, 2011.

JESUS, Damásio Evangelista de. *Direito penal: parte geral*. 30.ed. São Paulo: Saraiva, 2009, v. 1.

LEACH, E.R. *Polyandry, inheritance and the definition of marriage*. Man, 1955, v. 55.

MICHAELIS. Verbete *dote*. Disponível em: https://michaelis.uol.com.br/moderno-portugues/busca/portugues-brasileiro/dote. Acessado em: 11/10/2020.

MICHAELIS. Verbete *poliandria*. Disponível em: https://michaelis.uol.com.br/moderno-portugues/busca/portugues-brasileiro/poliandria. Acessado em: 11/10/2020.

MICHAELIS. Verbete *poligamia*. Disponível em: https://michaelis.uol.com.br/moderno-portugues/busca/portugues-brasileiro/poligamia. Acessado em: 11/10/2020.

MICHAELIS. Verbete *poliginia*. Disponível em: https://michaelis.uol.com.br/moderno-portugues/busca/portugues-brasileiro/poliginia. Acessado em: 21/10/2020.

NUCCI, Guilherme de Souza. *Manual de direito penal*. 12.ed. Rio de Janeiro: Forense, 2016.

FAST FASHION E OS DIREITOS HUMANOS NA SOCIEDADE DA INFORMAÇÃO

Isabella Bolognesi[1]
Juliana da Silva Totarelli[2]

Sumário: Introdução. 1. Fast fashion. 2.1 Fast fashion e a sociedade da informação. 3. Impactos sociais. 3.1 Dumping social. 3.2 Terceirização e trabalho análogo a escravatura. 4. Fast Fashion e os Direitos Humanos. Conclusão. Referências bibliográficas.

Introdução

O objeto de estudo do presente artigo será a forma como o modo de produção *Fast Fashion* se apresenta na Sociedade da Informação em relação aos Direitos Humanos, mais especificamente, os seus impactos nas condições de trabalho e na dignidade da pessoa humana, principalmente em países em desenvolvimento, como os asiáticos e latino-americanos.

Esse modo de produção que a Industria da Moda utiliza para expandir os lucros se baseia em uma cadeia produtiva cada vez mais rápida e barata sendo que, para alcançar tais objetivos, nem sempre as legislações nacionais e internacionais são respeitadas. Ademais, considerando que as novas tecnologias e mídias sociais atingiram praticamente todos os âmbitos da sociedade contemporânea, esse estudo visa esclarecer como a Sociedade da Informação transformou e impactou o modo de produção *fast fashion* e, consequentemente, as formas de violação dos direitos humanos.

Nos últimos anos as estratégias de marketing alteraram-se consideravelmente pretendendo atingir um novo tipo de consumidor, resultado da globalização e mídias sociais. O mesmo pode ocorrer com o

---

[1]Graduanda em Direito pelo Centro Universitário das Faculdades Metropolitanas Unidas (FMU). Integrante do grupo de pesquisa "Empresa e Direitos Humanos na Sociedade da Informação" coordenado pela Profa. Dra. Samyra Haydêe Dal Farra Naspolini na mesma instituição.

[2] Graduanda em Direito pelo Centro Universitário das Faculdades Metropolitanas Unidas (FMU). Integrante do grupo de pesquisa "Empresa e Direitos Humanos na Sociedade da Informação" coordenado pela Profa. Dra. Samyra Haydêe Dal Farra Naspolini na mesma instituição.

mercado da moda que, para potencializar suas vendas, necessitou adaptar-se ao novo contexto informacional. Sendo assim, alterar o meio de comunicação com os clientes e estimular o consumismo exagerado são fatores que ampliam substancialmente a necessidade de produzir rapidamente e com preço acessível, o que, como consequência, impacta na base da cadeia produtiva.

O desenvolvimento desse contexto socioeconômico, além das questões ambientais, afeta os funcionários desse setor produtivo que, por não possuírem outro meio de sobrevivência em virtude da escassez de oportunidades ou estarem presos por dividas, são, muitas vezes, submetidos a condições de trabalho análogas à escravidão e que ferem a dignidade da pessoa humana. Compreender, como essa rede de produção funciona, apesar da existência dos diversos dispositivos legais nacionais e internacionais, é de extrema relevância, especialmente se for considerado que ao comprar algum produto de uma marca adepta ao *fast fashion*, o consumidor está diretamente contribuindo para a perpetuação desse sistema.

Considerando o contexto exposto, o presente artigo objetiva compreender os impactos nos direitos humanos decorrentes da expansão da *fast fashion* na sociedade da informação, com ênfase para o porquê e como ocorre na prática a violação desses direitos que, teoricamente, deveriam abranger todos os cidadãos, e o que está positivado nos dispositivos legais.

Visando entender o fenômeno do *fast fashion*, a seção 2 desse estudo será dedicado à uma retrospectiva dos fatores históricos que contribuíram para a sua ascensão no mundo da moda. Ademais, serão expostos os pilares desse modelo e as transformações decorrentes da Sociedade da Informação.

Na seção 3, serão analisados os impactos sociais que o consumo rápido ocasiona nos funcionários da cadeia produtiva, explicitando alguns termos relevantes para a compreensão, tais como o *Dumping Social* e a terceirização nesse ramo. Já na seção 4 será tratado os dispositivos legais que abrangem esse sensível tema.

Para a realização da pesquisa e alcance dos objetivos propostos será utilizado o método hipotético-dedutivo, tendo-se como referencial teórico as contribuições doutrinárias, os dispositivos legais nacionais e os tratados internacionais.

1. Fast Fashion

Na moda pré-revolução industrial, se vestir era apenas visto como uma necessidade e não luxo, até as roupas das pessoas mais ricas eram feitas manualmente e apenas produzidas para aquela determinada pessoa. A partir do século XX a máquina de costura começou ocupar um espaço maior e assim a produção de vestimentas passou a ser mais rápida.

Em 1930, com a Grande Depressão, as pessoas começaram a optar por customizar e reutilizar as roupas. Por conta da grande crise econômica da época, era raro comprarem e trocarem de vestimentas com frequência. Depois desse cenário, com a Segunda Guerra Mundial, as mulheres começaram a trabalhar fora de casa, ingressando no mercado de trabalho e com isso movimentou-se a produção da moda que não ficou de fora da Globalização do final do século XX. E então, é na década de 90 que *o fast fashion* deslancha.

A moda rápida, conhecida como *fast fashion,* é um termo utilizado para a produção rápida e contínua de roupas e acessórios. As coleções são trocadas rapidamente para atender as últimas tendências e com um preço acessível, que as pessoas podem consumir sem realmente precisar daquela nova peça. O *fast fashion* nasceu nos anos 90 junto com o processo de globalização, já que tornou possível a produção intensificada nas fábricas têxteis. Fábricas essas que foram implantadas em países subdesenvolvidos, em que os direitos trabalhistas não eram defendidos e a busca por trabalho era tão grande que mesmo por um salário muito baixo as pessoas se submetiam a horas de trabalho intenso e em condições precárias. Com tudo isso o *fast fashion* encontrou a combinação perfeita de uma produção rápida e de baixo custo.

O movimento surgiu inicialmente na Europa e nos Estados Unidos, veio ao Brasil, no século XXI, através de marcas como CEA, Renner, Marisa, entre outras. Atualmente a indústria têxtil produz trilhões e conquista cada vez mais espaço em todos os quatro cantos do mundo. É estimado que nos últimos 15 anos o consumo de peças aumentou 60% e essas peças são descartadas cada vez mais rapidamente para serem substituídas.[3]

---

[3] CHIARETTI, Daniela. *Indústria da moda polui mais que navios e aviões.* Disponível em https://valor.globo.com/empresas/coluna/industria-da-moda-polui-mais-que-navios-e-avioes-1.ghtml. Acesso em: 19 de out. 2020.

2.1 Fast Fashion e a Sociedade da Informação

Sociedade da Informação é um termo que, assim como o *Fast Fashion,* surgiu no século XX. A sociedade começou a experimentar um grande avanço da tecnologia e, junto com a globalização, disparou ao redor do mundo. Através dos meios de comunicação as informações começaram a chegar mais rápido e em maior quantidade, sendo assim, se tornou parte do desempenho cultural, político e da vida social das pessoas. Luís Manuel Borges GOUVEIA (2020) explica a Sociedade da Informação da seguinte forma:

> A Sociedade da informação está baseada nas tecnologias de informação e comunicação que envolvem a aquisição, o armazenamento, o processamento e a distribuição da informação por meios eletrônicos, como a rádio, a televisão, telefone e computadores, entre outros. Estas tecnologias não transformam a sociedade por si só, mas são utilizadas pelas pessoas em seus contextos sociais, econômicos e políticos, criando uma nova comunidade local e global: a Sociedade da Informação.

A partir desse ponto a tecnologia só cresceu e inovou e, com isso, as redes sociais ocuparam seu lugar como meio de entretenimento e comunicação. Em relação à moda, a rede social foi importante, pois através dela as marcas conseguiram divulgar sua cultura, seus lançamentos e conceitos. Além de ser uma das principais divulgações de Marketing através dos anúncios nas redes e das publicidades feita pelos influencers da internet.

A praticidade e rapidez das redes combinou com o que o *fast fashion* requer, que é uma produção rápida e de mudanças. Esses meios de comunicação instigam cada vez mais a compra dessas peças: o consumidor que acabou de fazer uma compra logo em seguida já está realizando outra pois foi influenciado por algum anúncio ou divulgação. Por esse motivo, surgiu os chamados *prosumer*, que são os consumidores que produzem conteúdo para a marca, seja divulgando, fazendo publicidade através de fotos e vídeos, ou apenas vestindo determinado produto.

> O usuário é reconhecido como o principal potencializador e
> propagador da mensagem para outros grupos de pessoas. As
> mensagens são baseadas em experiências e formulações de
> opiniões projetadas para causarem reações. A mensagem passa
> a ter um caráter muito especial, deixando de ser só um anúncio
> de convencimento para dar lugar à opinião de alguém que
> vivenciou uma experiência e tem algo a dizer sobre isso.
> (CORREA, 2008)

Essa modalidade trouxe um dos principais meios de feedbacks para as marcas, que são de muita importância no *fast fashion*, pois esses retornos são rápidos e é exatamente o que precisam: retornos rápidos para a produção de novas peças também serem rápidas.

Além de que, com o surgimento do e-commerce (toda compra e venda feita através da internet), as pessoas não precisam nem sair de casa para comprarem as suas roupas e acessórios, basta entrar na loja on-line e obter o seu produto na sua casa em alguns dias. Com todas essas informações, praticidade e divulgações, as tendências dentro da moda mudam mais rapidamente e o consumismo cresce, alimentando a moda rápida cada vez mais.

3. Impactos Sociais

Os grandes pilares da *Fast Fashion* são a produção cada vez mais rápida e os preços extremamente competitivos o que aumentou consideravelmente os lucros das empresas e o consumo. Entretanto, para que a indústria da moda conseguisse atender a todos esses requisitos, a cadeia produtiva foi a que arcou com essa paradoxal relação entre crescimento do faturamento e diminuição do preço de custo.

Os empregados do setor têxtil, majoritariamente de países em desenvolvimento, tais como latino-americanos e asiáticos, são submetidos a um regime terceirizado que resulta, muitas vezes, em um trabalho análogo a escravidão. A jornada excessiva, baixa remuneração, trabalho infantil, ambiente inseguro, abusos físicos e psicológicos, entre outros, fazem parte do cotidiano das *Sweatshops*, isto é, as Fábricas de Suor, que prestam serviços para as grandes marcas. Além disso, nas regiões em que há um alto uso de pesticidas e produtos tóxicos decorrentes da produção de roupas e calçados, como em plantações de algodão modificado e fábricas para tratamento de couro, consta um considerável aumento nos problemas de saúde da população, dentre eles defeitos congênitos, dermatológicos e câncer.[4]

Um desastre que exemplifica esse cenário decorrente da Fast Fashion é o desabamento do edifício Rana Plaza em 2013 na capital de Bangladesh que resultou em mais de 1000 mortos e 2000 feridos (CALEIRO, 2020). O prédio era o local de uma das diversas fábricas da região que realizam a confecção para grandes marcas da Indústria da Moda e que mantem seus trabalhadores em condições precárias. A tragédia ocorreu, pois os donos da oficina se negaram a pausar a produção, apesar dos riscos eminentes, haja vista que havia uma ordem de evacuação e os empregados alertaram sobre algumas rachaduras nas paredes.

3.1 Dumping Social

O termo *dumping* foi, inicialmente, tratado no âmbito da economia, mais precisamente com os estudiosos Adam SMITH e Jacob VINER. Este defendia que o seu significado estava associado aos diferentes preços de determinados produtos entre mercados, e àquele se atribui a paternidade da expressão (ARRUDA apud FERNANDEZ, 2014, p. 81). Atualmente a doutrina conceitua *dumping* como:

> Prática comercial que consiste em vender produtos a preços inferiores aos custos, com a finalidade de eliminar concorrentes e/ou ganhar maiores fatias de mercado. No mercado internacional, o dumping pode ser persistente quando existem subsídios governamentais para o incremento das exportações e as condições de mercado permitem uma discriminação de preços tal que a maior parte dos lucros de uma empresa que o pratica seja obtida no mercado interno. (SANDRONI, 1999, p. 187)

No comércio Internacional o *General Agreement on Tarifes and Trade* (GATT), isto é Acordo Geral de Tarifas e Comércio, objetivou regulamentar e controlar essa modalidade, principalmente para assegurar condições de trabalho dignas a todos (BERLANZA, 2019, p. 255-277). Sendo assim, além de conceituar *Dumping*, esse dispositivo

---

[4] *The True Cost*. Direção de Andrew Morgan. França: Life Is My Movie Entertainment, 2015. Digital.

também trouxe as chamadas políticas *antidumping,* considerando-a uma forma de comércio ilícita e desleal quando ameaçar ou ocasionar prejuízos materiais para a indústria de determinada região ou, até mesmo, retardar o seu estabelecimento (ARRUDA apud FERNANDEZ, 2014, p. 81).

A partir desse conceito, existem diversas formas de *Dumping,* entres elas o social, que é caracteriza pela obtenção de preços abaixo do mercado por meio da redução de custos na cadeia produtiva. Essa modalidade coloca os ganhos financeiros acima do bem estar da sociedade, uma vez que resulta na precarização das condições de trabalho de seus funcionários, através de baixos salários, jornadas excessivas, violação de leis trabalhistas e, até mesmo, trabalho infantil e regimes análogos à escravatura. De acordo com Paulo SANDRONI (1999, p. 187), o *Dumping Social:*

> À medida que a globalização da produção, isto é, produção e fornecimento de produtos em escala mundial, se aprofunda, vai atingindo o capital, os bens e a tecnologia, mas não os trabalhadores. Os países que vêm perdendo condições competitivas, especialmente em face daqueles que contam com mão de-obra barata e pagam encargos sociais muito baixos, acusam estes últimos de estar praticando dumping social, isto é, sacrificando seus trabalhadores (em seu bem-estar) para conquistar mercados de seus vizinhos.

As empresas que praticam o Dumping Social, confiando na ineficácia das leis trabalhistas, normalmente instalam a sua produção em países em desenvolvimento, majoritariamente asiáticos, como Índia e Bangladesh, nos quais, apesar das condições degradantes, ainda se constituem como as melhores opções para os moradores dessas regiões. Sendo assim, essa prática fere os Direitos Humanos consagrados nos diversos tratados internacionais; haja vista que não fornece as condições laborais mínimas e básicas aos funcionários, que deixam de ser tratados como um ser humano, detentor de direitos, para serem vistos como um objeto/máquina pertencente ao ambiente fabril, cuja principal função é garantir os lucros da marca (BERLANZA, 2019, p. 255-277).

Além de constituir uma prática fraudulenta e ilícita, rompe com o Imperativo Categórico de Immanuel Kant que trata, justamente, que o homem deve ser considerado um fim em si mesmo, isto é, não deve ser tratado com um meio para alcançar determinado objetivo, nesse caso a potencialização dos lucros das grandes empresas, mas sim como um sistema particular com que governa a si. Foram, inclusive, essas ideias que auxiliaram na formação do que se entende hoje por dignidade da pessoa humana e que deve, teoricamente, reger e atingir a todos (BITTAR; ALMEIDA, 2019. p. 359).

Consequentemente, com a prática do *Dumping Social*, o preço final dos produtos diminui consideravelmente e gera uma concorrência desleal, haja vista que é impossível competir com tais valores abaixo do preço do mercado respeitando todas as leis trabalhistas vigentes e valorizando os profissionais da cadeia produtiva.

Essa prática é muito relacionada à Industria da Moda; pois com o surgimento da *Fast Fashion* e, com o advento da Sociedade da Informação, a figura do *prosumer*; esse segmento se estruturou na necessidade de fabricar de forma rápida e barata. Essa situação aliada à constante busca por lucros e competitividade, resultou no cenário propício para a manutenção do *Dumping Social*.

3.2 Terceirização e trabalho análogo a escravatura

As relações trabalhistas são bilaterais, isto é, de um lado tem-se o empregado (subordinação) e do outro o empregador (poder diretivo). No entanto, há casos em que uma empresa prestadora de serviços faz o intermédio, constituindo-se uma relação trilateral, em que o contrato de trabalho será celebrado entre a empresa prestadora e o trabalhador; sendo que este deve subordinação aquela. A terceirização está regulamentada na Súmula 331 do TST, na Instrução Normativa MTb 3/97 e na Lei 13.429/17 e objetiva o aumento da eficiência, qualidade e redução de custos pela empresa tomadora dos serviços (JORGE NETO, 2020). Paulo SANDRONI (1999, p. 601) define a terceirização como:

> Prática empresarial de contratar externamente, isto é, com outras empresas, produtos e serviços necessários ao seu processo produtivo. Geralmente, as atividades terceirizadas estão relacionadas com atividades periféricas ou complementares a uma empresa, embora em certos casos, como ocorra com o "Consórcio Modular", a terceirização ocorra na atividade primordial de uma empresa.

A Indústria Têxtil, por possuir várias fases em sua produção (fiação, acabamento, tecelagem etc.) consegue distribuir e fracionar a fabricação de seus produtos entre diversas empresas de pequeno porte que se especializam em determinada etapa, sendo que estas, para se tornarem mais atraentes para as grandes marcas oferecem preços bastante competitivos que, consequentemente, tem impacto direto nas condições de trabalho de seus funcionários. Desse modo, a terceirização, muitas vezes, acaba funcionando como um véu para mascarar atos ilícitos, uma vez que a cadeia produtiva fica extremamente diluída, dificultando a fiscalização e afastando a responsabilidade das empresas tomadoras de serviços.

Em suma, as grandes marcas, por não quererem seu nome vinculado às diversas formas de exploração, conseguem, através da terceirização, produtos de baixo custo e se, eventualmente, as pequenas empresas forem descobertas, elas podem alegar que desconheciam que os Direitos Humanos estavam sendo infringidos (BERLANZA, 2019, p. 255-277). Portanto, o modo como o mundo da moda se consolidou no século XX, com seus efeitos expandidos com o surgimento do *prosumer* e a influência das mídias sociais, criou um nexo claro entre a terceirização dos serviços e as condições precárias dos seus trabalhadores, resultando, inclusive, na manutenção da escravidão moderna na Indústria Têxtil.

O trabalho escravo contemporâneo é tratado em diversos órgãos e dispositivos legais internacionais, tais como: Organização Internacional do Trabalho, Organização das Nações Unidas, Declaração Universal dos Direitos Humanos, Convenção Americana de Direitos Humanos, Protocolo de Palermo, entre outros, no entanto, apesar de repudiá-lo não é estabelecido punições especificas. Já no âmbito nacional, além dessa prática ferir os Direitos Fundamentais previstos na Constituição Federal de 1988, é considerado crime pelo Artigo 149 do Código Penal, bem como a *lista negra*, na qual contém o nome de todas as empresas que já foram encontradas utilizando mão de obra análoga a escrava.

Entretanto, apesar dos dispositivos legais e das diversas tentativas de combater o trabalho escravo, ainda é uma prática que se faz presente no Brasil e no mundo. De acordo com a OIT em 2016 mais de 40 milhões de pessoas foram vítimas de escravidão moderna no mundo, sendo que uma em cada quatro delas são crianças; já no Brasil entre 1995 e 2015 foram libertados 49.816 trabalhadores em condições análogas à escravidão, em sua maioria migrantes internos ou externos.[5] Ademais, o

<hr>

[5] Organização Internacional do Trabalho. *Trabalho Forçado*. Disponível em: https://www.ilo.org/brasilia/temas/trabalho-escravo/lang--pt/index.htm. Acesso em: 31 out. 2020.

Global Slavery Index aponta a Indústria da Moda como o segundo maior setor que faz uso do trabalho forçado.[6]

Para exemplificar esse contexto tem-se as *Sweatshops*, ou "Fábricas de Suor", que, como o próprio nome já remete, trazem péssimas condições de trabalho e ferem a dignidade da pessoa humana. Muito comuns em países da Ásia e da América Latina, são caraterizadas pelo desrespeito às leis trabalhistas e regime análogo a escravidão, sendo utilizadas em diversos setores industriais, como chocolates, brinquedos e café, mas, principalmente, em vestuários e calçados, atendendo desde marcas populares até marcas de luxo.

Nas *Sweatshops* é comum altas jornadas de trabalho com turnos ininterruptos de cerca de 15 horas; salários abaixo do mínimo; péssimas condições de segurança e higiene; proliferação de doenças; abusos físicos, psicológicos e sexuais; ausência de qualquer garantia trabalhista e restrição ao direito de ir e vir. Em casos de funcionárias mulheres, elas podem ser forçadas a tomar contraceptivos e, de crianças, são impedidas dos seus direitos básicos, como estudar e brincar. Também é comum o *Sweating system*, em tradução livre sistema de suor, no qual, além de todos esses desrespeitos aos Direitos Humanos, os funcionários trabalham e moram no mesmo lugar (CAMPANHÃ, 2020).

Os funcionários que se submetem a esse tipo de trabalho, muitas vezes, habitam locais extremamente pobres nos quais o trabalho na indústria têxtil, apesar das condições degradantes, configura a melhor – ou menos ruim – opção para sobrevivência. Esse é um tema que está sendo bastante debatido, afinal é obvio que o contexto socioeconômico das regiões nas quais estão instaladas as fábricas, não constituem um motivo plausível para a degradação dos direitos humanos e trabalhistas, desse modo, as *Sweatshops* não devem ser vistas como "salvadoras" para que os operários não precisem recorrer a piores opções, mas sim como exploradoras da sua mão de obra (CAMPANHÃ, 2020).

Outra situação comum, é a escravidão por dívidas, na qual a promessa de uma vida melhor faz com que diversos habitantes de localidades em desenvolvimento aceitem ofertas para se mudar para grandes centros; mas, ao chegarem no destino, adquiriram diversas dívidas referentes ao transporte, roupas e alimentação e são obrigados a trabalhar para pagá-las.

---

[6]*The Global Slavery Index*. 2018. Disponível em: https://www.globalslaveryindex.org. Acesso em: 31 out. 2020.

Entretanto, por vários motivos, tais como cobranças absurdas e pagamento quase insignificante pelos serviços prestados, o débito nunca consegue ser quitado. Para potencializar a problemática, muitos migrantes têm seus documentos detidos pelos empregadores ou estão ilegais nos países para os quais imigraram e, portanto, temem serem deportados caso denunciem a situação (BERLANZA, 2019, p. 255-277).

4. Fast Fashion e os Direitos Humanos

Os Direitos Humanos estão consagrados em tratados internacionais e são considerados invioláveis, intemporais e universais. Eles também são complementares entre si e dependem uns dos outros para se concretizarem

> Cumpre declinar que os direitos humanos podem ser aproximadamente entendidos como constituídos pelas posições subjetivas e pelas instituições jurídicas que, em cada momento histórico, procuram garantir os valores da dignidade da pessoa humana, da liberdade, da igualdade e da fraternidade ou da solidariedade. (FARIAS, 2020)

A Declaração dos Direitos Humanos de 1948 se trata de 30 artigos sobre a preservação da dignidade humana e todos os direitos básicos que um ser humano carrega consigo desde o seu nascimento. "Em seu preâmbulo, a Carta reconhece a dignidade, portanto, como elemento primordial para atingir as mais profundas aspirações humanas de igualdade, liberdade, justiça c paz mundial" (HERNANDEZ, 2018).

Em questões do trabalho, o artigo 23 traz sobre o direito que todos têm de trabalhar e de escolher o seu trabalho e assim poder exercer de forma justa e em boas condições. No mesmo artigo fala sobre uma remuneração justa a cada um, que seja o suficiente para si e para sua família com o intuito de preservar a dignidade humana. Uma pessoa que vive em um ambiente de trabalho com condições precárias, precisando se submeter a humilhações e trabalhando exageradamente tem a sua dignidade ferida. No artigo 24 da declaração é dado o direito de lazer, ou seja, precisa-se do controle das horas de trabalho e um período de férias com remuneração. Entende-se que as pessoas assim como tem o direito de trabalhar, tem o direito de lazer, de estar com a sua família e de descanso. A carta também aborda que a escravidão e o tráfico de escravos estão proibidos de todas as formas no artigo 4º. "A proibição à escravidão estabelece a proteção mínima ao ser humano obreiro. Não ser explorado como escravo e a livre escolha do emprego são as faculdades básicas asseguradas ao trabalhador." (HERNANDEZ, 2018).

No contexto Interamericano, em 1996 é celebrado o Pacto de São José da Costa Rica, ele se baseia na Declaração Universal dos Direitos Humanos, com a finalidade de assegurar a liberdade do ser humano e o exercício dos seus direitos políticos, econômicos, civis, sociais e culturais para o continente americano. Já no artigo 5º é tratado sobre o direito à integridade pessoal: "Toda pessoa tem direito a que se respeite sua integridade física, psíquica e moral". E na sequência, no artigo 6º é abordado a proibição do trabalho forçado ou obrigatório, segundo José Cláudio Monteiro de BRITO FILHO pode-se dividir o trabalho análogo a escravatura em duas categorias, entre as típicas estão o trabalho forçado e a jornada exaustiva de trabalho.

> O primeiro modo de execução típico de trabalho semelhante ao escravo, qual seja, o trabalho forçado, tem por sua característica determinante a prestação compulsória do labor, anulando-se à vontade daquele que detém a mão de obra, transformando-o em máquina. Em seguida, temos o segundo modo de execução, a jornada exaustiva de trabalho, que apresenta como peculiaridade o exaurimento físico-mental do trabalhador através de um ritmo de trabalho imposto pelo tomador de serviços que compromete sua saúde e propicia acidentes de trabalho. (MACHADO, 2017).

A diferença dos Direitos Humanos e dos Direitos Fundamentais é que no primeiro a abordagem é realizada por tratados internacionais enquanto os segundos estão inseridos na constituição de um determinado Estado. Na Constituição do Brasil de 1988, os direitos fundamentais estão no art. 5º, que no inciso XVII traz o trabalho como direito, mas desde que esteja dentro das qualificações profissionais que a lei estabelecer. Já no art. 7º temos os direitos dos trabalhadores urbanos e rurais, entre eles estão o direito ao salário, décimo terceiro, jornada de trabalho não podendo ser superior a 44 horas e a compensação de jornada, repouso semanal remunerado, seguro contra acidentes de trabalho e a proibição de diferentes salários por motivo de gênero, cor, idade ou estado civil.

Já no Código Penal reduzir alguém a condições análogas à de escravo, seja com trabalho forçado, jornada exaustiva, condições de trabalho precário e restringir sua locomoção por conta de dívida com o empregador tem como pena a reclusão de dois a oito anos e multa, com o aumento dela se for cometido contra crianças ou adolescentes e preconceitos com raça, cor, etnia, religião ou origem (art. 149). E o não cumprimento dos direitos assegurados pela legislação do trabalhador mediante fraude ou violência resulta na detenção de um a dois anos (art. 203).

A Fast Fashion entra em conflito com os direitos humanos, pois viola a integridade e dignidade humana, o direito do trabalho e a liberdade. O ramo da indústria têxtil, com a moda rápida nas fábricas de suor e o *sweating system* lideram o trabalho análogo a escravatura e a falta da regulamentação trabalhista que dificulta a fiscalização.

Conclusão

O presente artigo trouxe como a Sociedade da Informação impactou no crescimento da Fast Fashion que violou em diversos aspectos os Direitos Humanos. O surgimento e avanço dessa modalidade foi devido a globalização, que exigiu um trabalho rápido e de mudanças. Com a expansão da tecnologia nas informações e redes, com os prosumers e um feedback acelerado, a moda rápida melhorou seu funcionamento de forma efetiva.

Repercutiu no setor têxtil um trabalho que implicou na dignidade da pessoa humana e nas condições precárias de trabalho: as jornadas exaustivas, os salários muito baixos, as consequências negativas na saúde física e psicológica dos trabalhadores, ambientes inseguros, escravidão por dívidas e trabalhos ilegais. O desabamento do edifício Rana Plaza capital de Bangladesh que deixou muitos feridos e centenas de mortos, foi um exemplo dado da relevância dessa modalidade na violação dos Direitos Humanos.

O Dumping Social e a Terceirização dos trabalhos tiveram um papel importante em toda essa estrutura da fast fashion em produzirem trabalhos análogos a escravatura e violarem as legislações trabalhistas. Ficou claro também que a questão socioeconômica dos lugares onde essa prática ocorre e a condição dos funcionários, foram bastante relevantes para a ocupação e desenvolvimento das "fábricas de suor", sendo predominantes nos países asiáticos e latino-americanos.

Dessa forma a moda rápida deixou de cumprir as suas obrigações legais de diversas maneiras. Algumas dessas violações foram: no âmbito mundial, a Declaração Universal dos Direitos Humanos de 1948, já no contexto Interamericano foi o Pacto de São José da Costa Rica de 1996 e no nacional a Constituição Federal e o Código Penal.

A produção rápida, os custos baixos e o fácil acesso brilharam aos olhos dos consumidores, mas por trás trouxeram explorações, violações do direito ao trabalho, à dignidade humana e do direito à vida.

Referências bibliográficas

ANDRÉ, Luana Otoni de Paula; ALMEIDA, Orlando José de. *Fashion law e direitos humanos.* Disponível em: https://migalhas.uol.com.br/depeso/288311/fashion-law-e-direitos-humanos. Acesso em: 04 out. 2020.

ARRUDA, Gustavo Fávaro, apud FERNANDEZ, Leandro. Dumping social. 1 ed. São Paulo: Saraiva, 2014.

BERLANZA, Rhayza Vieira. *O trabalho na indústria têxtil em condições análogas à escravatura e o dumping social.* In: ABREU, Ligia Carvalho; COUTINHO, Francisco Pereira (Coord.). *Direito da Moda.* Lisboa: Universidade Nova de Lisboa, 2019. p. 255-274. (Vol. 1).

BIGNAMI, Renato. *Sweating system, trabalho escravo contemporâneo no setor têxtil.* 2011. Disponível em: https://reporterbrasil.org.br/2011/12/sweating-system-trabalho-escravo-contemporaneo-no-setor-textil/. Acesso em: 24 out. 2020.

BITTAR, Eduardo C.B.; ALMEIDA, Guilherme Assis de. *Curso de filosofia do direito.* 14.ed. São Paulo: Atlas, 2019.

BORTHOLUZZI, Juliana; FREIRE, Karine de Mello. *O fast fashion, o processo de midiatização e o novo consumidor na era da informação: o prosumer. Colóquio de Moda.* Unesp Bauru, 2017. Disponível em: http://www.coloquiomoda.com.br/anais/Coloquio%20de%20Moda%20-%202017/GT/gt 05/gt 5 O FAST FASHION O PROCESSO.pdf. Acesso em: 05 out. 2020.

BRASIL. *Código Penal. 1940.* Disponível em: http://www.planalto.gov.br/ccivil 03/decreto-lei/del2848compilado.htm. Acesso em: 5 de nov. 2020

______. *Código Penal. 1940.* Redação dada pela Lei nº 10.803, de 11.12.2003. Disponível em: http://www.planalto.gov.br/ccivil 03/decreto-lei/del2848compilado.htm. Acesso em: 5 de nov. 2020

______. *Constituição Federal. 1988.* Disponível em: http://www.planalto.gov.br/ccivil 03/constituicao/constituicao.htm. Acesso em: 5 de nov. 2020

CAIXETA, Carolina Correia. *Fashion law - trabalho escravo no mundo da moda*. *2017*. 53 f. TCC (Graduação) - Curso de Direito, Centro Universitário do Cerrado de Patrocínio, Patrocínio, 2017. Disponível em: http://www.unicerp.edu.br/ensino/cursos/direito/monografias/20172/FASHIONLAW.pdf. Acesso em: 08 out. 2020.

CALEIRO, João Pedro. *5 anos após desabamento, o que mudou nas fábricas de Bangladesh?* 2018. Disponível em: https://exame.com/economia/5-anos-apos-desabamento-o-que-mudou-nas-fabricas-de-bangladesh/. Acesso em 25 de out. 2020

CAMPANHÃ, Marcela Ribas. *Sweatshops: exploração moderna.* 2011. Disponível em: https://www.ufrgs.br/vies/vies/sweatshops-exploracao-moderna/. Acesso em: 24 out. 2020.

CHIARETTI, Daniela. Indústria da moda polui mais que navios e aviões. 2019. Disponível em: https://valor.globo.com/empresas/coluna/industria-da-moda-polui-mais-que-navios-e-avioes-1.ghtml. Acesso em: 19 out. 2020.

FARIAS, Edilsom Pereira. *Liberdade de expressão e comunicação: teoria e proteção constitucional.* CORE. Disponível em: https://core.ac.uk/download/pdf/30360546.pdf. Acesso em: 5 de nov. 2020.

GOUVEIA, Luís Manuel Borges. *Sociedade da informação: notas de contribuição para uma definição operacional.* Disponível em: http://homepage.ufp.pt/lmbg/reserva/lbg_socinformacao04.pdf. Acesso em: 19 dez. 2020.

HERNANDEZ, Julianna do Nascimento. *Empresas e direitos humanos. Repositório Institucional Universidade Federal de Minas Gerais, 2018.* Disponível em: https://repositorio.ufmg.br/bitstream/1843/BUOS-B9KJWU/1/disserta_o_julianna.pdf. Acesso em: 5 nov. 2020.

JORGE NETO, Francisco Ferreira; CAVALCANTE, Jouberto de Quadros Pessoa. *A terceirização, o Direito do Trabalho e a Lei 13.429/17[1].* 2017. Disponível em: http://genjuridico.com.br/2017/05/08/terceirizacao-o-direito-trabalho-e-lei-13-429171/. Acesso em: 31 out. 2020.

JUSTEN, Ana Paula. *Sweatshops – Exploração de trabalho nos tempos atuais. 2020.* Disponível em: https://blog.sajadv.com.br/sweatshops/. Acesso em: 24 out. 2020.

MACHADO, Ana Carolina da Rocha Leão. *As correntes invisíveis da indústria da moda brasileira.* PUC-Rio, Rio de Janeiro, 2017. Disponível em: https://www.maxwell.vrac.puc-rio.br/33865/33865.PDF. Acesso em: 5 nov. 2020.

ORGANIZAÇÃO DAS NAÇÕES UNIDAS. *Declaração Universal dos Direitos Humanos.* 1948. Disponível em: https://www.unicef.org/brazil/declaracao-universal-dos-direitos-humanos. Acesso em: 5 nov. 2020.

ORGANIZAÇÃO DOS ESTADOS AMERICANOS. *Convenção do Pacto de São José da Costa Rica. 1969.* Disponível em:

http://www.pge.sp.gov.br/centrodeestudos/bibliotecavirtual/instrumentos/sanjose.htm. Acesso em: 5 de nov. 2020.

ORGANIZAÇÃO INTERNACIONAL DO TRABALHO. *Trabalho Forçado*. Disponível em: https://www.ilo.org/brasilia/temas/trabalho-escravo/lang--pt/index.htm. Acesso em: 31 out. 2020.

WALK FREE (org.). *Global Slavery Index*. 2019. Disponível em: https://www.globalslaveryindex.org/. Acesso em: 31 out. 2020.

RELAÇÕES DE TRABALHO E PROBLEMÁTICAS APLICADAS À EMPRESA NA SOCIEDADE INFORMACIONAL

James Silva Zagato[1]

Sumário: Introdução. 1. A empresa e seu papel histórico na economia informacional. 2. A empresa contemporânea e as modificações na seara do Direito Trabalhista. 3. Flexibilização ou precarização dos novos formatos de trabalho. Conclusão. Referências bibliográficas.

Introdução

A sociedade contemporânea é impactada diretamente pelos resultados das transformações tecnológicas promovidas em escala global e em velocidade que diferencia a denominada revolução 4.0 de todas as demais revoluções que a antecederam. Não apenas o ambiente social retrata o palco de tais transformações, mas o próprio Direito, enquanto Ciências Sociais Aplicadas, permite ver a representação e atuação das instituições democráticas de Direito no que tange aos arranjos e desarranjos hodiernos nos bastidores da estrutura Estatal por meio das tentativas de alcance da efetividade na regulação da Sociedade da Informação como forma de acompanhar as rápidas mudanças em razão dos fatos sociais.

Partindo da Teoria da Tridimensionalidade de Miguel REALE, o maior desafio é, como falar de efetividade jurídica diante do cenário contemporâneo trazido pela quarta revolução industrial em que a vigilância líquida, as relações cada vez mais fluidas pelos sujeitos de direitos c suas respectivas inteirações trazem como verdadeira condição pós-moderna a relativização dos denominados Direitos Humanos que, por anos à fio na história da humanidade, repercutiram como cerne da discussão quanto à sua consagração e afirmação podendo, somente desta forma, garantir o respeito às condições fundamentais e indissociáveis à uma vida digna do ser humano enquanto sujeito de direito,

[1] Mestrando em Direito da Sociedade da Informação no Centro Universitário das Faculdades Metropolitanas Unidas (FMU-SP). Especialista em Direito Eletrônico pela Escola Paulista de Direito (EPD). Advogado. Lattes: http://lattes.cnpq.br/2652745797532839. Orcid: https://orcid.org/0000-0001-7947-1005. E-mail: james_zagato@hotmail.com.

preferencialmente, sob o manto da Justiça Social e tendo como pilares os fundamentos do sonhado Estado Democrático de Direito.

Os governos, neste aspecto, enquanto entes vinculados a tão nobre propósito, inserem-se no mesmo contexto revolucionário e de transformações impactantes.

A questão imprime a reflexão de como deve ser abordada a constante mudança dos valores no denominado mundo VUCA, no qual a volatilidade e a incerteza dos pactos sociais permeiam bem como tornam cada vez mais complexas e ambíguas as relações sociais, inclusive sob a ótica das pessoas jurídicas e, mormente, no que diz respeito às empresas como elemento central de reflexão deste trabalho, que se deparam com as exigências das mudanças significativas e a necessária e ininterrupta busca de soluções cada vez mais ágeis e inovadoras para se manterem como organismos vivos e sobreviventes no contexto da Sociedade em Rede.

É neste cenário de céleres modificações fracionadas em segundos nas relações da sociedade atual que se faz necessário refletir, também, sobre o próprio papel do Estado e a eficácia de suas tomadas de decisões sob pena da violação da própria segurança jurídica caso o descompasso da assertividade jurídica for maior do que a necessidade de se estabelecer um sistema de normas imperativas e capazes, suficientemente, para acompanhar a velocidade que se impera nas transformações deste novo mundo moderno, afinal, conforme já deixou registrado Rui Barbosa que "Justiça Tardia não é Justiça" o que leva à conclusão de que talvez as transformações tecnológicas e seus impactos sociais ascendem de elevador, enquanto, o Direito de escadas.

Na visão clássica do Direito condicionado à atuação do Estado, enquanto responsável por fazer valer os instrumentos de pacificação social, e, novamente olhando para a autoridade pública, outrora protegida por inúmeras barreiras, a era digital os tornou muito menos eficientes e, se por um lado a sociedade atual anseia por respostas quase que imediatas para os problemas sociais que rompem o moroso dinamismo até então condicionado às mãos da administração pública, agora, o ponto chave é que as transformações tecnológicas imporão novos paradigmas da assimetria existente entre governantes e governados no que tange à quebra da fidúcia outrora existente.

Ocorre que todas as modificações impostas pelo dinamismo do admirável mundo novo das transformações tecnológicas jamais deverão sobrepor o reconhecimento da própria ciência jurídica, em si mesma considerada como propulsor de afirmação de direitos fundamentais pelas autoridades políticas competentes já em aplicação e suas expectativas de aplicabilidade para oferecer maior segurança às relações sociais.

Feito tal preâmbulo, necessário se faz adentrar ao cerne deste trabalho cuja costura seria indissociável ao necessário olhar do que a evolução da sociedade humana já refletiu no campo das ciências sociais. No primeiro item se discorrerá sobre a empresa sob o ponto de vista cronológico decorrente até a sociedade contemporânea passando-se, no segundo item, à abordagem das modificações das relações trabalhistas dentro do contexto da empresa atual.

Por fim, no terceiro item busca-se a abordagem vinculada aos institutos trabalhistas de flexibilização das relações laborais para permitir maior amplitude e dimensionamento das novas modalidades de trabalho provenientes da economia informacional e do avanço tecnológico. Por derradeiro, chega-se à conclusão da real importância e das questões paradoxais envolvendo as relações de trabalho e a empresa na sociedade da informação.

1. A empresa e seu papel histórico na economia informacional

Da análise cronológica dos fatos históricos que marcaram a evolução da sociedade pós-contemporânea, dos primórdios da revolução industrial até a data da escrita deste artigo, é possível refletir que a transformação tecnológica promovida desde o surgimento e o aprimoramento da máquina à vapor com a modificação das atividades empresárias da indústria têxtil; a exploração e aumento da utilização do aço, da energia elétrica e os combustíveis derivados de petróleo; o avanço da eletrônica com a criação de novos sistemas computadorizados e robóticos para manufatura culminando com a descentralização dos processos pelo advento da globalização e a imersão de uma sociedade integrada por sistemas metafísicos num breve e esperado futuro da internet das coisas e da computação quântica; tanto as organizações quanto as instituições se deparam com o que Manuel CASTELLS elenca como "a convergência e a interação entre um novo paradigma tecnológico e uma nova lógica organizacional que constituem o fundamento histórico da economia informacional." (2019, p. 218)

Assim, na visão do autor, "as trajetórias organizacionais na reestruturação do capitalismo e na transição do industrialismo para o informacionalismo" (CASTELLS, 2019, p. 218) merece plena reflexão e aprofundamento para correta exegese do que efetivamente representou o papel da empresa, enquanto organização, no fluxo constante que permitiu o avanço da sociedade contemporânea para a denominada economia informacional partindo-se da análise da realidade vivenciada desde a primeira tendência de evolução da própria empresa em seu modelo de produção em massa para a conhecida produção flexível, ou seja, do modelo cujo fundamento estaria embasado no ganho de produtividade obtido com base em linhas de montagem na visão intróita de Henry FORD e posterior aperfeiçoamento pelos modelos do Taylorismo e Toyotismo com suas respectivas singularidades e semelhanças e que, culminaria, frente à tantas outras inovações na diminuição da própria noção de mundo com o advento da globalização que, entre tantos reflexos, permitiu a formatação de redes globais entre as empresas, enquanto corporações, seus alinhamentos estratégicos e alianças intransponíveis que culminariam, mediante o enfrentamento das crises que transcorreram a segunda metade do Século XX, bem como, pelo advento das novas tecnologias com o que Manuel CASTELLS (2019, p. 237) denominou como "uma nova forma organizacional como característica da economia informacional/global: *a empresa em rede*".

As transformações na economia política do capitalismo decorrentes do final do século XX trouxeram, desta forma, mudanças profundas e fundamentais que além de permitir o avanço da ampulheta do tempo, permitiu ainda deparar com uma primeira década do século XXI encorpada com transformações plúrimas na forma de atuação das organizações, agora alinhadas num amplo espaço global, diminuto pelo encurtamento das distâncias e pelos louváveis atributos dos avanços da tecnologia e que neste amplo cenário exigiu da empresa, em si mesmo considerada, a lidar com a informação e a velocidade atrelada às tomadas de decisões como mecanismo imprescindível para a sua própria sobrevivência exigindo empenho máximo de seus diligentes e corpo operacional quanto à produção de riquezas e a reorganização dos muitos fatores de produção e profissionalismo exigidos pela alta competitividade e elevação do nível de atuação de seus agentes, agora integrados no contexto da própria Sociedade da Informação e disputando entre si comportamentos cada vez mais disruptivos e transfronteiriços atrelados ao novo modo da vida pós-moderna.

Neste cenário, é possível contemplar a amplitude das transformações organizacionais e o esforço dos mecanismos regulatórios em parametrizar a autonomia necessária para que os agentes empresariais, inclusive no Brasil sob o prisma Constitucional, pudessem, dentro da livre iniciativa buscar a consolidação de suas respectivas missões em busca de bons resultados de maneira a sobreviver frente aos agressivos desafios impostos pela assunção de risco implicitamente vinculada ao exercício da denominada atividade empresarial.

As transformações na economia compartilhada permitiram a própria remodelação do olhar tradicional anteriormente destinado ao Direito Empresarial para acompanhar os anseios que a hiperconectividade trouxe à sociedade atual, qual seja, a modificação dos múltiplos cenários de forma a atender às próprias exigências decorrentes das modificações no cenário empresarial.

A amplitude de tais modificações no referido contexto reporta à flexibilização das formas de trabalho, desburocratização de questões operacionais e a própria facilitação dos meios de relacionamento entre os agentes públicos e os agentes privados que explorem a atividade empresarial, as novas tecnologias e a transformação em massa do próprio conceito de ativo empresarial que, outrora atrelado à potência de grandes organizações, hoje ganha contornos diferenciados frente às novas realidades de modelos horizontalizados. A facilidade do fluxo informacional e a celeridade dos meios de comunicação conjuntamente às novas tecnologias permitiram a criação de um verdadeiro universo de pequenas empresas em processo de formação, *startups* com propostas inovadoras de solucionar determinada dor na sociedade transpondo de maneira céleres barreiras e curvas altamente escaláveis de maneira à terem um *valuation* infinitamente maior do que as grandes corporações da década de 1950 com suas dispendiosas instalações e linhas de montagem obsoletas.

Não se pretende adentrar ao mérito quanto à visão mais acertada se no resultado das transformações decorrentes das mudanças trazidas pelos novos modelos e pela própria globalização são as empresas de grande porte que predominam na concentração de capital e de mercado nas economias mundiais ou se tal concentração, principalmente em razão da estruturação das empresas em rede e a constituição do que Castells (2019, p. 231) denomina a rede das redes, permitiria afirmar ser os pequenos negócios (pequenas e médias empresas) os verdadeiros responsáveis pela criação de empregos e (re)significando os rotores dos movimentos que até superam as grandes organizações no que diz respeito à margem de lucro, investimento *per capita,* transformação tecnológica, produtividade, valor agregado etc. Fato é que, independentemente do porte, as transformações impostas pela quarta revolução industrial transferiu todo o modelo corporativo para a denominada economia informacional.

Manuel CASTELLS (2019, p. 221) elenca que:

> [...] ao mesmo tempo, é verdade que as empresas de pequeno e médio portes parecem ser formas de organização bem adaptadas ao sistema produtivo flexível da economia informacional e também é certo que seu renovado dinamismo surge sob o controle das grandes empresas, as quais permanecem no centro da estrutura do poder econômico na nova economia global. Não estamos testemunhando o fim das poderosas empresas de grande porte, mas estamos, sem dúvida, observando a crise do modelo corporativo tradicional baseado na integração vertical e no gerenciamento funcional hierárquico: a "organização linha-staff" de rígida divisão técnica e social do trabalho dentro da empresa.

Questão crucial que conectará o papel das empresas com o segundo ponto deste trabalho resume no que colocam Kelly de Souza BARBOSA e Adalberto SIMÃO FILHO (2018, p. 270) "Após um intenso movimento liberal e ascensão do capitalismo, os valores sociais são acrescentados na atividade empresarial, alterando o papel da empresa na sociedade e o modo como ela perquiri o lucro", ou seja, a necessária análise da modificação da própria função social das corporações calcadas "nos valores éticos empresariais devem ser pragmáticos, efetivos no que tange aos princípios constitucionais, com a inserção da empresa nas questões sociais no âmbito do solidarismo e do cooperativismo" (BARBOSA; SIMÃO FILHO, 2018, p. 271) destacando-se que as mudanças decorrentes das aludidas transformações impactou diretamente a concepção jurídica e social da própria atividade empresarial brasileira cujo fundamento jurídico encontra-se na própria Constituição Federal de 1988 que dispõe como direito e garantia fundamental individual e coletiva, além de estabelecer como princípio geral da atividade econômica, a denominada função social da propriedade, além de prever no artigo 170, caput, Carta Magna "a ordem econômica, fundada na valorização do trabalho humano e na livre iniciativa, tem por fim assegurar a todos existência digna, conforme os ditames da justiça social".

Isto posto, as modificações no contexto empresarial no Brasil e no mundo transcendem a ideia inicial do capitalismo selvagem para, dentro das remodelações impulsionadas pelas transformações decorrentes da economia informacional visarem o atendimento à sua função social. Neste sentido:

> A maximização do lucro não é o fim único da atividade empresarial contemporânea, mas sim o resultado dela, que deve ser angariado consoante os ditames do desenvolvimento sustentável e inclusão social, externalizando a responsabilidade social da empresa – ultrapassa-se a utopia das diretrizes meramente formais da função social. (BARBOSA; SIMÃO FILHO, 2018, p. 276)

É o que se conhece atualmente pela nova empresarialidade tendo como pilar basilar no atual ambiente da empresa moderna a ética como elemento de valor enraizado desde a concepção embrionária de suas atividades e perseguida como elemento preponderante em suas atribuições e código de conduta.

Neste contexto, e dentro das modificações das relações produtivas em torno da empresa na economia informacional se faz necessário uma contraposição ao capital buscando maior análise quanto ao processo de trabalho no cenário das altas transformações tecnológicas uma vez que intrinsicamente ligado à formatação da estrutura da sociedade contemporânea.

2. A empresa contemporânea e as modificações na seara do Direito Trabalhista

Com a alteração dos modelos de negócios, principalmente em razão da globalização e fatores tecnológicos que transformaram início do século XXI, o conjunto de modificações sociais na seara do Direito do Trabalho em escala mundial não poderia deixar de ser apreciado e refletido em caráter de urgência, principalmente pelo surgimento de mecanismos de flexibilização das relações trabalhistas de maneira a atender às novas realidades de condições de trabalho, tais como, ferramentas tecnológicas, mudanças de paradigmas decorrentes das novas formas de gestão, formas de trabalho, jornadas flexíveis e variáveis, resultados calcados em performance e produtividade, e demais frentes aplicáveis aos novos modelos de negócios no mundo das startups e das empresas colacionadas na denominada Revolução 4.0 atrelada, de forma indissociável, à Sociedade Informacional.

É verdade que em inúmeros campos, tais como, geopolítico, econômico e social, os previsíveis resultados da globalização originados da segunda metade do século XX restaram escancarados na segunda década do século XXI, mas, há um espaço em que os contrastes delineados pelas abruptas modificações sociais neste interregno, o campo das relações sociais do trabalho. É na vastidão do Direito do Trabalho que as costuras provenientes de tais transformações podem ser tecidas e analisadas sob à ótica dos Direitos Humanos dentro do cenário da empresa na Sociedade da Informação principalmente, quando o mundo se vê estarrecido diante de um inimaginável cenário pandêmico gerado pela força da COVID19 enfrentado à época da escrita deste artigo.

É verdade que as modificações decorrentes da denominada nova empresarialidade só foram possíveis com o alto avanço tecnológico e sob as tantas influências e fontes disruptivas que geraram mudanças dos modelos de negócio e inúmeros impactos nas organizações decorrentes do inimaginável crescimento da economia digital.

Neste aspecto, o Direito do Trabalho, enquanto campo miscigenado do Direito Público e Privado, de maneira à permitir, neste novo cenário, a proteção dos direitos sociais do trabalhador, da dignidade deste e a atualização da cultura brasileira, até então protetiva em decorrência de elementos históricos e sociais, será modificado para atender à nova essência das relações laborais, às alterações estruturais do próprio empregador, enquanto organização sob impacto constante e necessidade prema de lidar com as transformações impostas pelas constantes inovações sob pena do fracasso num mundo cada altamente líquido e competitivo.

É possível, portanto, inferir maior acentuação entre as necessárias reflexões jurisfilosóficas por séculos perpetuadas entre a prevalência do capital sobre a mão de obra e o papel do próprio Estado, enquanto garantidor da ordem social pelos seus inúmeros pilares também constituídos sob o prisma do Estado Democrático de Direito.

Se, por um lado não se pode olvidar das conquistas representadas em nosso país pelo fortalecimento das relações laborais e consagração de direitos individuais proporcionados na forma do artigo 7º da Constituição Federal e da própria Consolidação das Leis do Trabalho, por outro, é possível relembrar a incompatibilidade de institutos ou necessária modificação de interpretação dos mesmos frente a modelos de negócios atrelados ao cenário tecnológico hoje existente totalmente diferente do que se imaginava no ano de 1943 com a promulgação do referido diploma consolidado.

Alhures se falava sobre a necessidade de empoderamento da classe trabalhadora frente às imposições do capitalismo, a alta periculosidade e desprestígio dos cargos de direção pela própria vida e condição social do empregado; atualmente, o movimento que é observado está muito mais afinado com questões atreladas às práticas valorativas de recursos humanos e inclusive ações de responsabilidade social que podem, indiscutivelmente, afetar seus respectivos valores de mercado. Neste sentido,

> "o valor da marca e sua associação com uma empresa socialmente responsável é importante principalmente para aquelas que atuam em setores mais impactantes e polêmicos" (OLIVEIRA, 2013, p. 3).

A tecnologia e o novo cenário de possibilidades propiciado pela robusta infraestrutura que possibilita uma hiperconexão da atual sociedade, é a maior responsável por evitar o agravamento dos impactos e ainda maior ruptura em razão do frágil momento decorrente da pandemia gerada pelo COVID19. Assim, a própria empresa ganha uma "nova forma" por meio da disrupção que já se perpetuava, mas agora, de forma forçosa, levando milhares de trabalhadores para modelos de trabalho diversificados em *home office* ou ainda atuando por *delivery* e explorando as frentes do *e-commerce* em elevação exponencial nos últimos anos.

É por esta razão a necessária reflexão sobre os novos formatos dos modelos de negócios do Século XXI e a necessidade prema da legislação se moldar à esta realidade sem, entretanto, perder a essência quanto à proteção dos direitos humanos das pessoas que com esta, direta ou indiretamente, na forma de colaboradores ou consumidores, estejam relacionados.

3. Flexibilização ou precarização dos novos formatos de trabalho

O pós-industrialismo na Sociedade Informacional, que encontra fundamentos essencialmente na economia de serviços, modificou, com o advento das novas tecnologias, substancialmente a primeira década do século XXI.

Neste contexto relembra Manuel Castells (2019, p. 269) a combinação do que denomina das três afirmações e previsões da teoria clássica do pós-industrialismo:

> 1. A fonte de produtividade e crescimento reside na geração de conhecimentos, estendidos a todas as esferas da atividade econômica mediante o processamento da informação.
>
> 2. A atividade econômica mudaria de produção de bens para prestação de serviços. O fim do emprego rural seria seguido pelo declínio irreversível do emprego industrial em benefício do emprego no setor de serviços que, em última análise, constituiria a maioria esmagadora das ofertas de emprego. Quanto mais avançada a economia, mais seu mercado de trabalho e sua produção seriam concentrados em serviços.
>
> 3. A nova economia aumentaria a importância das profissões com grande conteúdo de informação e conhecimentos em suas atividades. As profissões administrativas especializadas e técnicas cresceriam mais rápido que qualquer outra e constituiriam o cerne da nova estrutura social.

O autor ressalta ainda que "o processo de trabalho situa-se no cerne da estrutura social" (CASTELLS, 2019, p. 267). E, neste sentido, busca-se aqui trazer à lembrança dos aspectos antagônicos e vinculantes à ordem econômica como pilar basilar da própria Carta Magna que, quando de sua promulgação, encontra o início do amadurecimento da revolução das novas tecnologias da informação no início dos anos de 1990 que culminaria com a transformação massiva de todo o processo de trabalho existente à época.

De suma importância pontuar que o texto Constitucional que, na teoria, refletiria os anseios sociais a tal ponto de ganhar a denominação de Constituição Cidadã, mas que, na prática, observa-se anos depois, não ter sido o suficiente para garantir o cumprimento do Pacto Social.

Para o que pertine ao contexto deste trabalho, entretanto, a costura que se faz necessária tecer é aquela que permite conectar o processo de reestruturação capitalista com as novas formas de emprego decorrentes da sociedade pós-industrial com o consagrado valor da livre iniciativa e da manutenção da ordem econômica com frentes de Justiça Social.

Neste sentido, Eros Roberto GRAU (2018, p. 223) elenca:

> O primeiro dos princípios enunciados, entre aqueles a serem observados, de modo que a ordem econômica, fundada na

> valorização do trabalho humano e na livre iniciativa, realize o
> fim de assegurar a todos existência digna, conforme os ditames
> da justiça social [...]

E ainda reflete o autor que:

> Justiça social é expressão que, no contexto constitucional, não
> designa meramente uma espécie de justiça, porém um seu dado
> ideológico. [...] inicialmente, quer significar superação das
> injustiças na repartição, a nível pessoal, do produto econômico,
> não apenas inspirados em razões micro, porém
> macroeconômicas: as correções na injustiça da repartição
> deixam de ser apenas uma imposição ética, passando a
> consubstanciar exigência de qualquer política econômica
> capitalista. (GRAU, 2018, p. 222)

Pois bem, apenas 30 (trinta) anos após a conjectura estrutural do texto Constitucional, a velocidade da Sociedade Informacional parece romper ainda mais a vinculação da Justiça Social com a valorização do trabalho humano., e, não se está aqui a falar contra quaisquer medidas de adaptação legislativa às novas formas de trabalho.

A este respeito, por exemplo, vale citar a reforma trabalhista advinda com a Lei 13.467/2017 trazendo verdadeira reformulação ao ultrapassado texto original da Consolidação das Leis Trabalhistas (congruente à época de 1943 e não-razoável de aplicação ao novo cenário informacional do século XXI), elencando institutos antes não permitidos no Brasil, tais como, o trabalho intermitente, a flexibilização de jornadas, a extinção do incoerente imposto sindical e a própria Lei 13.429/2017 que permitiu a flexibilização dos contratos de trabalho fundados na terceirização lícita e na vinculação da denominada pejotização e outros institutos que dentro das modificações macro inseridas no bojo legislativo permitiu a tentativa de aproximação do texto normativo existente com a nova realidade vivenciada pelas empresas em âmbito nacional.

O que muito se pontua a título de tais modificações é a afirmação de que as alterações estruturalmente realizadas implicariam em verdadeira perda ao trabalhador brasileiro no que diz respeito aos direitos arduamente conquistado no século passado por meio de inúmeras lutas da classe operária e da força sindical. Entretanto, em que pese respeito o muito à ser feito pelas organizações para que se alcance o desenvolvimento de sólidas culturas organizacionais calcadas na ética e na dignidade da pessoa humana de maneira à possibilitar o desenvolvimento dos trabalhadores de forma digna e de maneira à consolidar o real valor da retribuição do trabalho na forma da lei de maneira à atender às suas necessidades vitais básicas e às de sua família com moradia, alimentação, educação, saúde, lazer, vestuário, higiene, transporte e previdência social, é possível afirmar que não se pode confundir os direitos sociais garantidos ao trabalhador pelas próprias organizações que assumam o papel de empregadores na forma da Lei com o próprio papel social cuja função caberia, inicialmente, ao próprio Estado.

É interessante observar, quando da leitura de inúmeras normas coletivas de trabalho, que, praticamente mais da metade de cláusulas estabelecidas em acordos e convenções coletivas acabam por resumir em deveres do Estado que deverão ser cumpridos pelas organizações da iniciativa privada, tais como, saúde, lazer, educação, etc. Não desprestigiando o mérito e a consagração de tais benefícios, e, tampouco querendo excluí-los do rol de benesses que, indubitavelmente, devem as organizações primar até mesmo para a conquista, retenção de talentos e valoração de sua mão de obra, mas, há de se convir que, da análise do próprio texto Constitucional seria o Estado aquele responsável de garantir à população brasileira em primeira mão tais garantias individuais.

O que se vê, na verdade, é a entrega do ônus do Estado para a responsabilidade da iniciativa privada, e, desta forma a o desbalanceamento da relação de trabalho que, encarecida frente à tantos encargos sociais e tributação que se enquadra no índice das mais elevadas em cenário mundial, impossibilita até mesmo, em muitos cenários, o desenvolvimento de uma visão plena de responsabilidade ética e social das organizações para com a mão de obra.

Não fossem tais apontamentos uma realidade vivenciada no desafiador cenário do empreendedor brasileiro, outra questão que se apresenta no Brasil é a própria proteção do trabalhador frente à automação que galga escalabilidade continua pelo avanço das Tecnologias da Informação. Não bastasse o cenário panorâmico da ausência do Estado Social no âmbito analógico da vida na sociedade brasileira, quando da migração de todo o cenário para o mundo digital então a realidade fica ainda mais estarrecedora. O amplo cenário da exclusão e da ausência de educação digital corrobora o temor reverencial de que, com o avanço tecnológico e a substituição das atividades operacionais por máquinas e inteligência artificial e a ausência de políticas públicas capazes de superar o subdesenvolvimento de uma nação cuja realidade demonstra que, sequer a educação base consegue se distanciar dos piores índices de qualidade à nível mundial, quanto mais a ineficiência de iniciativas políticas para possibilitar o desenvolvimento, a aptidão e habilitação de profissionais para que o futuro laboral no Brasil possa representar não um cenário de exclusão laboral mas sim de possibilitar a inclusão por meio das novas oportunidades que o mercado demandará.

A alteração dos institutos trabalhistas para permitir uma aproximação das questões regulatórias para os novos modelos de negócios que integram a sociedade informacional não podem, de maneira alguma, ser confundida com precarização, mormente, em razão da assintonia da ineficiência de políticas públicas por parte de um Estado, e, sob outro prisma, desnecessário verter maior tinta no sentido de que a empresa ética na atual contemporaneidade jamais deverá desvirtuar tais institutos como meio fraudulento de corromper valores e mecanismos de preservação de renda e dos valores sociais do trabalho digno, humano e enraizado em culturas organizacionais amplas, valorativas e respeitosas.

Conclusão

Dentro da análise proposta é de se constatar as céleres modificações provenientes da denominada Sociedade da Informação, seus reflexos e transformações sociais e culturais bem como o desafio do Direito, enquanto Ciências Sociais aplicadas, para acompanhar e regulamentar o fluxo de processos nos quais as organizações, enquanto agentes de mudanças, estão vinculadas.

A mudança na conjectura da atual sociedade trouxe a necessidade prema de reavaliação dos modelos de trabalho até então existentes, todavia, a realidade no Brasil com a ausência de políticas públicas eficazes eleva bem como impõe às organizações um ônus que, além de enrijecer o dinamismo dos modelos de negócios que se colocam na sociedade da informação culmina por distanciar drasticamente a realidade do trabalhador brasileiro dos denominados valores sociais do trabalho.

Tal panorama gera ainda maior reflexão quando da análise do futuro da sociedade contemporânea no Brasil e os impactos que as relações laborais gerarão à dignidade da pessoa humana, enquanto direito fundamental, em razão do avanço irreversível da tecnologia que permeia a sociedade da informação. Daí a reflexão necessária no que se propõe às organizações que deverão, indubitavelmente, primar pela constituição de culturas organizacionais éticas e que permitam a valorização dos princípios atrelados à pessoa humana.

Os paradoxos que envolvem a Sociedade da Informação e a atuação de seus agentes, principalmente as organizações, deverão ser objeto de constante reflexão para garantir a constante autonomia e possibilidades de aplicação relacionadas aos institutos jurídicos, mas, que, permitam a devida adequação frente às novas estruturas de relações jurídicas que surgirão e demandarão dos reguladores a positivação de Direitos como elementos garantidores da nova forma de vida da sociedade pós-moderna.

Referências bibliográficas

BARBOSA, Kelly de Souza; SIMÃO FILHO, Adalberto. *A nova empresarialidade: o robustecimento dos valores éticos e sociais no exercício empresarial*. Revista de Direito Econômico e Socioambiental, Curitiba, v. 9, n. 1, p. 269-294, jan./abr. 2018. doi: 10.7213/rev.dir.econ.soc.v9i1.16376

BRASIL. *Constituição da República Federativa do Brasil*. 1988.

________. *Decreto-Lei Nº 5.442, de 1º de maio de 1943*. Aprova a Consolidação das Leis do Trabalho. 1943.

________. *Lei 6.019, de 03 de janeiro de 1974*. Dispõe sobre o Trabalho Temporário nas Empresas Urbanas, e dá outras Providências. 1974.

________. *Lei 10.406, de 10 de janeiro de 2002*. Institui o Código Civil. 2002.

________. *Lei 13.429, de 31 de março de 2017*. Altera dispositivos da Lei n o 6.019, de 3 de janeiro de 1974, que dispõe sobre o trabalho temporário nas empresas urbanas e dá outras providências; e dispõe sobre as relações de trabalho na empresa de prestação de serviços a terceiros.

________. *Lei 13.467, de 13 de julho de 2017*. Altera a Consolidação das Leis do Trabalho (CLT), aprovada pelo Decreto-Lei nº 5.452, de 1º de maio de 1943, e as Leis n º 6.019, de 3 de janeiro de 1974, 8.036, de 11 de maio de 1990, e 8.212, de 24 de julho de 1991, a fim de adequar a legislação às novas relações de trabalho.

CASTELLS, Manuel. *A sociedade em rede*. 20.ed. São Paulo: Paz & Terra, 2019.

OLIVEIRA, José Antonio Puppim de. *Empresas na sociedade: sustentabilidade e responsabilidade social*. 2.ed. Rio de Janeiro: Elsevier, 2013.

DIREITO SISTÊMICO E CONSTELAÇÕES FAMILIARES COMO MEDIAÇÃO DE CONFLITOS: APLICAÇÃO E RESULTADOS NO PODER JUDICIÁRIO

Laís Maria da Cunha Casagrande[1]

Sumário: Introdução. 1. Mediação. 2. Constelação familiar. 3. Constelação no Poder Judiciário – Direito Sistêmico. 4. Resultados e possibilidades. 5. Conclusão. 6. Referências bibliográficas

Introdução

O artigo 5º da Constituição Federal de 1988 dispõe, em seu inciso LXXVIII, que "a todos, no âmbito judicial e administrativo, são assegurados a razoável duração do processo e os meios que garantam a celeridade de sua tramitação".

Diante da enorme quantidade de processos que o Poder Judiciário recebe diariamente somada a outros fatores, o cumprimento de referida norma fica bastante prejudicado no que tange à duração razoável e à celeridade da prestação jurisdicional.

Diante desse cenário, necessárias se fazem a adoção e valorização de outras medidas de solução de conflitos que possam acelerar e descongestionar o Poder Judiciário, a fim de que a prestação jurisdicional, nos casos em que se mostra imprescindível, possa ser mais ágil e efetiva. Os meios formais de solução de conflitos existentes na sociedade hoje, segundo SCAVONE JÚNIOR (2014, p. 15), são: jurisdição estatal, arbitragem (jurisdição privada), conciliação, mediação e transação. As três últimas referem-se a métodos extrajudiciais.

Soluções alternativas ou extrajudiciais que se propõem a auxiliar a efetiva liquidação de conflitos paralelamente à atuação do Poder Judiciário devem ser cuidadosamente analisadas e consideradas, tendo em vista a grande importância no auxílio que podem prestar na resolução das lides. Tais soluções, além de servirem como alternativa

[1] Graduanda do Curso de Direito do Centro Universitário das Faculdades Metropolitanas Unidas (FMU-SP). Membro do Grupo de Trabalho e Pesquisa "Direito de Autor, Família, Grupos Sociais e Informação", do Centro Universitário das Faculdades Metropolitanas Unidas, liderado pelo Prof. Dr. Jorge Shiguemitsu Fujita.

eficaz no desfecho dos litígios, não fazem uso dos mecanismos que o Judiciário deve fazer, o que possibilita tornar o desenvolvimento do processo mais célere, produtivo, efetivo e objetivo, além de ajudar os envolvidos nos conflitos de outras maneiras, ou seja, de maneiras que não sejam relativas ao cumprimento obrigatório de imposições decididas por terceiros.

Este estudo propõe-se a pesquisar as constelações familiares como método extrajudicial de solução de conflitos, pertencente à categoria da mediação, como são utilizados esses processos, seus contextos e os benefícios que podem trazer para as partes envolvidas na lide e também para o Poder Judiciário, isto é, como podem auxiliar no cenário atual de excesso de conflitos e lentidão nas soluções.

O objetivo é também investigar como esse método pode ajudar a entender, de forma mais ampla, como os conflitos entre as pessoas podem e devem ser mais efetiva e celeremente resolvidos, sem deixar de conferir segurança jurídica às partes envolvidas.

A metodologia usada no presente estudo será baseada em pesquisa bibliográfica, com uso de textos acadêmicos já publicados sobre o assunto, considerando-se o fato de que o tema ainda é relativamente novo no Poder Judiciário. No tocante aos objetivos, será feita uma pesquisa exploratório-descritivo-dedutiva, em que se pretende explorar o conhecimento sobre o método das constelações familiares e descrever os fatores que determinam a pertinência do uso desse método na situação judiciária atual, buscando, a partir do conteúdo já desenvolvido, deduzir como ele pode auxiliar na solução de conflitos judiciais.

Justifica-se o estudo de métodos extrajudiciais de solução de conflitos, em especial, o método da constelação familiar como mediação, pelo fracasso em termos de eficácia temporal na resolução das lides pelo meio judicial e, portanto, pela necessidade de mecanismos que permitam mais efetividade e eficiência na solução dos litígios apresentados. Além disso, esse método apresenta-se como uma proposta que pretende resolver de fato as questões apresentadas, com benefícios para todas as partes envolvidas, com mais profundidade e efetividade.

1. Mediação

Mediação é uma forma de autocomposição, isto é, a solução de conflitos por meio da sugestão de um terceiro, de modo que as próprias partes envolvidas encontrem uma solução para o problema. O mediador, que é designado pelo Tribunal ou escolhido pelos componentes do conflito, não pode impor qualquer decisão aos litigantes, devendo ser imparcial e neutro, apenas auxiliando e sugerindo às partes, sem qualquer responsabilidade de resolver o conflito, que deverá ser analisado e encerrado por meio da autocomposição pelas próprias partes.

Esse método proporciona aos participantes a reflexão e a tomada de decisões autônomas, de forma que haja um consenso. Há a participação ativa de ambas as partes objetivando uma solução em comum. Na mediação, assim como na conciliação, tem-se como resultado a transação, isto é, o acordo entre as partes.

O Manual de Mediação Judicial (AZEVEDO, 2015, p. 21) desenvolvido pelo Conselho Nacional de Justiça, em sua 5ª edição, define a mediação:

> A mediação pode ser definida como uma negociação facilitada ou catalisada por um terceiro. Alguns autores preferem definições mais completas sugerindo que a mediação um processo autocompositivo segundo o qual as partes em disputa são auxiliadas por uma terceira parte neutra ao conflito ou por um painel de pessoas sem interesse na causa, para se chegar a uma composição. Trata se de um método de resolução de disputas no qual se desenvolve um processo composto por vários atos procedimentais pelos quais o(s) terceiro(s) imparcial(is) facilita(m) a negociação entre as pessoas em conflito, habilitando as a melhor compreender suas posições e a encontrar soluções que se compatibilizam aos seus interesses e necessidades.

O Manual também explica que as partes dispõem da possiblidade e o direito de continuar ou de suspender as negociações e até abandoná-las e rctomá-las quando assim o desejarem, demonstrando o caráter flexível da mediação. Nesse contexto, o mediador pode influenciar as partes na condução do processo e também pode permitir que elas falem diretamente uma com a outra.

A Lei nº 13.140, de 26 de junho 2015, dispõe sobre a mediação e a define como "a atividade técnica exercida por terceiro imparcial sem poder decisório, que, escolhido ou aceito pelas partes, as auxilia e estimula a identificar ou desenvolver soluções consensuais para a controvérsia". A mediação pode ter como objeto conflito que versa sobre direitos disponíveis ou sobre direitos indisponíveis que admitam transação. O escopo da mediação também fica a cargo dos envolvidos, sendo possível abranger o conflito como um todo ou apenas parte dele. A referida lei determina que a mediação seja orientada segundo os princípios da imparcialidade do mediador, da isonomia entre as partes, a oralidade, a informalidade, a autonomia da vontade dos envolvidos, a busca pelo consenso, a confidencialidade e a boa-fé.

A mediação, portanto, atua como um método que permite não somente solucionar os conflitos, mas, também e principalmente, ensinar os litigantes a encontrarem saídas que sejam adequadas e abarquem todos os envolvidos de maneira que todos possam sair com novas perspectivas.

Destaca-se que o ponto positivo disso é a possibilidade que a técnica dá às pessoas a oportunidade de aplicarem os conhecimentos adquiridos em outras áreas em que houver conflitos, porque adquirem uma perspectiva amplificada das situações com as quais se deparam, perspectiva essa que abarca mais soluções, porque mostra pontos de vista diversos.

2. Constelação familiar

A Constelação Familiar foi desenvolvida pelo alemão Bert HELLINGER, teólogo, filósofo e pedagogo que trabalhou como membro de uma ordem de missionários católicos junto aos zulus, povo do sul da África, por cerca de dezesseis anos. HELLINGER tornou-se posteriormente psicanalista. Em sua pesquisa percebe-se que ele aproveitou muito do conhecimento adquirido como missionário, por exemplo, quando ressalta o respeito aos antepassados e à história do sistema familiar. Além dessa influência, outras bases que alicerçaram a criação do método foram a fenomenologia, a psicanálise, a terapia primal e a análise transacional.

A Constelação Familiar é um método de psicoterapia que objetiva elucidar aos participantes os emaranhamentos em que estão envolvidos, para que assim possam trabalhar neles com mais consciência. No site de HELLINGER, a constelação familiar é definida como:

> ... um método que ocorre em um grupo sob a orientação de uma pessoa. Serve às pessoas para descobrir os antecedentes de fracasso, doença, desorientação, dependência ou algo

semelhante. A Constelação Familiar é útil sempre que haja uma para uma ação ou decisão imediata.

Ele afirma que nessa terapia é preciso:

> ... averiguar se no sistema familiar ampliado existe alguém que esteja emaranhado nos destinos de membros anteriores dessa família. Isso pode ser trazido à luz através do trabalho com constelações familiares. Trazendo-se à luz os emaranhamentos, a pessoa consegue se libertar mais facilmente deles.

Nesse trecho é possível perceber a importância que ele dá ao histórico dos antepassados, com o objetivo de trazer à tona a desarmonia que está oculta no sistema familiar. Um dos pontos utilizados na aplicação do método é sua fundamentação no sistema familiar e não nos indivíduos separadamente. HELLINGER assevera que o foco do trabalho não é no sujeito, mas na inserção dele em um sistema de referência. Para ele, somos regidos por meio de sistemas, nas diversas áreas, como no trabalho, na política, na saúde pessoal, nos relacionamentos amorosos, no campo da educação, das finanças e outros. O primeiro sistema de cada indivíduo origina-se em seu núcleo familiar e ali estão as três leis ou ordens do amor.

No entender de STORCH (2010), a técnica das ordens tem a finalidade de trazer paz às relações, liberando as pessoas envolvidas da desarmonia pela tomada de consciência das dinâmicas ocultas que circundam o sistema conflituoso.

A constelação tem como fundamento o fenômeno chamado "campo morfogenético", estudado e descrito pelo inglês Rupert SHELDRAKE, biólogo e pesquisador inglês, conhecido pela teoria da morfogênese. Ele sustenta que há um princípio que rege e determina a organização dos sistemas físicos e materiais, isto é, há uma ordem, um motivo e uma forma específicos pelos quais os elementos de um sistema de agregam. A esta ordem dá o nome de campo morfogenético.

SHELDRAKE, em seu site, no artigo Ressonância Mórfica, explica que esse é um processo no qual os sistemas auto organizados herdam a memória de um sistema similar anterior. A ressonância mórfica traduz-se no fato de que as leis da natureza são como hábitos; e isso significa que cada indivíduo herda uma memória coletiva do passado dos membros daquela espécie, daquele grupo e também contribui para a memória coletiva dos grupos posteriores.

Jackson José de Jesus FERREIRA JÚNIOR, no artigo Rupert Sheldrake e os Campos Morfogenéticos: uma contribuição à teoria dos Arquétipos (2010), aponta que, na obra de 1981, A New Science of Life: the hypothesis of morphic resonance, explica que os campos morfogenéticos ordenam/comandam os sistemas pelos quais eles são associados, afetando os eventos que parecem ser probabilísticos, ou seja, os campos impõem restrições de padrões nos resultados energeticamente possíveis dos processos físicos. O biólogo afirma que os campos são organizados hierarquicamente, de modo que um campo fica sujeito ou submetido a outro que seja de nível mais elevado.

Por essa perspectiva, nota-se que HELLINGER transferiu o conhecimento dos fenômenos biológicos para o nível dos fenômenos psicológicos, em que um grupo de indivíduos herda seu modo de pensar e agir dos grupos anteriores, em uma cadeia que vai passando seus conhecimentos e maneiras de abarcar a realidade para as que a sucedem.

Amilton Plácido da ROSA (2016), em artigo intitulado Direito sistêmico e constelação familiar, escrito para o Jornal Carta Forense, explica que esse é um método sistêmico-fenomenológico de solução de conflitos, com influências da Física Quântica e que tem por sua metodologia principal a "representação". Na representação os indivíduos que fazem parte do conflito são representados por terceiros, "os quais entram em conexão com o campo morfogenético do sistema familiar dos representados e trazem à luz o essencial para que a solução da desavença seja possível"

Essa maneira de analisar as situações conflituosas pode ser benéfica, porque por meio dela é possível conseguir uma análise objetiva e mais abrangente do problema e de seu contexto, o que leva a soluções mais efetivas. HELLINGER e HOVEL asseguram que "existem certas ordens na família que têm certos efeitos (...). Esses efeitos são inevitáveis e por isso eu os trago à luz. É um trabalho elucidativo. Esclareço o que acontece com a família num nível profundo" (HELLINGER e HOVEL, 2006, p. 86).

Em outra obra, "A Simetria Oculta do Amor" (HELLINGER, WEBER e BEAUMONT, 2006, p. 93), os autores ensinam que os filhos podem partilhar com os pais um destino comum, isto é, os membros de uma família são afetados pelos destinos dos antecessores, de forma que é possível a criação de uma cadeia no grupo familiar que terá destinos muitos similares.

Desse pensamento vem a necessidade de conhecer o histórico da família e dos membros anteriores para poder trabalhar com os membros do sistema atual. Se os problemas do sistema anterior afetam e influenciam o sistema presente, necessário se faz conhecer o que aconteceu anteriormente para que seja solucionado agora.

LOPES e COSTA (2018) explicam que "o método visa à superação, o reconhecimento e a possível alteração dos emaranhamentos que surgem no sistema familiar, com base nas leis que regem as relações familiares intituladas pelo filósofo de 'Ordens do amor'". Eles esclarecem que os conflitos surgem do desequilíbrio provocado pela violação de uma dessas ordens que regem o sistema, traduzida por desrespeito, confrontação ou negligência. Se uma ordem foi quebrada e consequentemente a hierarquia foi desrespeitada, haverá conflito entre os membros. Os motivos pelos quais há essa ruptura nas ordens podem variar e, segundo HELLINGER, eles são dados, entre outros, por uma questão de lealdade e amor dos membros mais recentes em relação aos mais antigos do grupo. Esse conhecimento é importante a fim de evitar mais julgamentos direcionados aos que quebraram as regras.

As ordens do amor de HELLINGER (2007, p. 106) são a lei da ordem ou da hierarquia, a lei do pertencimento e a lei do equilíbrio. São ordens ocultas que regem os relacionamentos e que, trazidas à luz, têm poder de curar as relações humanas. Entre as leis não há hierarquia, elas são complementares entre si. Sami STORCH (2010) afirma que o conhecimento dessas ordens "permite a compreensão das dinâmicas dos conflitos e da violência de forma mais ampla, além das aparências, facilitando ao julgador adotar, em cada caso, o posicionamento mais adequado à pacificação das relações envolvidas".

Dessa forma, pode-se ver o motivo pelo qual o método vem sendo bastante aplicado no Direito de Família, tendo em vista seu objetivo primário de alinhar as ordens presentes nos sistemas familiares. De acordo com LOPES e COSTA (2018), essa é uma oportunidade de reconhecimento da situação por cada membro da família, e do reconhecimento surge também a oportunidade de ressignificação do conflito e dos sentimentos envolvidos nele.

A primeira lei, a lei da ordem ou da hierarquia, nas palavras de HELLINGER e HOVEL (2006, p. 43), é assim descrita:

> Existe uma hierarquia baseada no momento em que se começa a pertencer a um sistema: esta é a ordem de origem, que se orienta pela sequência cronológica do ingresso no sistema. (...) O ser é definido pelo tempo e, através dele, recebe seu posicionamento. O ser é estruturado pelo tempo. Quem entrou

primeiro num sistema tem precedência sobre quem entrou depois. Da mesma forma, aquilo que existiu primeiro num sistema tem precedência sobre o que veio depois. Por essa razão, o primogênito tem precedência sobre o segundo filho e a relação conjugal tem precedência sobre a relação de paternidade ou maternidade. Isso vale dentro de um sistema familiar.

Existe, portanto, uma ordem relativa à precedência cronológica, ou seja, o momento em que cada integrante chega no núcleo familiar, "o início da vinculação ao sistema", e também uma ordem referente à sucessão dos próprios sistemas, em que a família atual precede as anteriores ("a precedência do primeiro vínculo"). A única ressalva de HELLINGER a esse respeito é que os sistemas também possuem hierarquia entre si, porém de maneira inversa, ou seja, um sistema mais novo terá precedência sobre um mais antigo. Concretamente, significa dizer que a família formada há menos tempo ou o grupo familiar mais atual terá precedência sobre a família de origem. A formação da família de um membro que casou recentemente, por exemplo, terá precedência em relação aos ancestrais, ao grupo familiar de origem.

HELLINGER (2007, p. 78) fala que o primeiro vínculo de um membro tem precedência sobre o segundo membro, independentemente da qualidade dessa ligação, de como ela se desenvolve e como ela é. Essa primeira ligação é mais profunda que a próxima e a profundidade dos vínculos que se seguem sucessivamente vão enfraquecendo, de forma que o primeiro é sempre o mais forte do sistema. Importante ressaltar aqui que o vínculo não se confunde com o amor, e esse fato auxilia na aplicação objetiva da constelação.

Essa profundidade das ligações entres os membros do sistema, de acordo com o criador do método, pode ser medida, por exemplo, pelo peso da culpa que um sente no momento em que se desprende, em que se desapega do vínculo. Cada grupo tem uma hierarquia e essa hierarquia é determinada pelo momento em que aquele grupo passa a fazer parte do sistema, em que é agregado ao sistema maior. E daí a conclusão de que o que entrou primeiro terá precedência sobre aquele que chegou depois.

A lei da hierarquia tem extrema importância no desenvolvimento bem-sucedido ou não dos sistemas, sejam esses sistemas familiares, sejam organizacionais. Caso a ordem e a hierarquia dos membros de um sistema não estejam sendo respeitadas por algum motivo (e eles podem ser dos mais variados) e um dos membros esteja avocando ou a ele esteja sendo delegada a função de outro, a tendência desse sistema será o comprometimento de seu desenvolvimento e o de seus componentes. Nota-se, portanto, que a cada pessoa do sistema compete uma única e específica função, e se essa função for desempenhada por aquele que não a detém, certamente haverá desequilíbrio e consequentemente conflitos.

Logo, a fim de retomar a evolução e o bom desenvolvimento do grupo, faz-se imprescindível o reajuste do sistema que está desalinhado. Exemplificando, podemos citar uma família em que os pais se divorciam logo após o nascimento de um filho, seja uma separação de direito, seja de fato, podendo até mesmo ser uma separação apenas psicológica, em que os cônjuges, embora não sejam mais um casal, continuam a morar no mesmo lugar. Esse filho passa a funcionar para a mãe como o suplente do marido, que já não mais está no sistema, que foi excluído, podendo haver uma triangulação da relação também.

Nesse exemplo, verifica-se que as pessoas do sistema familiar estão completamente em desacordo com o modo como o sistema deve de fato funcionar, cada membro ocupando seu papel. O filho ocupa o papel do pai, o pai é excluído do sistema e a mãe deixa de exercer seu papel de pai, ao pedir do filho o papel de marido. O sistema opera, assim, de forma caótica, desordenada, e até que a ordem não seja restaurada, esse sistema e seus membros não conseguirão desenrolar seus conflitos. A aplicação da constelação familiar pode mostrar esse desajuste a seus membros.

A segunda lei, a lei do pertencimento ou o direito de pertencimento, refere-se ao fato de que cada membro da família tem ou deveria ter o mesmo direito de pertencer àquele núcleo. HELLINGER e HOVEL (2006, p. 132) dizem "Essa é uma ordem básica: aqueles que pertencem a um sistema têm o direito de pertencer a esse sistema e têm o mesmo direito que todos os outros. (...) Se [a ordem] é respeitada, origina-se o bem. (...) Quando essas ordens não são respeitadas, as pessoas entram cm crisc ou adoecem".

Em Ordens do Amor, HELLINGER explica o significado dessa lei (2007, p. 277):

> Identifico-me com um movimento que torna a unir o que foi se-
> parado, mas de forma a primeiro descobrir o que separa e o que
> une. Nesse particular, minha descoberta mais importante foi
> que cada membro, vivo ou morto, da família e do grupo familiar
> tem o mesmo direito de pertencer ao grupo. Por outras
> palavras, a alma demonstra, por seu modo de reagir à negação

ou ao reconhecimento desse direito, que se trata aqui de uma lei básica, intimamente reconhecida por todos. Portanto, quando qualquer membro é excluído, reprimido ou esquecido, a família e o grupo familiar reagem como se tivesse acontecido uma grande injustiça que precisa ser expiada.

HELLINGER afirma que o direito de pertencimento não é uma exigência externa, mas uma manifestação internalizada, que dá origem a comportamentos os quais convergem para uma ordem intuitivamente preestabelecida, de forma que nenhum membro possa ser dispensável ou esquecido.

Assim, em um sistema familiar em que há exclusão de um membro, gera-se sofrimento em todos os componentes, que enxergam a injustiça cometida. A empatia torna insuportável a percepção de que alguém seja superior e alguém, inferior. A exclusão pode, inclusive, causar desequilíbrio na lei anterior, a da hierarquia, já que essa exclusão pode dar ensejo à ocupação de posições erradas dos membros dentro do sistema, de forma inconsciente. Segundo HELLINGER (2007, p. 278):

> A injustiça da exclusão é expiada, na família e no grupo familiar, quando outro membro do sistema passa inconscientemente a representar, diante dos membros remanescentes ou agregados, a pessoa que foi excluída ou esquecida. Essa é a causa mais importante de um envolvimento sistêmico e dos problemas que dele resultam, tanto para a pessoa envolvida quanto para sua família e seu grupo familiar.

A terceira lei, a lei do equilíbrio refere-se ao "equilíbrio entre o dar e o receber". Aplicada a constelação no Direito de Família, os membros são chamados a aguçar suas percepções quanto à necessidade de retomar esse equilíbrio. Na obra A Simetria Oculta do Amor, HELLINGER, WEBER e BEAUMONT (2006, p. 60) afirmam que o amor nasce e cresce entre os parceiros quando eles conseguem manter um equilíbrio mútuo nas trocas. Se houver um perfeito balanço entre o dar e o receber, se houver compensações justas quando há desequilíbrio temporário ou justificado, o sistema de relacionamento terá como recompensa o amor, a ausência de conflitos e de ressentimentos.

Deduz-se, assim, que os relacionamentos familiares serão bem-sucedidos, se houver equilíbrio no dar e receber de cada um dos parceiros, se esses conseguirem dar e receber proporcional e reciprocamente. Cada parte da relação precisa ter a percepção de que necessita do parceiro e também de que satisfaz as necessidades dele na mesma proporção. Isso implica respeito mútuo e reconhecimento dos valores, e assim forma-se "uma parceria de iguais". Para que a paz e o amor existam nas relações é exigível o equilíbrio entre o dar e o receber. Se um cônjuge dá muito mais do que recebe ou o que é dado por um não é recebido pelo outro com gratidão e amor, o equilíbrio será ameaçado e pode haver ruptura e problemas na estrutura do sistema.

A violação de uma norma influi diretamente nos conflitos que existem nos núcleos familiares e as possíveis soluções para eles. Adicione-se a isso o fato de que não só nos sistemas de famílias pode ser aplicada a constelação familiar, mas em diversos outros contextos também.

Atualmente, a constelação familiar é um método usado predominantemente como mediação de conflitos familiares no Poder Judiciário, nos centros de mediação e conciliação. No entanto, já há tentativas de utilizar o método em outras áreas também, e isso é possível porque em qualquer lugar e contexto em que haja formação de grupos ou sistemas, como locais de trabalho, ambientes de socialização fixa, grupos de amigos e outros, as leis sistêmicas operam.

3. Constelação no Poder Judiciário – Direito Sistêmico

Como método de mediação, a constelação familiar já está sendo utilizada no Poder Judiciário com resultados positivos. O precursor foi o magistrado do estado da Bahia, Sami STORCH. Graduado em Direito pela Faculdade de Direito da Universidade de São Paulo, mestre e doutor, ele vem estudando e aplicando o método em seu contexto de trabalho desde 2006. O juiz defende a tese de que a constelação não busca apenas a solução que encerra o processo judicial, mas encerra os conflitos em si e daí a eficácia da prática, ao trazer a paz para o sistema.

Por ele foi criada a expressão Direito Sistêmico, que tem por definição a análise do Direito sob a ótica das pesquisas desenvolvidas pelo filósofo e psicoterapeuta alemão Bert HELLINGER, as quais ensejaram nas constelações familiares.

Segundo o magistrado, a expressão Direito Sistêmico refere-se à análise do Direito sob uma perspectiva que se baseia nas ordens superiores que regem as relações humanas e é aplicação das leis do direito, a ciência jurídica, com o auxílio de um viés terapêutico, a fim de que os conflitos sejam de fato resolvidos em sua base, e não apenas amenizados pela mediação de um terceiro ou por meio de determinações judiciais.

Amilton Plácido da ROSA, em artigo para a Revista MPE Especial (2014, p.50-57), afirma que o Direito Sistêmico não é um novo direito, mas o direito que já existe, mas interpretado e aplicado de maneira hermenêutica, resultante da síntese da experiência humana.

A deputada Flávia MORAIS apresentou à Câmara dos Deputados o Projeto de Lei 9444/2017, que dispõe sobre a inclusão da Constelação Sistêmica como um instrumento de mediação entre particulares, a fim de assistir a solução de controvérsias. Atualmente o projeto aguarda designação de relator na Comissão de Constituição e Justiça e de Cidadania.

No projeto, a constelação familiar é definida como "artigo 2º. (...) atividade técnica terapêutica exercida por terceiro imparcial sem poder decisório, que, escolhido ou aceito pelas partes, as auxilia e estimula a identificar soluções consensuais para a controvérsia sob um novo olhar sistêmico". Ali também estão dispostos os princípios que devem pautar o uso do método, os quais estão em consonância com os princípios da mediação: imparcialidade do constelador, boa-fé, busca pela solução do conflito, autonomia da vontade das partes e informalidade.

4. Resultados e possibilidades

O juiz Sami STORCH, desde 2006, usa o método no Poder Judiciário com a aplicação da visão sistêmica como meio extrajudicial de solução de conflitos durante as audiências nas ações judiciais da área de família. O magistrado criou um sítio eletrônico em que conta suas experiências e seus resultados com a utilização das constelações familiares, a fim de tentar resolver as questões problemáticas que lhe são apresentadas diariamente.

Ele relata que o método auxilia a resolver os problemas em um nível mais profundo, num contexto em que as partes se tornam capazes de lidar com situações futuras de forma menos conflituosa e mais pacífica e resolutiva, porque com uma compreensão mais abrangente do sistema fático. Explica também que o método busca soluções reais para os problemas e por isso é efetivo. Hoje, a utilização das constelações familiares, com resultados positivos, já atinge mais de onze estados do país: Goiás, São Paulo, Rondônia, Bahia, Mato Grosso, Mato Grosso do Sul, Pará, Paraná, Rio Grande do Sul, Alagoas, Amapá e Distrito Federal.

De acordo com os relatos do magistrado no artigo "Direito Sistêmico: primeiras experiências com constelações no judiciário" (STORCH, 2015), ele vem obtendo altos índices de conciliações na área de família e começa a realizar experiências na área criminal e infância e juventude. Ele afirma "Essas explicações têm se mostrado bastante eficazes na mediação de conflitos familiares e, na grande maioria dos casos, depois disso as partes reduzem suas resistências e conseguem chegar a um acordo".

Após isso, o juiz homologa o acordo, o qual tem validade de sentença. Exclui-se a necessidade de instrução probatória, audiências e ainda a obtenção de uma solução imposta por terceiro alheio à família e que fica sujeita a descumprimento pelas partes por uma possível insatisfação e também pela continuidade dos sentimentos de raiva e mágoa comumente presentes nesse tipo de lide.

STORCH (2015) assegura que o método vem sendo aplicado com sucesso no Judiciário, principalmente pelo fato de que auxilia na efetivação de conciliações verdadeiras, levando à pacificação entre as partes pelo aprendizado da necessidade de um tratamento de mais respeito e consideração entre elas e também ao aumento do número de acordos. Nas palavras dele "além de contribuir para o aperfeiçoamento da Justiça, a prática também auxilia a melhorar a qualidade dos relacionamentos nas famílias", com a consequente redução dos conflitos na comunidade.

Rosely Michele dos SANTOS (2017), no artigo "A constelação familiar e a efetiva resolução dos conflitos familiares no âmbito da execução de alimentos", afirma que a Constelação já é usada em Goiás, São Paulo, Rodônia, Bahia, Mato Grosso, Mato Grosso do Sul, Pará, Paraná, Rio Grande do Sul, Alagoas, Amapá e Distrito Federal e diz que o método é reconhecido pelo Conselho Nacional de Justiça (CNJ). A Resolução 125, de 29 de novembro de 2010, do CNJ, emendada em 2016, disciplina a política pública de tratamento adequado dos conflitos de interesses, promovendo ações de incentivo à autocomposição dos litígios e à pacificação social por meio da conciliação e mediação.

Especificamente nas ações de pensão alimentícia, divórcio e regulamentação de guarda, ela relata que o índice de solução efetiva das lides é de cerca de 94% (noventa e quatro por cento) das demandas, praticamente a sua totalidade. Rosely ressalta que, nos casos em que há a aplicação da constelação familiar, não há reincidência dos conflitos, fato que reafirma a efetividade do método. Ela assegura que o método tem trazido à Justiça um grande aperfeiçoamento, porque a maneira sistêmica de olhar o mundo jurídico facilita às pessoas enxergarem o que há por trás dos conflitos processuais. Esse fato resulta em um maior número de acordos firmados entre as partes nas audiências de autocomposição e, consequentemente, a diminuição da reincidência das ações.

A articulista também ressalta a importância da constelação, consistente no fato de que o direito de família e o conhecimento exclusivo das leis da área não são suficientes para conduzirem uma ação. É necessário que se entendam os sentimentos que levam as partes a agir do modo como agiram e como podem ser restabelecidas essas ligações entres os membros do sistema. Em outras palavras, é preciso entender como se formam e como se desequilibram as relações humanas dentro de um grupo familiar para que seja possível solucionar os conflitos dali advindos.

O Direito Sistêmico também está já sendo utilizado na área criminal. Milena Patrícia da Silva pesquisou em sua dissertação de mestrado, a qual resultou na obra "Direito Sistêmico e Justiça Criminal – A Constelação Familiar como Instrumento na Resolução de Conflitos na Área Penal", as primeiras aplicações do método na Justiça Criminal no ano de 2015, no estado da Bahia.

Amilton Plácido da ROSA (2016), em sua entrevista para o Jornal Carta Forense, também relata que:

> Embora a aplicação do Direito Sistêmico tenha ocorrido inicialmente em relação às questões familiares, esta abordagem pode ser aplicada, com grande vantagem e sucesso, em qualquer área do Direito. E isso ocorre porque em todas as situações, independentemente da área jurídica envolvida, há uma causa sistêmica oculta que pode ser revelada por meio desta abordagem, com grande vantagem para a solução do problema.

Há ainda muitos casos relatados pela terapeuta Juliana ISLIKER, formada em engenharia civil pelo Instituto Tecnológico de Aeronáutica e em Constelação Familiar pelo Hellinger Schule, em seu livro intitulado "O Poder da Constelação em 27 Relatos" (2016, p. 168-170). Nessa obra, ISLIKER apresenta a prática da constelação e como ela funciona, exemplificando o método pelos relatos dos que constelaram. A consteladora afirma em seu site que, quando o sujeito assume a sua parte de responsabilidade na relação entre os membros do grupo, é possível restabelecer a ordem e a paz.

Vê-se que o Direito Sistêmico, mesmo ainda recente, vem traçando bons caminhos com seu intuito de reconstruir relações abaladas. E embora ainda não apresente embasamento científico robusto, como já apontou o magistrado STORCH, basta observar os resultados do uso do método para verificar sua eficiência. A constelação familiar traz possibilidades de enxergar uma situação de maneiras antes nunca notadas pelos envolvidos na relação conflituosa. A percepção de uma mesma situação por perspectivas diferentes proporciona muita elucidação aos participantes e, consequentemente, possibilidades de mudança.

Conclusão

Diante de tantos conflitos e processos que congestionam o Poder Judiciário atualmente e levando-se em conta a necessidade de processos mais céleres e efetivos, verifica-se que os métodos extrajudiciais de solução de litígios podem ser uma alternativa que deve ser analisada cuidadosamente, principalmente pelo fato de que, aparentemente, é uma maneira de solucionar o conflito que não gera reincidência, não gera novos conflitos, que ensejariam em mais processos. Ao contrário, parece resolver de fato e definitivamente os litígios, porque ensina os participantes a atuarem de forma positiva, deixando de lado sentimentos que seriam capazes de gerar e ocasionar novos problemas e novas lides.

O Direito Sistêmico busca abranger todo o sistema envolvido no conflito, isto é, todas as partes precisam estar em certa medida dispostas a solucionar ou, ao menos, estar presente na resolução do conflito, diferentemente do que acontece na solução judicial, em que, para que haja uma discussão, é necessário que uma parte inicie o processo e o Poder Judiciário responsabilizar-se por dar uma conclusão à questão apresentada.

A constelação familiar mostra aos envolvidos que o conflito pode ser solucionado pelo entendimento amplo das questões e com o resgate dos sentimentos positivos, como o reconhecimento do amor envolvido nas relações e nos sistemas.

A aplicação da Constelação Familiar como um método extrajudicial de pacificação dos conflitos pode ser ainda mais eficiente na medida em que por ele se busca não uma determinação exata do que deve ser feito pelas partes, como nos processos judiciais, mas encontrar maneiras de iluminar e esclarecer as situações emaranhadas. Dessa forma, as partes podem entender, numa perspectiva mais abrangente, o ponto de vista de cada membro do sistema e, assim, revestidas de maior clareza, empatia e respeito e conscientes das leis que regem os relacionamentos, consigam solucionar de fato seus conflitos.

Verifica-se, portanto, que a utilização da Constelação Familiar como método no processo de mediação pode trazer aos envolvidos nos conflitos não uma solução obrigatória vinda de uma determinação superior, mas sim uma ampliação do campo de visão dos envolvidos em relação ao conflito, elucidando ordens e pontos importantes que antes ficavam ocultos. Disso resulta maior entendimento das questões, com sentimentos mais positivos e atitudes mais compreensivas. A técnica traz não somente o auxílio às partes para resolverem os problemas presentes, mas ensina-as de maneira efetiva e duradoura a pensar de forma mais objetiva, abrangente e clara, isto é, habilita-as para as soluções autônomas das próximas situações que virão.

Referências bibliográficas

AZEVEDO, André Gomma de (Org.). *Manual de mediação judicial.* 5.ed. Brasília/DF: CNJ, 2015.

BRASIL. Conselho Nacional de Justiça. *Resolução nº 125, de 29 de novembro de 2010.* Disponível em: https://atos.cnj.jus.br/atos/detalhar/156. Acesso em outubro de 2020.

HELLINGER, B.; HOVEL, G. *Constelações familiares - o reconhecimento das ordens do amor - conversas sobre emaranhamentos e soluções.* São Paulo: Cultrix, 2006.

HELLINGER, B. *Ordens do amor: um guia para o trabalho com constelações familiares.* Trad. Newton de Araújo Queiroz. São Paulo: Cultrix, 2007.

HELLINGER, B.; WEBER, G. e BEAUMONT, H. *A simetria oculta do amor - por que o amor faz os relacionamentos darem certo.* São Paulo: Cultrix, 2006.

ISLIKER, J. *O poder da constelação em 27 relatos.* São Paulo: Giostri, 2016, p.168-170.

LOPES, Marcelo Leandro Pereira; COSTA, Viviane Moura da. *Constelação sistêmica familiar voltada ao poder judiciário na técnica de mediação judicial dos processos de família.* Revista Eletrônica do Curso de Direito da UFSM, Santa Maria, RS, v. 13, n. 3, p. 1190-1204, dez. 2018. ISSN 1981-3694. Disponível em: https://periodicos.ufsm.br/revistadireito/article/view/29591. Acesso em: mai. 2020.

ROSA. Amilton Plácido da. *Direito sistêmico e constelação familiar*. Carta Forense. Disponível em: http://www.cartaforense.com.br/conteudo/entrevistas/direito-sistemico-e-constelacao-familiar/16914. Acesso em out. 2020.

SANTOS, Rosely Michele dos. *A constelação familiar e a efetiva resolução dos conflitos familiares no âmbito da execução de alimentos*. Disponível em: https://monografias.brasilescola.uol.com.br/direito/a-constelacao-familiar-efetiva-resolucao-dos-conflitos-familiares.htm. Acesso em: set. 2020.

SCAVONE JUNIOR, Luiz Antonio. *Manual de arbitragem, mediação e conciliação*. 5. ed. Rio de Janeiro: Forense, 2014.

SHELDRAKE, R. *Morphic Resonance*. Disponível em: https://www.sheldrake.org/research/morphic-resonance. Acesso em: out. 2020.

FERREIRA JUNIOR, Jackson José de Jesus. *"Rupert Sheldrake e os Campos Morfogenéticos: uma contribuição à teoria dos Arquétipos"*. Disponível em: https://www.academia.edu/34371835/Rupert_Sheldrake_e_os_Campos_Mo rfogen%C3%A9ticos_Uma_contribui%C3%A7%C3%A3o_%C3%A0_teoria_d os_Arqu%C3%A9tipos_Jackson_Jos%C3%A9_de_Jesus_Ferreira_Junior. Acesso em out. 2020.

STORCH, Sami. *Direito sistêmico: primeiras experiências com constelações no judiciário*. In: Filosofia, Pensamento e Prática das Constelações Sistêmicas, n. 4, 2015, São Paulo, . Disponível em: https://direitosistemico.wordpress.com/2016/08/23/publicado-artigo-sobre-as-primeiras-experiencias-com-constelacoes-no-judiciario/. Acesso em mai. 2020.

______. *O que é o direito sistêmico*. Disponível em: http://direitosistemico.wordpress.com/2010/11/29/o-que-e-direito-sistemico/. Acesso em out. 2020.

CRISE DA DIGNIDADE DA PESSOA HUMANA E DA PRIVACIDADE: A EMERGÊNCIA DA VIGILÂNCIA SOB A FORMA ECONÔMICA E POLÍTICA NA CIVILIZAÇÃO DA INFORMAÇÃO

Lucas Rodrigues Britto[1]

Sumário: Introdução. 1. Capitalismo de vigilância e psicopolítica. 2. Dignidade da pessoa humana: do imperativo kantiano à dimensão prestacional. 3. Direito à privacidade. 4. Proteção de dados pessoais. Conclusão. Referências bibliográficas.

Introdução[2]

Sob indiscutível influência weberiana, o sociólogo brasileiro Octavio IANNI afirma que o desenvolvimento do capitalismo se funda, essencialmente, na racionalização das diversas esferas da vida social que, gradualmente, se burocratizam em termos de calculabilidade, produtividade e lucratividade. Influídas, portanto, pela racionalidade do mercado, todas as organizações sociais ganham, nesse contexto, novas roupagens, tal qual se verifica com o Estado e o direito, por exemplo. Assim, observadas novas demandas sociais, o capitalismo, por intermédio da racionalização das instituições sociais, logo se reinventa para atendê-las da forma mais bem administrada possível (IANNI, 1996, p. 112-116).

Esse fenômeno, observado e analisado por incontáveis estudiosos (BRAUDEL, 2009, p. 575 e ss.) (WALLERSTEIN, 2001, p. 65-82), fica

---

[1] Graduando em Direito pelo Curso de Direito do Centro Universitário das Faculdades Metropolitanas Unidas (FMU-SP). Membro do Grupo de Trabalho e Pesquisa Direito do Autor, Família, Grupos Sociais e Informação coordenado pelo Prof. Dr. Jorge Shiguemitsu Fujita na mesma instituição.

[2] Agradeço, primeiro, ao Prof. Dr. Jorge Shiguemitsu Fujita, da FMU, pela oportunidade que me concedeu de fazer parte do Grupo de Trabalho e Pesquisa por ele coordenado e que deu origem a esse projeto; depois, com carinho especial, à Prof. Ms. Letícia Menegassi Borges, também da FMU, quem analisou e contribuiu criticamente para a construção do presente artigo; por fim, ao querido amigo Pedro Lucas Almeida, da Universidade Federal de Minas Gerais (UFMG), que me apresentou os autores centrais do texto que se segue, e, ainda, pôde contribuir com inúmeras críticas extremamente construtivas. A eles, um saudoso abraço.

bastante evidente quando se lança luz ao findar do século XX e início do século XXI. Mesmo o observador mais desatento pôde notar a rápida ascensão da tecnologia e sua consequente incorporação – ainda que limitada, frise-se – à rotina das pessoas ao redor do globo. O surgimento da Internet fez aparecerem também novas demandas de mercado, o que, inexoravelmente, provocou, como antes já o fizera, uma mudança formal no capitalismo. À luz da nova realidade, o capitalismo, que ora fora tido como "pós-industrial", passa a ser reconhecido, em especial a partir dos estudos de Manuel CASTELLS (1999, p. 119 e ss), como "capitalismo informacional, global e em rede".

Shoshana ZUBOFF (2019), professora de Harvard, em seu recente livro *A era do capitalismo de vigilância: a luta por um futuro humano na nova fronteira do poder*,[3] denomina o hodierno capitalismo, cuja expressão máxima é o *big data*, de capitalismo de vigilância. No livro em tela, ZUBOFF traz à baila do debate questões fulcrais acerca da nova sociedade da vigilância, cujo cerne, a acumulação, ganha um álibi potencial, o *big data*. A professora e também filósofa contribui potencialmente para as reflexões acerca da privacidade em uma sociedade cada vez mais conectada e panóptica.

Também os textos do filósofo sul-coreano Byung-Chul HAN (2018, p. 39) ajudam para uma compreensão do fenômeno da vigilância. No seu livro *Psicopolítica: o neoliberalismo e as novas técnicas de poder*, Han estabelece que a forma política que rege a sociedade da vigilância é aquela que possui acesso à psique humana e, nesse sentido, ela a denomina psicopolítica. Também forjada pelo *big data*, a psicopolítica abandona os corpos físicos e, com ajuda da vigilância digital, lê e controla pensamentos. São nesses elementos que residem seu potencial nocivo.

Nesse contexto, no qual hoje nos inserimos, onde ocorre um amálgama entre o capitalismo de vigilância e a psicopolítica, geminam novos questionamentos acerca da tutela da dignidade da pessoa humana e do direito à privacidade. Constitucionalmente garantidos nos artigos 5º, inciso X, e 1º, inciso III, da Constituição Federal de 1988, o direito à privacidade e o preceito fundamental da dignidade da pessoa humana, respectivamente, urgem por atenção diante da ascensão dessas novas formas de acumulação e de fazer política.

O grande desafio da contemporaneidade, portanto, é retorquir a questão de como preservar a dignidade da pessoa humana e sua

---

[3] Título original: "The age of surveillance capitalism: the fight for a human future at the new frontier of power".

privacidade, em face da ascensão da vigilância sob a forma econômica e política, cujo sustentáculo fundamental reside na objetificação do sujeito e na indução do seu comportamento com vistas a finalidades publicitárias e de controle social?

Vislumbrando objetar a supramencionada indagação, *a priori*, realizar-se-á um exame e uma consequente delimitação do conceito de capitalismo de vigilância, bem como da sua expressão política, denominada por Byung-Chul HAN psicopolítica. Posteriormente, pretende-se analisar conceitualmente o que é a dignidade da pessoa humana e a privacidade, a fim de, primeiro, compreender como elas vêm sendo acometidas pelos fenômenos supramencionados e, depois, ressignificá-las à luz da emergência desses mesmos fenômenos.

Em momento seguinte, por fim, far-se-á uma breve investigação acerca da Lei 13.709/2018, comumente denominada Lei Geral de Proteção de Dados (LGPD), com vistas a refletir sobre seu impacto no restabelecimento, por intermédio da regulação do controle de dados, de valores tão vultosos às sociedades democráticas, como o são a dignidade humana e a privacidade.

1. Capitalismo de vigilância e psicopolítica

A atual corrosão dos direitos e preceitos fundamentais à cultura democrática só pode ser bem compreendida, se analisada através o escopo das forças econômica e política que regimentam a sociedade contemporânea. Convém examinar, nesse contexto, o modo de produção capitalista, esse que administra, produz e formata a totalidade das esferas sociais hodiernamente. Propõe-se, contudo, não uma arguição de alargados horizontes acerca do capitalismo, mas sim e fundamentalmente, uma pesquisa que ilumine os mecanismos de funcionamento desse sistema econômico sob a forma de vigilância, isso pois é através dessa específica modulação que o capitalismo tem atuado e se esparramado pelo tecido social, modificando e conculcando valores jurídicos, sociais e filosóficos conquistados à duras penas no século pretérito.

Consoante explica ZUBOFF (2019, p. 69), criadora da expressão *capitalismo de vigilância*, esse fenômeno espelha a ascensão de uma forma econômica completamente nova que, por intermédio da desconsentida extração e análise de dados subjetivos, vende previsões saturadas de certezas que são usadas sobretudo para finalidades publicitárias, de sorte a esgotar, gradualmente, os direitos humanos cruciais. Em outros termos, significa dizer que as *Big Techs*,[4] como o *Facebook*, por exemplo, estão fazendo uso de potentes aparatos tecnológicos para coletar dados essencialmente individuais e construir perfis comportamentais completos a fim de vendê-los a empresas monopolistas financeiras que os utilizam para promover publicidade altamente individualizada.

Cumpre reconhecer, de início, que a empresa-exemplo dessa nova forma (vigilância) sob a qual se desenvolve o capitalismo atualmente é a *Google*. Conforme explica LEVY, na década de 1990, à moda do capitalismo informacional, "[a]s tecnologias digitais surgiram, então, como a infra-estrutura do ciberespaço, novo espaço de comunicação, de sociabilidade [...], mas também novo mercado de informação e do conhecimento" (LEVY, 1999, p. 32). Criada em 1998, a *Google*, inicialmente, seguiu essa tendência. À época, a gigante da tecnologia voltou seus olhos tão somente para a veiculação de informações; era esse o cerne de sua funcionalidade. Ainda que iniciada já nesse período com vistas à otimização do sistema de pesquisa, a coleta de dados era incipiente, marginalizando aqueles relativos ao comportamento humano, considerando-os excedentes. Nos anos 2000, todavia, à luz da crise da nova economia, quando "o Jardim do Éden do Vale do Silício inesperadamente se tornou o epicentro de um terremoto financeiro" (ZUBOFF, 2019, p. 302) a empresa californiana viu-se obrigada a fazer uma aposta arriscada, abandonando os esquemas da economia informacional e fazendo emergir, por intermédio de sua agência *AdWords*, uma economia realizada pela publicidade. Nessa esteira, os dados comportamentais, antes tidos como excedentes, passaram a ser usados para um objetivo bastante lúcido: construir um sistema de publicidade extraordinariamente direcionada. Para ZUBOFF (2009, p. 194), portanto, "[a] invenção da publicidade direcionada pelo *Google* pavimentou o caminho para o sucesso financeiro da empresa, mas também formou a pedra angular de um fenômeno de maior alcance: a descoberta e a elaboração do capitalismo de vigilância".

Os dados se tornaram, com esse cenário estabelecido, a matéria prima necessária e fundamental para fazer movimentar as engrenagens da economia de vigilância. As origens deles são múltiplas, podem ser

---

[4] Por *Big Techs* compreende-se as "grandes empresas associadas a plataformas de uso intensivo de dados, quase todas situadas na América do Norte, e também cada vez mais na China". (MOROZOV, 2018, p. 144)

derivados de distintas formas,[5] desde sensores acoplados a objetos[6] até de câmeras de vigilância – públicas ou privadas –, é uma verdadeira rastreabilidade de tudo. Não se pode negar, porém, que a grande parcela dos dados extraídos e controlados pela *Google* e outras empresas de vigilância, como o *Facebook* e a *Amazon*, advém de hábitos do cotidiano, isto é, de pesquisas, postagens, cliques etc., consumados por nós no ambiente digital. Por tudo, BAUMAN assevera que quando agimos no ambiente digital

> submetemos à matança nossos direitos de privacidade por vontade própria. Ou talvez apenas consintamos em perder a privacidade como preço razoável pelas maravilhas oferecidas em troca. Ou talvez, ainda, a pressão no sentido de levar nossa autonomia pessoal para o matadouro seja tão poderosa, tão próxima à condição de um rebanho de ovelhas, que só uns poucos excepcionalmente rebeldes, corajosos, combativos e resolutos estejam preparados para a tentativa séria de resistir. (BAUMAN, 2013, p. 20)

Fato é, portanto, que no capitalismo de vigilância, as experiências pessoais e privadas são constantemente usurpadas pelas e para as *Big Techs* do Vale do Silício, que as injetam nas "usinas de inteligência artificial, as quais fabricam produtos preditivos que são vendidos a clientes reais" (ZUBOFF, 2019, p. 38), em sua maioria, empresas monopolistas.

Nesse ponto, proponho a divisão do *modus operandi* do capitalismo de vigilância em duas dimensões das quais me ocuparei nas linhas seguintes; são elas: a) dimensão reificante; b) dimensão psíquica.

Na economia calcada na vigilância, os dados, conforme visto, ganham primazia inenarrável, de modo que às *Big Techs* interessam não só a sua extração, é também imperioso para elas que esses reflitam a

---

[5] ZUBOFF classifica o *big data* como sendo heterogêneo e transemiótico, fazendo uma sumária divisão de cinco possíveis fontes – todas muito amplas – d'onde os dados podem ser extraídos. Optei, aqui, por elencar apenas duas dessas fontes à título exemplificativo. Para uma abordagem mais detalhada v. Zuboff, (apud BRUNO, 2018, p. 27-33).

[6] No *Nest Guard*, alarme doméstico criado pela *Google* e lançado em 2017, foram encontrados microfones cuja existência não era revelada nas especificações do produto. A descoberta dos aparelhos capturadores de áudio se deu quando a *Google* anunciou, em 2019, uma atualização de *software* que permitiria que o *Nest Guard* fosse controlado por voz. Os usuários cujas privacidades foram violadas reclamaram no *Twitter* e, então, a resposta dos proprietários da *Nest* foi de que os microfones não tinham sido usados. A questão que fica é: por qual motivo a existência dos microfones não foi revelada nas especificações do produto? Disponível em: https://www.bbc.com/news/technology-47303077. Acesso em: 21 dez. 2020.

subjetividade das vidas individuais de seus portadores. Somente quando são enriquecidos pela subjetividade que os dados podem ser analisados e compactados transformando-se, então, em padrões de comportamento que conferem potência às previsões vendidas para grandes empresas monopolistas sustentadoras da economia de vigilância. Nesse sentido, as subjetividades, e, portanto, os sujeitos, são objetificados e mercantilizados.

À essa dimensão dou o nome de reificante, dado fato que reificação simboliza a transformação do homem em coisa, reflete, pois, a dissociação deste em relação ao mundo humano e sua aderência às leis do mundo das coisas (PETROVIC, 2001, p. 314). Inevitavelmente, na esteira da produção de anúncios altamente segmentados, os usuários são cruelmente reificados. Para ZUBOFF, esse parece ser, senão o maior, o mais complexo dos problemas do modelo econômico em tela. Contudo, a reificação é uma antiga complicação do capitalismo de forma geral. Não à toa, fora profundamente analisada, há mais de 150 anos, por Karl MARX, quem já anunciava no vol. 1 de seu *O Capital* que a mercadoria, fundamento de todo sistema de produção capitalista, assume, nesse sistema, o protagonismo, ao passo que as pessoas são reificadas. "A forma mercadoria", diz MARX,

> [...] Não é mais nada que determinada relação social entre os próprios homens que para eles aqui assume a forma fantasmagórica de uma relação entre coisas. (...) Isso eu chamo o fetichismo que adere aos produtos de trabalho, tão logo são produzidos como mercadorias, e que, por isso, é inseparável da produção de mercadorias [...] Por isso, aos últimos [os produtores] aparecem as relações sociais entre seus trabalhos privados como o que são, isto é, não como relações diretamente sociais entre pessoas em seus próprios trabalhos, senão como relações reificadas entre as pessoas e relações sociais entre as coisas. (MARX, 1996, p. 198-199)

Não se nega ser essa uma dimensão importante, que mereça ser, sim, analisada e constrangida, conquanto não é a única. Outra dimensão desse novo modelo de economia que merece destaque é a dimensão psíquica, que é virtualmente mais nociva, haja vista que se funda na indução de comportamento através do controle de consciência das pessoas, uma preocupação que ADORNO e HORKHEIMER já demonstravam quando da análise dos mecanismos que orientavam os sistemas de rádio, revista e cinema na década de 1940, que imbricou na formulação do conceito de *indústria cultural* e na sua consequente investigação por parte desses autores.

A indústria cultural é fruto da expansão da lógica capitalista sobre a cultura, a qual, em decorrência dessa dominação, fica "desprovida de seu caráter contraditório e de seu papel de contestação da ordem social, tornando-se afirmação da lógica de mercado" (GATTI, 2008, p. 82). Em síntese, o que a indústria cultural faz é mercantilizar a cultura e, assim sendo, objetiva vendê-la. Consoante ADORNO:

> Tanto técnica quanto economicamente, a publicidade e a indústria cultural se confundem. Tanto lá como cá, a mesma coisa aparece em inúmeros lugares, e a repetição mecânica do mesmo produto cultural já é a repetição do mesmo slogan propagandístico. Lá como cá, sob o imperativo da eficácia, a técnica converte-se em psicotécnica, em *procedimento de manipulação das pessoas*. (ADORNO e HORKHEIMER, 1985, p. 153)

Note-se, então, que o capitalismo já se interessava pela indução de comportamento preteritamente à sua ascensão sob a forma de vigilância. A diferença entre a manipulação promovida pela indústria cultural da que é erigida pelo *Facebook*, por exemplo, no cenário da economia de vigilância, reside na profundidade e na especificidade do comando. Enquanto a indústria cultural utilizava-se do rádio ou da televisão, como ainda utilizam, para direcionar o mesmo conteúdo manipulador a uma cadeia gigantesca de pessoas, o capitalismo de vigilância, modelado pelo *big data*, que é capaz de construir perfis de comportamento humano, setoriza e, mais especificamente, individualiza a dominação.

À título exemplificativo, observe: suponha que uma pessoa esteja convicta a tornar-se vegetariana e, então, utiliza o sistema do *Graph Search* no *Facebook* para saber quais as opções de restaurantes vegetarianos nas proximidades de sua residência. O *Facebook*, através de seus algoritmos, percebe que uma decisão que envolve diversas indústrias está na iminência de ser consumada e, dessa forma, elabora um leilão de anúncios a fim de verificar qual indústria, a de tofu, por exemplo, ou a de carne, tem mais interesse nessa pessoa. A indústria bovina ganha. No dia seguinte, enquanto passa em frente a uma churrascaria do bairro, a pessoa recebe uma notificação de que fora premiada com um cupom de 20% de desconto para almoçar no local. Na semana posterior, ao entrar no supermercado ela recebe outra notificação alegando que o setor de carnes está oferecendo descontos de

20%. Enfim, essa pessoa desiste de tornar-se vegetariana (MOROZOV, 2018, p. 32-33).

Veja-se, portanto, o perigo da dimensão psíquica do capitalismo de vigilância. Aparentemente inocentes, as notificações de desconto funcionam, à fundo, como técnicas de indução de comportamento profundamente individualizadas e que respondem, antes de tudo, aos interesses das empresas monopolistas que, no início, ganharam o leilão de anúncios. A partir do momento em que o leilão se encerra, junto a ele se encerra também a autonomia dos sujeitos, que se tornam passivos frente aos ativos de vigilância.

Revela importante destacar, nesse momento, que o capitalismo de vigilância não é responsável por, isoladamente, configurar a totalidade dos mecanismos da sociedade contemporânea. Outro ator fulcral também participa da composição desse quadro que, em última análise, é nocivo não só o indivíduo em si, mas primordialmente, à classe dos direitos fundamentais e à dignidade humana.

Do prefácio da *Contribuição à Crítica da Economia Política*, escrito por MARX, extrai-se que a totalidade das relações da própria existência humana são, por assim dizer, divididas entre infraestrutura e a superestrutura. Aquela compreende a forma como se organizam as forças produtivas, e, portanto, é a estrutura econômica da sociedade, sobre a qual se ergue a superestrutura jurídica, política e ideológica (MARX, 1982, p. 82). Esse bloco conceitual é indeclinável para o entendimento de que sob a infraestrutura da sociedade contemporânea, correspondente ao capitalismo sob sua forma de vigilância, se levanta uma forma política que lhe é própria, a psicopolítica.

Nos termos de Byung-Chul HAN, filósofo sul-coreano e desenvolvedor desse último conceito, "[a] análise do Big Data dá a conhecer modelos de comportamento que também tornam prognósticos possíveis. [...] A possibilidade de decifrar modelos de comportamento a partir do Big Data anuncia o começo da psicopolítica" (HAN, No Enxame, 2018, p. 82).

À psicopolítica é caro o acesso à psique humana, conseguido por intermédio do *big data*. É uma categoria que supera, portanto, a limitada biopolítica foucaultiana que tinha como horizonte único o controle zeloso dos corpos físicos. Para o biopoder, mais que barrar ou destruir forças, era imperioso produzi-las, deixá-las crescer e ordená-las, fabricando, assim, corpos submissos e exercitados (FOUCAULT, 1988, p. 128-129). Para psicopolítica, de outro modo, importa o *dataísmo*, isto é, a quantificação da vida por intermédio dos dados. Importa, ainda, a anulação da ideologia e da emoção, desmanchadas pelo *big data*. Enfim, implica na concessão de um mínimo de liberdade a fim de reforçar uma escravidão ainda maior (MOROZOV, 2018, p. 171). Nessa esteira, Han assevera, em tom conclusivo que

> A biopolítica é a técnica de governança da sociedade disciplinar, mas é totalmente inadequada para o regime neoliberal, que, antes de tudo, explora a *psique*. A biopolítica, que usa as estatísticas demográficas, não possui acesso ao psíquico. Ela não fornece um *psicograma* da população. [...] Aí reside a diferença entre a estatística e o *big data*. A partir do *big data* é possível extrair não apenas o psicograma individual, mas o *psicograma coletivo*, e quem sabe até o *psicograma do inconsciente*. (HAN, Psicopolítica, 2018, p. 35-36)

Da fusão entre a infraestrutura econômica capitaneada pelo capitalismo de vigilância e a superestrutura política regida pela psicopolítica, não poderia resultar nada menos do que a infeliz corrosão de preceitos e direitos fundamentais conquistados à duras penas por intermédio de diversas lutas sociais e que garantem, hoje, um mínimo de democracia no mundo. A dimensão que subtrai a humanidade dos usuários das redes, coisificando-os, somada à dimensão psíquica do capitalismo de vigilância e da sua forma política, configuram-se potencialmente nocivas tanto à dignidade da pessoa humana, quanto ao direito de privacidade, que se esvai à cada clique, ou pior, a cada pensamento que se constrói internamente.

2. Dignidade da pessoa humana: do imperativo kantiano à dimensão prestacional

Observada a emergência do capitalismo de vigilância e de sua forma política, bem como a nocividade desses fenômenos à humanidade, entende-se pertinente analisar, sob os prismas filosófico e jurídico, o que é a dignidade da pessoa humana, de sorte a possibilitar o exame do modo pela qual ela tem sido sistematicamente atingida por esse regime econômico-político.

A princípio, é imperioso analisar a dignidade humana através do escopo filosófico, sem, contudo, reduzi-la à condição de puro conceito (COMPARATO, 2010, p. 241), sendo igualmente indispensável, nesse sentido, enxergá-la da perspectiva jurídica, a qual lhe conferirá contornos próprios a fim de tutelá-la e promovê-la no âmbito do Estado Democrático de Direito.[7]

Presente na filosofia desde a antiguidade clássica, a dignidade da pessoa humana passou a ser positivada tão-só no pós-Segunda Guerra Mundial, objetivando, em larga medida, resgatar os valores essenciais à humanidade, que foram ameaçados e violentados sistematicamente no período em que vigia, no mundo, o totalitarismo.

Estados que se viram agrilhoados por regimes de natureza totalitária, tal como a Alemanha e Portugal, por exemplo, logo que se viram livres do nazismo e do salazarismo, respectivamente, promulgaram em suas constituições a proteção da dignidade humana. A Lei Fundamental da República Federal da Alemanha (*Grundgesetz*), de 1949, estatui em seu art. 1º, nº 1, que: "A dignidade da pessoa humana é intangível. Respeitá-la e protegê-la é obrigação de todo o poder público". A Constituição da República Portuguesa, de 1976, por sua vez, erige, também no art. 1º, que "Portugal é uma República soberana, baseada na dignidade da pessoa humana e na vontade popular e empenhada na construção de uma sociedade livre, justa e solidária".

Nessa mesma seara encontra-se o Brasil que, livre das amarras da ditadura civil-militar (1964-1985), deu novos ares à Lei Maior, fundamentando na Constituição Federal de 1988, art. 1º, inciso III, *in verbis*: "A República Federativa do Brasil, formada pela união indissolúvel dos Estados e Municípios e do Distrito Federal, constitui-se em Estado Democrático de Direito e tem como fundamentos: [...] III- a dignidade da pessoa humana".

Dentre os países que fizeram vênia ao humanismo, cedendo um local especial nas Constituições à dignidade da pessoa humana, pode-se

---

[7] A respeito desse entendimento, observem-se as palavras de Sarlet, Ingo Wolfgang (2007, p. 362). As dimensões da dignidade da pessoa humana: construindo uma compreensão jurídico-constitucional necessária e possível: "Com efeito, se por vezes a Filosofia posiciona-se, de modo equivocado, como blindada ao Direito (embora seja o Direito, e não a Filosofia, quem acaba por definir — e decidir — qual a dignidade que será objeto de tutela do Estado e, além disso, qual a proteção que este pode assegurar àquela), este não deve e nem pode — ou, pelo menos, não deveria — trilhar o mesmo caminho. Tal já se justifica, entre outros fatores, pelo fato de que o reconhecimento e proteção da dignidade da pessoa pelo Direito resulta justamente de toda uma evolução do pensamento humano a respeito do que significa este ser humano e de que é a compreensão do que é ser pessoa e de quais os valores que lhe são inerentes que acabam por influenciar ou mesmo determinar o modo pelo qual o Direito reconhece e protege esta dignidade".

citar, a título exemplificativo, a Itália, Japão, Espanha, África do Sul, Israel, Hungria e a Suécia (BARROSO, 2014, p. 20). Ainda, é fundamental destacar que, no plano internacional, a Declaração Universal dos Direitos Humanos pontua, em seu art. 1º, que "todos os seres humanos nascem livres e iguais em dignidade e em direitos. Dotados de razão e de consciência, devem agir uns para com os outros em espírito de fraternidade".

O elemento nuclear dos documentos supracitados é, indistintamente, a dignidade da pessoa humana encarada sob a matriz filosófica kantiana, pois, ainda que autores anteriores – destaque-se Marco Túlio CÍCERO, [8] na clássica Roma – tenham construído importantes noções acerca desse conceito, é no pensamento de Immanuel KANT que ele se desenvolve e adquire os contornos nucleares a partir dos quais se seculariza.

A construção argumentativa kantiana, desenvolvida inicialmente em sua *Fundamentação da metafísica dos costumes*, publicada em 1785, assenta-se na autonomia da vontade, expressa pelo filósofo como a "a faculdade de se determinar a si mesmo a agir em conformidade com a representação de certas leis. E uma tal faculdade só se pode encontrar em seres racionais" (2007, p. 67). É fundamentado nessa categoria que KANT diferencia o homem, enquanto ser racional, das coisas, seres desprovidos de razão, pontuando, pois, que aquele existe como *fim em si mesmo* e não só como meio para o uso arbitrário de terceiros, ao passo que essas, na forma de seres irracionais, possuem um valor relativo, sendo, portanto, apenas *meios* em si (KANT, 2007, p. 68).

O aspecto central da construção kantiana reside, portanto, no amálgama entre a autonomia, a autodeterminação e a igualdade formal entre os homens. Note-se que, se o homem (pessoa humana) existe como

---

[8] É a partir do pensamento de Marco Túlio CÍCERO, modelado pela e na antiguidade clássica, que se nota o deslocamento da noção de dignidade da esfera religiosa para uma esfera moral e política. Em seu *Dos Deveres*, Cícero reflete sobre a posição do "homem magnânimo" na sociedade romana como sendo aquele que amontoou certa quantia pecuniária de forma não "odiosa ou torpe" e que, então, a partilha com "os amigos e, em casos de necessidade, com a república", concluindo, pois, que: "Nada mais justo que aquele que respeita tais preceitos viva com grandeza, dignidade e orgulho, ao mesmo tempo que com simplicidade, lealdade e boa vontade em relação aos homens". Nessa passagem é possível notar com clareza que o conceito de dignidade aparece como adjetivo àquele homem que faz o bem e que é moral, distanciando-se, assim, da concepção religiosa correlacionada a Deus. Cf. CÍCERO, Marco Túlio. *Dos deveres*. São Paulo: Martins Fontes, 1999, p. 46-47. A respeito da evolução filosófica da dignidade da pessoa humana cf., por todos: COMPARATO, 2010, p. 13-53.

fim em si mesmo é ele, também, o representante único e absoluto da sua própria existência, tal como o são todas as outras pessoas componentes da comunidade, devendo essas, por isso, respeito recíproco umas em relação às outras (SILVA, 1998, p. 90). Desse raciocínio é corolário o imperativo categórico kantiano que diz: "Age 'de tal maneira que uses a humanidade, tanto na tua pessoa como na pessoa de qualquer outro, sempre e simultaneamente como fim e nunca // simplesmente como meio" (KANT, 2007, p. 69).

Anote-se que, todavia, o que engendrará um conceito kantiano próprio sobre a dignidade humana é a consideração que faz o filósofo prussiano sobre o reino dos fins. Ora, pondera KANT, se todos os homens devem agir em submissão ao imperativo prático ora proposto, segundo o qual nenhum ser racional deve jamais tratar a si ou outrem como meio ou objeto, mas sim, como fim em si mesmo, cria-se, nesse sentido, uma atmosfera que propicia uma ligação sistemática desses homens, que denomina-se reino. Em face desse reino abrigar pessoas que se conectam de forma recíproca, respeitando, pois, a condição dos seres racionais enquanto fins em si mesmos, atribui-se a ele o nome de reino dos fins. Nesse reino, adverte KANT, "tudo tem ou um *preço* ou uma *dignidade*" (2007, p. 77), e se preço tem, pode ser substituído por algo equivalente, mas se ao contrário não o tiver, estando acima dele, possui dignidade. Chega-se aqui ao cerne da argumentação de KANT no que diz respeito à dignidade da pessoa humana: se não tem preço, não é valor relativo, mas sim, valor interno e absoluto. Nessa esteira, a dignidade, em não sendo objeto de precificação, se forja na essência do homem e, como aduz as assertivas palavras de José Afonso da SILVA, "se confunde com a própria natureza do ser humano" (1998, p. 91).

Sob o prisma jurídico, à dimensão da dignidade humana erigida por KANT, privilegiada nos documentos constitucionais e internacionais, SARLET dá o nome de ontológica, porque confere lugar especial à autonomia e à autodeterminação da pessoa humana, entendendo que essa deve ser encarada como fim em si mesma, não permitindo, assim, que ela seja instrumentalizada e reduzida a condição de objeto por outrem (SARLET, 2007, p. 365).

Essa dimensão se dissolve quando o que se vê é o capitalismo sob sua forma de vigilância reduzindo, sim, o homem à condição de objeto, do mesmo modo como também retira dele a sua autonomia, corroendo por completo, dessa forma, a sua dignidade encarada em sentido kantiano-ontológico.

Na dimensão reificante é bastante evidente que os dados, após extraídos e compactados, tornam-se escassos de qualquer resquício de subjetividade. Essa só importa em um primeiro momento, mas depois de objetificada pelo *big data*, se desmantela transformando-se única e exclusivamente em uma característica abstrata de previsão, capaz de impulsionar a publicidade.

Na dimensão psíquica, por sua vez, o homem tem sua autonomia – categoria cara a KANT – subtraída pela manipulação que se estabelece em relação à psique. Assim, nessa dimensão, o capitalismo de vigilância "não se apodera do indivíduo de forma direta. Em vez disso, garante que o indivíduo, por si só, aja sobre si mesmo de forma que reproduza o contexto de dominação dentro de si e o interprete como liberdade" (HAN, 2018, p.44). Em síntese, esse modelo econômico, aliado à sua forma política, promove um total esvaziamento do homem, precificando-o e retirando qualquer forma de autonomia que ele possa almejar.

A extensão kantiana-ontológica, conforme se vê, é insuficiente se o que se pretende é a tutela jurídica da dignidade humana em face da ascensão de um regime perverso, extremamente sofisticado e capaz de acessar a psique humana. Assim, para além da restrita dimensão ontológica que diz sobre a dignidade enquanto valor interno e intrínseco, porquanto tutelado negativamente, mostra-se indeclinável observá-la em sua dimensão, denominada por Sarlet, prestacional, externa e concernente aos direitos que deve o Estado, de forma inescusável, proteger (SARLET, 2007, p. 376).

Não basta, portanto, tutelar a dignidade em sentido negativo, proibindo a redução da pessoa humana à condição de objeto e observando sua autonomia, pois, como assinalado acima, essa dimensão vem sendo escrupulosamente infringida. É imprescindível, também, compreender "o fato de a dignidade gerar direitos fundamentais (negativos) contra atos que a violem ou a exponham a graves ameaças" (SARLET, 2007, p. 365) e, por esse ângulo, garantir que pessoas não sejam tratadas com indignidade, evidenciando-se, assim, o papel do Estado em protegê-las de forma universal, assegurando, por fim, através de medidas positivas, seu respeito e promoção (SARLET, 2006, p. 51).

Para tanto, são necessárias regulamentações que impeçam o fluxo de dados tal como hoje ele se dá. É preciso, pois, eliminar a possibilidade de as grandes empresas de vigilância, dentre as quais cita-se a *Google* e o *Facebook*, extraírem dados de seus usuários a bel prazer. Somente a partir dessas regulamentações é que a dignidade da pessoa humana será verdadeiramente tutelada contra esse regime econômico e político que "expõe nossa vida para conseguir capital em troca das informações espionadas" (HAN, No Enxame, 2018, p. 77).

3. Direito à privacidade

Na realidade constitucional compreende-se que o valor dos direitos fundamentais, dentre eles a privacidade, reside na dignidade da pessoa humana. Consoante o constitucionalista Paulo BONAVIDES:

> Com relação ao princípio da dignidade da pessoa humana, fundamenta ele a totalidade dos direitos humanos positivados como direitos fundamentais no ordenamento-constitucional.
>
> Esse princípio aumenta cada vez mais de importância ao verificar-se que resume e consubstancia por inteiro o teor axiológico e principiológico dos direitos fundamentais das quatro dimensões já conhecidas e proclamadas. [...]
>
> É enfim, o valor dos valores na sociedade democrática e participativa. (2001, p. 10)

Assim sendo, quando a dignidade da pessoa humana é desprezada e perturbada pela ordem econômico-política em vertiginosa ascensão, ocorre concomitantemente o vilipêndio do direito fundamental à privacidade. Essa que, hoje, se vê profundamente corroída pelos mecanismos de vigilância que incidem sobre a sociedade hodierna.

Seja no ambiente digital, em casa ou nas ruas, através de *smartphones*, assistentes digitais ou câmeras de vigilância públicas, nossa vida privada tem sido ameaçada e menoscabada a todo momento, todos os dias. Resgatar as delimitações do conceito de privacidade, bem como buscar ressignificá-la à luz das alterações que o capitalismo de vigilância produziu no corpo social é essencial tanto para o terreno teórico, quanto para examinar soluções práticas viáveis que constranjam essa força avassaladora que se encontra em movimento ascendente desde o início do século XXI.

No rol dos direitos individuais e fundamentais, o direito à privacidade é tutelado pela Constituição Federal de 1988, que dispõe no art. 5º, inciso X, que "são invioláveis a intimidade, a vida privada, a honra e a imagem das pessoas, assegurado o direito de indenização pelo dano moral ou material decorrente de sua violação". A vida privada ganha cuidado, também, do Código Civil de 2002, art. 21 [9] e, especialmente, da Lei Geral de Proteção de Dados (LGPD), nos artigos 1º, 2º, 17, 50, inciso I, alínea d e inciso II, 55-J, incisos III, VII e XIII e 58-B, incisos IV e V. No plano internacional, ainda, a Declaração Universal de Direitos Humanos (1948) versa, em seu artigo 12 que "ninguém sofrerá intromissões arbitrárias na sua vida privada, na sua família, no seu domicílio ou na sua correspondência, nem ataques à sua honra e reputação. Contra tais intromissões ou ataques toda a pessoa tem direito à proteção da lei".

Tanto são múltiplas as normas que objetivam resguardar o direito de o indivíduo ter sua vida privada sob cuidado, quanto foram, no curso da história, as tentativas de conceituação da privacidade.

Hoje, não se nega que a utilização da expressão privacidade se dê um sem-número de vezes como arguição retórica, objetivando envolver os interlocutores por intermédio de puro sofismo. O que não se pode, contudo, em vista da dificuldade real de conceituação, é relegar um conceito de abissal importância à margem da deliberação jurídica, alegando, pois, como fez Robert POST, que a privacidade é "um valor tão complexo e tão emaranhado em dimensões concorrentes e contraditórias, tão entupido de significados distintos e variados, que é duvidoso ser possível abordá-lo de modo útil". (LEONARDI, 2011, p. 49)

Ora, penso que pelo instituto da analogia, a lição de Erhard DENNIGER acerca da necessidade de conceituação da dignidade humana – também um conceito plurívoco – sirva para justificar a indeclinabilidade de delimitação do conceito de privacidade. O professor da Escola de Frankfurt pondera que:

> para a jurisdição constitucional, quando provocada a intervir na solução de determinado conflito versando sobre as diversas dimensões da dignidade, não existe a possibilidade de recusar a sua manifestação, sendo, portanto, compelida a proferir uma decisão, razão pela qual já se percebe que não há como dispensar uma compreensão (ou conceito) jurídica da dignidade da pessoa humana, já que desta — e à luz do caso examinado pelos órgãos judiciais — haverão de ser extraídas determinadas conseqüências jurídicas, muitas vezes decisivas

---

[9] "Art. 21. A vida privada da pessoa natural é inviolável, e o juiz, a requerimento do interessado, adotará as providências necessárias para impedir ou fazer cessar ato contrário a esta norma".

para a proteção da dignidade das pessoas concretamente consideradas. (SARLET, 2007, p. 365)

Esclarecido esse ponto, anote-se que a construção jurídica da privacidade tem origem que remonta ao século XIX, quando em 1890 os estudos de WARREN e BRANDEIS imbricaram em um artigo intitulado *"The Right Privacy"*, publicado pela *Harvard Law Review*. Nele, os autores norte-americanos equipararam a privacidade ao "direito a ser deixado só" (*right to be let alone*), reflexo, pois, das exigências de uma classe burguesa que se via ameaçada pela ascensão da mídia impressa e escrita, que com frequência violava sua intimidade (ROBL FILHO, 2006, p. 185).

Ainda que de grande valia por balizar a privacidade à seara jurídica pela primeira vez, a insuficiência da delimitação de WARREN e BRANDEIS logo se revelou notável, levando outros autores a desenvolverem o tema. Assim, do "direito a ser deixado só" passou-se, então, a ideia de privacidade como "direito ao resguardo" (LEONARDI, 2011, p. 55).

Carlos Alberto BITTAR (2014, p. 173) pondera, em páginas clássicas, que o "ponto nodal desse direito encontra-se na exigência de resguardo ínsita no psiquismo humano, que leva a pessoa a não desejar que certos aspectos de sua personalidade e de sua vida cheguem a conhecimento de terceiros".

Nada obstante a relevância dessa ponderação na linha da evolução histórica do conceito de privacidade, verifica-se que ela é tão insuficiente, hoje, quanto aquela que redundava no "direito de ser deixado só". Isso, pois ambas conceituações são tanto muito restritivas quanto muito obsoletas no que tange a realidade digitalizada e informatizada. Uma compreensão correta do direito à privacidade passa, necessariamente, pelo entendimento dos fenômenos de vigilância. No mundo digitalizado, comandado pelos dados, não há como escapar dos olhos vigilantes, não existem ambientes, pois, imunes a serem vigiados. Nas palavras de HAN:

> o pan-óptico digital oferece uma visão em 360° dos seus internos. O pan-óptico de Bentham está ligado à óptica perspectiva. Desse modo são inevitáveis pontos cegos nos quais os prisioneiros podem perseguir seus pensamentos e desejos secretos sem serem notados. A vigilância digital é mais eficiente porque é *aperspectivista*. (HAN, Psicopolítica, 2018, p. 78)

Em face desse regime panóptico ubíquo, vê-se claramente que o conceito de privacidade que se deve propor é diverso e se afasta diametralmente das concepções pretéritas sobre o tema, isto é, do "direito a ser deixado só" e do "direito ao resguardo". Hoje, a questão que se coloca não é como resguardar a vida privada dos olhos de terceiros, mas sim, de que modo podemos controlar e restringir a vigilância.

Assim, afastando-se de uma lógica negativa, onde a privacidade consistia tão-só no não conhecimento da vida privada de outrem, atualmente, o cerne desse conceito localiza-se no controle ativo dos dados pelo indivíduo e na capacidade que tem ele de restringir ou permitir a circulação desses à seu respeito.

Nessa seara, recolho e reitero, aqui, a lição de SCHREIBER, para quem "[a]s relações travadas na internet são relações sociais como quaisquer outras. Nesse sentido, o universo virtual não pode se tornar uma bolha de imunidade aos valores fundamentais do ordenamento jurídico, em especial à proteção da dignidade humana" (2014, p. 171). Somente a datar do controle de dados, portanto, é que se estará iluminando as sombras do capitalismo de vigilância e da psicopolítica, de modo a possibilitar a restauração dos valores fundamentais às sociedades plurais e democráticas.

4. Proteção de dados pessoais

Ascendente desde a década de 1980, o neoliberalismo se funda sobretudo na convicção de que não há alternativas. Frente ao desmoronamento do direito à privacidade e do preceito fundamental da dignidade humana, e assim, do próprio Estado Democrático de Direito, os discursos neoliberais lançam potentes impressões de inevitabilidade desse processo. Adverte LAYMERT que essa convicção de que não há nada a se fazer é espontânea e autêntica, e se baseia "na crença da primazia absoluta do capital, do seu caráter invencível, desde que o desenvolvimento da racionalidade econômica se confundiu com o desenvolvimento da racionalidade tecnocientífica" (SANTOS, 2003, p. 229-230).

Essa esteira de impossibilidades impostas, cenário no qual os fatos sociais escapam à autonomia do sujeito, começou a ruir. Em entrevista concedida ao jornal *El País*, em outubro desse ano, a professora ZUBOFF foi questionada sobre se há, hoje, algum local que conseguiu frear o avanço das *Big Techs* e, assim, consequentemente, do capitalismo de vigilância e da psicopolítica. ZUBOFF replicou que, sim, a União Europeia, a partir do *Regulamento Geral de Proteção de Dados (RGPD)*, *"criou oportunidades para alterar certas coisas", e que, por isso, ele "[é] uma base essencial sobre a qual se pode trabalhar"* (PEREZ, 2020).

Aprovado em 2016 pela União Europeia (UE), o Regulamento Geral de Proteção de Dados (RGPD) representou a vanguarda naquilo que se propôs a regular, isto é, a "proteção das pessoas singulares no que diz respeito ao tratamento de dados pessoais e à livre circulação desses dados", tal como se lê no art. 1º, nº 1 da referida lei.

A promulgação da RGPD reverberou à nível global, influenciando de modo central o debate acerca da proteção de dados, na medida em que exigiu que os demais países e empresas que objetivavam manter relações de viés econômico com a União Europeia adotassem uma legislação de igual nível a ela (PECK, 2020, p. 15). É nesse contexto, então, que em 2018, aqui no Brasil, a Lei 13.709 – Lei Geral de Proteção de Dados (LGPD) – foi sancionada.

Consoante MENDES e BIONI, ainda que a legislação europeia (RGPD) e a brasileira (LGPD) sobre proteção de dados guardem distinções entre elas, é notório que, também, compartilham semelhanças, sendo correto, pois, afirmar que aquela, inegavelmente, influenciou essa (MENDES e BIONI, 2019, p. 160). Privilegiando o controle ativo dos dados e a autodeterminação informativa, a LGPD – bem como a RGPD –, que entrou em vigência há pouco, no dia 18.09.2020, dá um passo importante em direção ao resgate da autonomia do sujeito, conferindo-lhe potência para supervisionar o caminho que percorre os dados que a ele concerne. Em linhas gerais, pode-se dizer que a regulamentação de proteção de dados brasileira significa a institucionalização de um mecanismo que visa a reestruturar e blindar a dignidade da pessoa humana e o direito à privacidade contra o capitalismo de vigilância e a psicopolítica.

A recuperação e a blindagem desses valores tão caros à humanidade e, portanto, ao ordenamento jurídico, se fundam, primeiro, no art. 2º da LGPD, [10] que se preocupa em proteger os direitos

---

[10] "Art. 2º A disciplina da proteção de dados pessoais tem como fundamentos: I - o respeito à privacidade; II - a autodeterminação informativa; III - a liberdade de expressão, de informação, de comunicação e de opinião; IV - a inviolabilidade da intimidade, da honra e da imagem; V - o desenvolvimento econômico e tecnológico e a inovação; VI - a livre iniciativa, a livre concorrência e a defesa do consumidor; e VII - os

fundamentais sob o escopo da proteção de dados e, também e mais a fundo, em princípios, os quais estão elencados no art. 6º dessa mesma norma. Dentre eles, destacam-se os princípios da finalidade, da adequação, da necessidade, do livre acesso, da transparência e o da responsabilização e prestação de contas (incisos I, II, III, IV, VI e X), que podem ser entendidos do modo como se segue:

i. Princípio da finalidade: a utilização dos dados coletados deve corresponder à finalidade anunciada ao interessando em momento anterior à coleta.

ii. Princípio da adequação: representa a compatibilidade do tratamento de dados com as finalidades que foram informadas ao titular.

iii. Princípio da necessidade: por ele, deve-se tratar o mínimo de dados possíveis, isto é, somente os dados que sejam essencialmente necessários para as finalidades anteriormente reveladas.

iv. Princípio do livre acesso: significa a garantia que o titular dos dados tem de acessar seus dados de forma gratuita e facilitada.

v. Princípio da transparência: garantia dada ao titular dos dados de informações claras, sem detalhes que possam dificultar acesso e conhecimento aos dados.

vi. Princípio da responsabilização e prestação de contas: princípio pelo qual o agente que trata dados pode ser responsabilizado por problemas decorrentes no tratamento de dados.

Veja-se, então, que o complexo do Vale do Silício encontra, agora, uma barreira potente aos seus interesses obscuros. Os dados, antes usurpados indiscriminadamente sob a retórica de que eram usados para melhoria dos serviços prestados, agora devem (cor)responder à sua finalidade real, isto é, a publicidade individualmente direcionada. Assim, cabem aos sujeitos dos dados concedê-los ou não para esse fim, de tal sorte que se o fizerem, o direito que têm eles de posteriormente acessar esses dados facilitadamente a fim de verificar se estão sendo adequadamente utilizados, em consonância as finalidades anunciadas, mantém-se intacto e latente. Enfim, se houver qualquer dissonância entre a finalidade revelada e o fim prático para os quais aqueles dados estão sendo direcionados, o agente tratador de dados deve prestar contas e, a partir daí, ser responsabilizado.

---

direitos humanos, o livre desenvolvimento da personalidade, a dignidade e o exercício da cidadania pelas pessoas naturais".

Nesse sentido, se antes o capitalismo de vigilância objetificava o sujeito e induzia seu comportamento por intermédio do roubo de dados, agora ele vê suas forças sendo dissipadas. A emergência de uma complexa rede jurídica de proteção de dados pessoais, devolve a autonomia do sujeito e estabelece parâmetros de tutela positiva que erigem a dignidade humana ao patamar que verdadeiramente lhe pertence no ordenamento jurídico pátrio, isto é, à posição de prestígio. A privacidade, por sua vez, se vê muito bem resguardada pelos princípios que o legislador ordinário determinou no art. 6º da Lei Geral de Proteção de Dados, assim como em artigos seguintes, cujo objetivo unívoco é "proteger os direitos fundamentais de liberdade, de privacidade e o livre desenvolvimento da personalidade da pessoa natural", como sustenta Patrícia PECK (2019, p. 310).

Desse modo, da mesma forma como ZUBOFF enxerga no *Regulamento Geral de Proteção de Dados (RGPD) uma potencial solução para o constrangimento das práticas obscuras das Big Techs, o seu equivalente à brasileira, a Lei Geral de Proteção de Dados (LGPD), é também um mecanismo importantíssimo para sustentar a democracia no Brasil e sobretudo lutar contra a vigilância sob sua forma econômica e política.*

Conclusão

Não restam dúvidas de que desde o seu surgimento, no início do século XXI, o capitalismo de vigilância amalgamado à sua forma política, psicopolítica, ofendem e envilecem a dignidade da pessoa humana que, servindo substrato axiológico de todo ordenamento jurídico, toda vez que é depreciada, o são também todo complexo de direitos fundamentais cujo valor é forjado naquele princípio. A reificação e a indução de comportamento fomentados por esse fenômeno econômico-político propagaram-se livremente por muito tempo, sobretudo porque blindados pela lógica de inevitabilidade de mudança das contradições sociais consolidada pelo neoliberalismo.

Esforços juspolítico-filosóficos recentes, contudo, entabulam atualmente, partindo da ressignificação de conceitos e valores fulcrais às sociedades democráticas e, a posteriori, a partir da formulação de um complexo tecido normativo de proteção de dados pessoais, um efetivo constrangimento dessas forças econômica e política, erigindo, novamente, à posição de destaque o preceito fundamental da dignidade da pessoa humana e o direito fundamental à privacidade.

É, ainda, o início de uma trajetória que, certamente, é bastante complexa, mas há, sem dúvidas, motivos evidentes para crer que será esse um percurso vitorioso em face de um subversivo sistema de usurpação de dados que reduz a pessoa humana à mercadoria e induz seu comportamento vislumbrando lucro.

Veja-se: o capitalismo de vigilância e a psicopolítica surgiram há aproximadamente 20 anos e agiram, nesse tempo, livres de constrições legais. A democracia, que tem seu berço na antiguidade clássica, possui mais de 2.500 anos. O Direito, tal qual o conhecemos, remonta ao século XVI, isto é, possui cerca de 520 anos. Desse modo, estaríamos a cometer um vilipêndio enorme à História, as instituições jurídicas e as organizações sociais se acreditássemos na vitória de um sistema econômico-político tão recente sobre sistemas antiquíssimos defendidos, formulados e reformulados pelos maiores estudiosos que já passaram pelo mundo.

Referências bibliográficas

ADORNO, Theodor; HORKHEIMER, Max. *A indústria cultural: o esclarecimento como mistificação das massas*. In: __________; __________. *Dialética do esclarecimento*. Tradução de Guino Antonio de Almeida. Rio de Janeiro: Jorge Zahar Ed., 1985.

ALEMANHA. *Constituição (1949). Lei Fundamental da República Federal da Alemanha, de 23 de maio de 1949*. Disponível em: https://www.btg-bestellservice.de/pdf/80208000.pdf. Acesso em: 03 nov. 2020.

BARROSO, Luís Roberto. *A dignidade da pessoa humana no direito constitucional contemporâneo: a construção de um conceito jurídico à luz da jurisprudência mundial*. Tradução Humberto Laport de Mello. 3. reimpressão. Belo Horizonte: Fórum, 2014.

BAUMAN, Zygmunt. *Vigilância líquida: diálogos com David Lyon*. Rio de Janeiro: Zahar, 2013.

BITTAR, Carlos Alberto. *Os direitos da personalidade*. 8.ed. São Paulo: Saraiva, 2014.

BONAVIDES, Paulo. *Teoria constitucional da democracia participativa*. São Paulo, Malheiros, 2001.

BOTTOMORE, Tom. *Dicionário do pensamento marxista*. Tradução de Waltensir Dutra; organizador da edição brasileira, revisão técnica e pesquisa bibliográfica suplementar, Antonio Moreira Guimarães. – Rio de Janeiro: Jorge Zahar Ed., 2001.

BRASIL. *Constituição (1988). Constituição Federal da República Federativa do Brasil de 1988.* Disponível em: http://www.planalto.gov.br/ccivil_03/constituicao/constituicaocompilado.htm. Acesso em: 03 nov. 2020.

__________. *Lei nº 10.406, de 10 de janeiro de 2002. Institui o Código Civil.* Disponível em: http://www.planalto.gov.br/ccivil_03/leis/2002/l10406compilada.htm. Acesso em: 03 nov. 2020.

__________. *Lei 13.709/2018, de 14 de agosto de 2018. Lei Geral de Proteção de Dados (LGPD).* Disponível em: http://www.planalto.gov.br/ccivil_03/_ato2015-2018/2018/lei/L13709.htm. Acesso em: 03 nov. 2020.

BRAUDEL, Fernand. *Civilização material, economia e capitalismo: séculos XV-XVIII, o tempo do mundo.* Tradução de Telma Costa; revisão da tradução Mônica Stahel. 2.ed. São Paulo: Edita WMF Martins Fontes, 2009, v.3.

CASTELLS, Manuel. *A era da informação: economia, sociedade e cultura.* In: CASTELLS, Manuel. *A Sociedade em rede.* São Paulo: Paz e Terra, 1999, v. 1.

CÍCERO, Marco Túlio. *Dos deveres.* São Paulo: Martins Fontes, 1999.

COMPARATO, Fábio Konder. *Afirmação histórica dos direitos humanos.* 7.ed. rev. e atual. – São Paulo: Saraiva, 2010.

FOUCAULT, Michel. *História da sexualidade I: a vontade de saber.* Tradução de Maria Thereza da Costa Albuquerque e J. A. Guilhon Albuquerque. 13ª ed. – Rio de Janeiro: Edições Graal, 1988.

GATTI, Lucianno Ferreira. *Indústria cultural e crítica da cultura.* In: NOBRE, Marcos (org.). *Curso livre de teoria crítica.* Campinas, SP: Papirus, 2008.

HAN, Byung-Chul. *No enxame: perspectivas do digital.* Tradução de Lucas Machado. Petrópolis, RJ: Vozes, 2018.

__________. *Psicopolítica: o neoliberalismo e as novas técnicas de poder.* Tradução de Maurício Liesen. Belo Horizonte: Âyiné, 2018.

IANNI, Octavio. Teorias da globalização. 2.ed. Rio de Janeiro: Civilização Brasileira, 1996.

KANT, Immanuel. Fundamentação da metafísica dos costumes. Lisboa: Edições 70, 2007.

LEE, Dave. *Google admits error over hidden microphone.* [S.I.], 20 fev. 2019. Disponível em: https://www.bbc.com/news/technology-47303077. Acesso em: 30 out. 2020.

LEONARDI, Marcel. *Tutela e privacidade na internet.* São Paulo: Saraiva, 2011.

LEVY, Pierre. *Ciberespaço.* Tradução de Carlos Irineu da Costa. São Paulo: Ed. 34, 1999.

MARX, Karl. *O capital: crítica da econômica política, livro 1, t.1*. São Paulo: Editora Nova Cultural, 1996, v.1.

__________. *O "prefácio" da Contribuição à Crítica da Economia Política*. In: IANNI, Octávio. *Karl Marx:* sociologia. 3.ed. São Paulo: Ática, 1982.

MENDES, Laura Schertel; BIONI, Bruno R. *O regulamento europeu de proteção de dados e a lei geral de proteção de dados brasileira: mapeando convergências na direção de um nível de equivalência. Revista de Direito do Consumidor,* vol. 124/2019, p. 157 – 180, Jul-Ago 2019.

MOROZOV, Evgeny. *Big Tech: a ascensão dos dados e a morte da política*. São Paulo: Ubu Editora, 2018.

ORGANIZAÇÃO DAS NAÇÕES UNIDAS. *Declaração Universal dos Direitos Humanos, de 10 de dezembro de 1948.* Disponível em: http://www.direitoshumanos.usp.br/index.php/Declara%C3%A7%C3%A3o-Universal-dos-Direitos-Humanos/declaracao-universal-dos-direitos-humanos.html.

PECK, Patrícia. *Nova lei brasileira de proteção de dados pessoais (LGPD) e o impacto nas instituições públicas e privadas. Revista dos Tribunais,* vol. 1000/2019, p. 309-323, Fev. 2019.

______. *Proteção de dados pessoais: comentários à Lei n. 13.709/2018 (LGPD).* 2.ed. São Paulo: Saraiva Educação, 2020.

PÉREZ, Carmen. *Shoshana Zuboff: "o neoliberalismo destroçou tudo. temos que começar do zero".* Disponível em: https://brasil.elpais.com/ideas/2020-10-11/shoshana-zuboff-o-neoliberalismo-destrocou-tudo-temos-que-comecar-do-zero.html. Acesso em: 01 nov. 2020.

PORTUGAL. Constituição (1976). Constituição Federal, de 02 de abril de 1976. *Constituição da República Portuguesa.* Disponível em: https://www.parlamento.pt/Legislacao/paginas/constituicaorepublicaportugu esa.aspx. Acesso em: 03 nov. 2020.

ROBL FILIIO, Ilton Norberto. *Direito, intimidade e vida privada: uma perspectiva histórico-política para uma delimitação contemporânea. Revista Eletrônica do CEJUR,* [S.l.], dec. 2006. ISSN 1981-8386. Disponível em: <https://revistas.ufpr.br/cejur/article/view/14841>. Acesso em: 17 oct. 2020. doi: http://dx.doi.org/10.5380/ccjur.v1i1.14841.

SANTOS, Laymert Garcia dos. *Politizar as novas tecnologias: o impacto socioeconômico da informação digital e genética*. São Paulo: Ed. 34, 2003.

SARLET, Ingo Wolfgang. *As dimensões da dignidade da pessoa humana: construindo uma compreensão jurídico-constitucional necessária e possível. Revista Brasileira de Direito Constitucional,* jan-jun, 2007.

______. *Dignidade da pessoa humana e direitos fundamentais na Constituição Federal de 1988.* 4.ed. rev. atual. Porto Alegre: Livraria do Advogado Ed., 2006.

SCHREIBER, Anderson. *Direitos da personalidade.* 3.ed. rev. e ampl. São Paulo: Atlas, 2014.

SHOSHANA, Zuboff. *Big other: capitalismo de vigilância e perspectivas para uma civilização da informação*. In: BRUNO, Fernanda [et al.]. *Tecnopolíticas da vigilância: perspectivas da margem*. 1.ed. São Paulo: Boitempo, 2018.

______. *The age of surveillance capitalism: the fight for a human future at the new frontier of power*. London: Profile Books, 2019. Edição Kindle.

______. *Le monde diplomatique: Um capitalismo de vigilância*. [S.I.], 3 jan. 2019. Disponível em: https://diplomatique.org.br/um-capitalismo-de-vigilancia/. Acesso em: 28 out. 2020.

SILVA, José Afonso da. *A dignidade da pessoa humana com valor supremo da democracia. Revista de Direito Administrativo*, Rio de Janeiro, v. 212, p. 89-94, abr. 1998. Disponível em: http://bibliotecadigital.fgv.br/ojs/index.php/rda/article/view/47169/45637. Acesso em: 02 out. 2020.

UNIÃO EUROPEIA. *Lei nº 119, de 27 de abril de 2016. Regulamento (UE) 2016/679 do Parlamento Europeu e do Conselho*. Disponível em: https://eur-lex.europa.eu/legal-content/PT/TXT/HTML/?uri=CELEX:32016R0679. Acesso em: 03 nov. 2020.

WALLERSTEIN, Immanuel. *Capitalismo histórico e Civilização capitalista*. Tradução de Renato Aguiar; revisão de tradução César Benjamin e Immanuel Wallerstein. Rio de Janeiro: Contraponto, 2001.

A CURADORIA DE CONTEÚDO EM TEMPOS DE SOCIEDADE DA INFORMAÇÃO: ASPECTOS DE DIREITO DE AUTOR

Marco Aurélio Brasil Lima[1]

Sumário: Introdução. 1. Saturação midiática e superabundância informacional. 2. O curador em tempos de Sociedade da Informação. 3. O curador e os direitos de autor. Conclusão. Referências bibliográficas.

Introdução

A disciplina do direito de autor sofre constantes pressões para alargar sua abrangência. Se a forma como a conhecemos contemporaneamente nasceu em um contexto de proteção estrita a obras escritas de determinadas naturezas (preponderantemente obras científico-filosóficas ou literárias), a multiplicação de mídias, suportes, formatos e expressões conduziu a acaloradas discussões sobre a conveniência ou não de se fazer abarcar no escopo do direito de autor essas novas atividades do gênio humano.

Em tempos de Sociedade de Informação, vive-se um fluxo multidirecional de informações jamais visto ou pensado, criando um excedente virtualmente intransponível de conhecimento; a quantidade de informações disponível supera em muito a capacidade de qualquer ser humano o apreender, o tratar e dele usufruir, o que leva ao prestígio de certas atividades outrora marginais ou inexistentes. Dentre essas figuras está a do curador de conteúdo, ou seja, da pessoa especializada em uma certa espécie de informação que se presta a compilar, organizar e referendar materiais, servindo como uma espécie de índice imprescindível aos neófitos ou interessados.

Com o crescimento do prestígio dessa sorte de prestador de serviço, pergunta-se se o fruto de seu labor deve ser protegido como obra intelectual albergada pelo Direito do autor. Estariam configurados os

---

[1] Mestre em Direito da Sociedade da Informação pelo Centro Universitário das Faculdades Metropolitanas Unidas (FMU-SP). Especialista em Tutela de Direitos Difusos e Coletivos pela Universidade da Amazônia (UNAMA) e em Direito Empresarial pela Fundação Getúlio Vargas (FGV-SP). Bacharel em Direito pela Universidade Presbiteriana Mackenzie (MACK). Lattes: http://lattes.cnpq.br/6064241311152471. Orcid: https://orcid.org/0000-0002-6812-1357. E-mail: marco@eadvisor.com.br

elementos que garantem essa sorte de proteção na curadoria de conteúdo? Eis a questão aqui enfrentada.

1. Saturação midiática e superabundância informacional

A Sociedade da Informação como legítima sucessora da modernidade industrial se caracteriza preponderantemente pelo novo e prestigiado status da informação, a ponto de levar Ascensão a afirmar que "o grande lema (que não foi dito) passaria a ser: 'Quem domina a informação domina o mundo'" (2002, p. 161-182), ou, como sintetiza o autor italiano Alberto MELUCCI:

> Após a Segunda Guerra Mundial, todas as sociedades ocidentais passaram por processos intensos e rápidos de modernização que atingiram seu clímax na década de 1960. Esses processos estão se espalhando em ritmo variável para outras partes do mundo: para a Europa Oriental, Japão e Ásia Oriental e América Latina. A modernização que progressivamente muda a face da sociedade industrial capitalista – por vezes chamada de capitalismo tardio, sociedade pós-industrial, sociedade complexa - tem influência direta sobre os enclaves sociais das culturas minoritárias e as arrasta para a enorme máquina de uma sociedade transnacional governada pela informação. (MELUCCI, 1996, p. 157)

O valor intrínseco da informação, que ultrapassa o valor da propriedade imobiliária (grande e principal *commodity* da modernidade) e do parque industrial (grande e principal *commodity* da modernidade industrial), é, diferentemente dos paradigmas anteriores, multiplicado quanto maior a sua abundância; se outrora as terras e o arranjo industrial reinavam soberanos porquanto raros e limitados, é a superabundância da informação que prestigia seu uso e lhe empresta novo valor.

A Internet é ao mesmo tempo agente e produto dessa transformação. Foi justamente por intuir o valor da informação que o governo dos Estados Unidos da América criou a DARPA, em 1958, e lhe incumbiu de encontrar um meio de proteger os dados do país em caso de um ataque soviético. Missão dada, missão cumprida: com aquele embrião da Internet, a informação estaria ao mesmo tempo em todo e em nenhum lugar. Nenhum ataque físico, ainda que derrubando parrudos servidores, poderia fazer desaparecer a informação digitalizada nos pacotes que transitam pela Internet. Logo, sem a pretensão de resolver o dilema do ovo e da galinha, fato é que, sobretudo no pós-guerra, a informação alcança um *status* gigantesco a ponto de estabelecer uma nova tecnologia comunicacional, que tem como principal e mais destacado efeito justamente engrandecer o referido *status*. O advento de tal tecnologia, a World Wide Web (WWW para os mais íntimos), "propagou-se entre os usuários da Internet como um rastilho de pólvora para tornar-se, em poucos anos, um dos principais eixos do desenvolvimento do ciberespaço", como escreveu Pierre LÉVY (2010, p. 162).

Ora, uma característica notável da WWW como novo meio de comunicação humano é sua natureza descentralizadora e multidirecional. Se as mídias de massa que a antecederam (rádio, televisão, mídia impressa) possuíam um único polo emissor e uma coletividade indistinta receptora, a Internet tem todos os seus usuários a um só tempo como emissores e receptores. Isso torna a "audiência" da informação criada muito mais esparsa, mas, de outra banda, multiplica exponencialmente a quantidade de informações em circulação.

Ilustração singela dessa nova condição da informação está na lista de marcas mais valiosas do mundo. Segundo levantamento da Interbrand,[2] a lista é constituída preponderantemente de empresas que detêm altíssima quantidade de informações e que se mostraram hábeis no seu manejo. Apple, a número 1 da lista, em que pese seja lembrada como uma fabricante de *hardwares*, armazena toneladas de informações relevantes de seus usuários em serviços como iTunes, iWallet ou iCloud. Apple é seguida pelo Google, que se descreve como "uma empresa de tecnologia que organiza a informação do mundo e a faz universalmente acessível e útil"[3]. A Amazon, também encontrada entre as 5 marcas mais valiosas do mundo, investe uma pequena fortuna na manutenção de servidores informáticos e tem como um de seus principais negócios a locação de capacidade computacional e de armazenamento em nuvem. Decerto não teria chegado à condição de poder assim fazer se não se houvesse revelado eficaz no tratamento das informações que coletou durante anos com os hábitos de seus

---

[2] Disponível em <u>http://interbrand.com/best-brands/best-global-brands/2017/ranking/</u> Acesso em 25 jun. 2018.

[3] Disponível em <u>http://interbrand.com/best-brands/best-global-brands/2017/ranking/google/</u> Acesso em 25 jun. 2018.

consumidores, as resenhas de produtos, as preferências do grande público.

Segundo estudo denominado "A Universe of Opportunities and Challenges"[4], desenvolvido pela consultoria EMC, divulgado em 2012, estimava-se que de 2006 a 2010 o volume de dados digitais gerados havia crescido de 166 Exabytes para 988 Exabytes, o que levava à expectativa de que em 2020 o volume de dados alcance a casa dos 40.000 Exabytes, ou 40 Zettabytes (ou incríveis 40 trilhões de Gigabytes), algo como 6 mil gigabites por pessoa conectada à Internet.

O caudalosíssimo rio informacional propiciado pela Internet lhe confere contornos de novo direito humano. Ou, antes, não novo, mas uma decorrência dos direitos humanos já consagrados, como o direito ao acesso à informação, o direito ao desenvolvimento e o direito à participação na cultura e no progresso científico e tecnológico. Carolina Teixeira Ribeiro, Daniel MERLI e Sivaldo Pereira da SILVA assim o comentam:

> A ideia de inclusão digital nasce da percepção de que o surgimento de um conjunto de tecnologias de comunicação, baseadas, em linguagem binária (digital), se configura hoje como uma nova fronteira para a inserção do indivíduo na vida social. Ter a possibilidade de acessar informações, serviços públicos, compartilhar vivências on-line, produzir e difundir conhecimento através da Internet passou a ser uma característica da própria noção de cidadania. Um indivíduo sem acesso à rede mundial de computadores se projeta, neste novo cenário, como um cidadão excluído. (RIBEIRO; MERLI; DA SILVA, 2012, p. 198)

Essa vocação elevada da fruição da informação encontrada no ciberespaço também sobressai do comentário de Flávia PIOVESAN e Letícia QUIXADÁ, para quem "as novas tecnologias emergem como mecanismos para a promoção de diferentes direitos econômicos, sociais e culturais, como o direito à educação e à saúde, de modo que o acesso à internet resta configurado como vital ao pleno desenvolvimento humano"[5]. Logo, existe um sentimento coletivo de promoção da inclusão

---

4 Disponível em https://www.emc.com/leadership/digital-universe/2012iview/executive-summary-a-universe-of.htm Acesso em 18 abr. 2019.

5 PIOVESAN, Flávia; QUIXADÁ, Letícia. *Internet, direitos humanos e sistemas de justiça*. Disponível em: https://s3.meusitejuridico.com.br/2019/01/20de4ac8-artigo-internet-justica-dh.pdf. Acesso em 08 jan. 2019.

digital universal. Em que pese os governos de muitos países, entre eles certamente o do Brasil, se movem muito lentamente nesse sentido, fato é que a Internet, com sua informação abundante, livre e multidirecional, tem pretensões universalizantes. E não se trata mais de disponibilizar o acesso à internet a todas as pessoas apenas, ou seja, não se pensa mais em simplesmente colocar um computador ligado à WWW à disposição de todas as pessoas ao menos durante alguns minutos por dia. A inclusão digital que se pretende é a que envolve uma banda de qualidade, a fim de que a velocidade de conexão seja elevada, com educação suficiente a fim de que todas as pessoas saibam o que fazer com a informação e a possam produzir e que contenha ubiquidade, ou seja: que todas as pessoas possam acessar a Internet a qualquer momento e em qualquer lugar.

Ainda que não se haja chegado a tanto ainda, fato é que se vive hoje uma realidade completamente distinta das de outras gerações. Todd GITLIN aponta para esse novo paradigma:

> O fluxo de imagens e sons pelas casas do mundo rico e nas partes mais ricas do mundo pobre parece insignificante hoje em dia. Só o visitante de um século anterior ou de um país empobrecido pode espantar-se com o fato de a vida hoje desenrolar-se diante de uma multidão reluzente de imagens e sons, que emanam de televisores, videoteipes, videodiscos, videogames, videocassetes, telas de computador, monitores digitais de todo tipo, sempre em fluxo, selecionados por vontade ou capricho, suplementados por palavras, números, símbolos, frases, fragmentos, todos passando por telas que num único minuto podem exibir mais quadros que uma casa holandesa próspera do século XVII comportaria no decorrer de anos e, numa semana, mais pedacinhos do que viemos a chamar de 'informação' do que todos os livros de todas as casas da Delft de Vermeer. E isso sem falar no ambiente sonoro: a música, as vozes e os efeitos de rádios, CDs e toca-discos. E sem falar de jornais, revistas, boletins e livros. A maioria dos rostos que jamais veremos será vista em forma de imagem". (GITLIN, 2003, p. 25)

A sociedade está, portanto, ensopada de informação, no que Edilson CAZELOTO denuncia como "saturação informática", que provoca "a perda do sentido em detrimento da circulação sem medida dos significantes" (CAZELOTO, 2008, p. 28). Sendo um paradigma novo, natural que o homem se veja atônito, sem saber bem que fazer com

tamanha oferta de informações. Ou, como observa Maria Ângela Lopes
Paulino PADILHA:

> Na esfera sociológica, a evolução do computador no seu papel
> de transporte [de] dados, combinado às expressivas fontes e
> meios de comunicação, gerou o aumento exponencial, quase
> ilimitado, da transmissão instantânea de informações entre os
> indivíduos. O corpo social passou a organizar-se e reorganizar-
> se ao redor desse ente abstrato, que é a informação. Esse
> excesso informativo marcado pela não linearidade, contudo,
> tem prejudicado a própria capacidade do homem de verificar a
> origem e a veracidade das informações, selecionar quais são
> relevantes, assimilá-las e refletir a seu respeito, muitas vezes
> em detrimento do raciocínio preciso e aprofundado.
> (PADILHA, 2016)

Em suma, a nova *commodity* disputada por corporações e Estados,
é a informação. Quanto maior a quantidade de informação, maior é seu
valor e a velocidade com que transita. Qualquer pessoa com acesso à rede
mundial de computadores e outras ferramentas midiáticas está atingido
por uma avalanche de dados e conhecimentos difíceis de se assimilar
adequadamente.

2. O curador em tempos de Sociedade da Informação

Na aurora mesmo do período presente, quando o ambiente que se
denomina ciberespaço ainda era incipiente e ensaiava seus primeiros
passos e tendências, Pierre Lévy anteviu o crescente prestígio de uma
classe até então pouco significante: a dos curadores.

É importante estabelecer de plano que o termo "curadoria" no
presente trabalho é empregado de forma diversa da que se costuma fazer
no meio jurídico. No Direito, curador é "a pessoa a quem é dada a
comissão ou o encargo com os poderes de *vigiar* (cuidar, tratar,
administrar) os interesses de outra pessoa, que tal não pode fazer por si
mesma" (PLÁCIDO E SILVA, 2004, p. 405), portanto, um termo afeito
ao instituto da curatela do Direito Civil, aplicado sempre em relação a
um nascituro, às massas, a ausentes, a órfãos, etc.

O sentido em que se utiliza a expressão curadoria ou curador aqui
é apropriado do mundo das artes, afeito à figura do curador de arte.
Nesse sentido, a curadoria, segundo o Free Dictionary of Farlex, tem o

sentido de "o que reúne algo, o organiza e torna público"[6]. Tal, portanto, a conotação do termo aqui enfocado, que foi escolhido pela ausência de outro mais unívoco para designar esse novo agente em tempos de Sociedade da Informação: o curador de conteúdo digital, a pessoa que tem como função (ou passatempo) a indexação, referência, organização e escolha criteriosa de conteúdo. Tal é o profissional ou amador altamente especializado antevisto por Lévy. Seu raciocínio principia pela natureza do fenômeno *Internet*:

> A página da Web é um elemento, uma parte do corpus intangível composto pelo conjunto dos documentos da World Wide Web. Mas pelos links que lança em direção ao restante da rede, pelos cruzamentos ou bifurcações que propõe, constitui também uma seleção organizadora, um agente estruturador, uma filtragem desse corpus. Cada elemento dessa pelota que não pode ser circunscrita é ao mesmo tempo um pacote de informações e um instrumento de navegação, uma parte do estoque e um ponto de vista original sobre esse mesmo estoque. Em uma face, a página da Web forma a gotícula de um todo em fuga, enquanto na outra propõe um filtro singular do oceano de informação. (LÉVY, 2010, p. 162)

Lévy se apropria da expressão antes cunhada por Roy ASCOTT, no sentido de que a rede mundial de computadores cria "um segundo dilúvio", o "dilúvio de informações". Muita coisa mudou desde que DIDEROT e D'ALEMBERT capitanearam o projeto da *Encyclopédie*. "Até então, um pequeno grupo de homens podia esperar dominar o conjunto dos saberes (ou ao menos os principais) e propor aos outros o ideal desse domínio" (LÉVY, 2010, p. 163), ou seja, "o conhecimento era totalizável". Logo, contudo, tudo iria mudar:

> A partir do século XX, com a ampliação do mundo, a progressiva descoberta de sua diversidade, o crescimento cada vez mais rápido dos conhecimentos científicos e técnicos, o projeto de domínio do saber por um indivíduo ou por um pequeno grupo tornou-se cada vez mais ilusório. Hoje, tornou-se evidente, tangível para todos que o conhecimento passou

---

[6] Tradução livre de "One who gathers something, organizes it, and makes it available to the public". Disponível em: https://www.thefreedictionary.com/curatorship. Acesso em: 24/04/2019.

definitivamente para o lado do intotalizável, do indominável. (LÉVY, 2010, p. 163)

Tal estado de coisas clama pela resposta a uma pergunta de fulcral importância: "o que salvar do dilúvio?" A pretensão à construção de uma grande arca com espécimes de cada tipo de saber relevante é ingênua.

> Todos temos necessidade, instituições, comunidades, grupos humanos, indivíduos, de construir um sentido, de criar zonas de familiaridade, de aprisionar o caos ambiente. Mas, por um lado, cada um deve reconstruir totalidades parciais à sua maneira, de acordo com seus próprios critérios de pertinência. Por outro lado, essas zonas de significação apropriadas deverão necessariamente ser móveis, mutáveis, em devir. A tal ponto que devemos substituir a imagem da grande arca pela de uma frota de pequenas arcas, barcas ou sampanas, uma miríade de pequenas totalidades, diferentes, abertas e provisórias, secretadas por filtragem ativa, perpetuamente reconstruídas, pelos coletivos inteligentes que se cruzam, se interpelam, se chocam ou se misturam sobre as grandes águas do dilúvio informacional. (LÉVY, 2010, p. 162)

Essa nova realidade configura o novo passo evolutivo em termos de apreensão dos saberes. Antes da escrita, LÉVY observa, foi preciso desenvolver técnicas de memória calçadas em ritmo, narrativa, identificação, na participação do corpo, na emoção coletiva, para assim codificar os saberes. Quando passou a ser gravado em um suporte material, o conhecimento alcançou contornos de potencial verdade absoluta, universal. Antes da imprensa, o conhecimento era mediado pelo intérprete das escrituras ou dos livros. A imprensa inaugura o período dos cientistas e das bibliotecas. A cibercultura coloca em xeque essa pretensão universalizante e absolutizante e reaviva o papel destacado do mediador entre os saberes e o indivíduo. "Aqui", observa LÉVY, a pergunta não é mais ´como?', nem 'de acordo com quais critérios?', mas 'quem?'" (2010, p. 164)

O que se está concluindo dessa leitura da realidade hodierna é que, em um ambiente de enchente informacional, cresce e crescerá cada vez mais a importância da figura do curador, a pessoa que alcançou uma capacidade grande de acumular conhecimento sobre um saber específico e passa a se colocar perante o grande público como um filtro e um organizador, autorizado a indicar que conteúdos consumir, como consumir, em que ordem consumir.

Mutatis mutandis, é justamente o que os buscadores fazem. Quando o internauta lança no *browser* do Google ou do Bing um termo qualquer, ele espera que o algoritmo sofisticado do buscador varra todas as páginas da World Wide Web e retorne, em frações de segundo e por ordem de relevância, aquelas que mais condições têm de satisfazer o seu interesse. Carl SHAPIRO e Hal R. VARIAN expandem esse caráter de curadoria para todo provedor de conteúdo (portais de Internet, websites de jornais, blogs, canais do YouTube, etc):

> Hoje em dia o problema não é o acesso à informação, mas a sobrecarga de informação. O valor real produzido por um provedor de informações é localizar, filtrar e comunicar o que é útil para o consumidor. Não é por acaso que os sites mais populares pertencem aos mecanismos de busca, aqueles dispositivos que permitem que as pessoas encontrem as informações que valorizam e evitem o resto. (SHAPIRO; VARIAN, 1999. p. 6)[7]

Contudo, diferentemente do que os buscadores fazem, os curadores da cibercultura não se escoram em logaritmos, mas no refinamento e abrangência de sua especialização. Crescem cada vez mais em notoriedade e em procura os curadores de música, de filmes, de vinhos, de charutos, de azeites, de cosméticos e maquiagens, de joias, de carros, de comida, de livros, de brinquedos para crianças, de tecnologia e do que mais possa despertar o interesse do gênero humano. Fenômeno típico da Sociedade da Informação, ensopada que está de informações tanto úteis quanto inúteis, tanto acuradas quanto equivocadas, tanto edificantes quanto degradantes.

3. O curador e os direitos de autor

A curadoria é protegida pelo direito de autor? Já que o papel do curador cresce em relevância e interesse e já que há cada vez maior procura pelo conteúdo do curador, e, portanto, maior remuneração (direta ou indireta) para ele, naturalmente haverá de crescer também o

---

[7] Tradução livre de "Nowadays the problem is not information access but information overload. The real value produced by an information provider is locating, filtering, and communicating what is useful to the consumer. It is no accident that the most popular Web sites belong to the search engines, those devices that allow people to find the information they value and to avoid the rest".

interesse dos curadores em proteger sua obra contra a apropriação indébita.

Convém, antes de enfrentar a pergunta acima, relembrar os elementos que atraem a uma obra intelectual a proteção do direito de autor. Segundo Luciano Andrade PINHEIRO, tais elementos são, em resumo, a criatividade e a originalidade. Para ASCENSÃO, citado no trabalho de Luciano Andrade PINHEIRO, a originalidade está encerrada no compartilhamento de uma parcela do espírito do autor em sua obra.

> A tarefa de criação, sempre pessoal, implica que o contributo do espírito fique impresso na obra criada. Nisso consiste a originalidade. Tarefas mecânicas, servis ou banais de conjugação de elementos não representam a criação e neste sentido não apresentam originalidade. A obra não se pode resumir a um trabalho de dedução ou arrumação de dados preexistentes.

Assim, ao conceituar a originalidade, o mestre lusitano já apontou a tarefas às quais faltaria essa característica básica: tarefas mecânicas, servis ou banais de conjugação de elementos, ou mera "arrumação de dados preexistentes". Assim, a reprodução fiel de um quadro não é original, mas uma nova pintura do mesmo objeto ou da mesma paisagem sim. PINHEIRO defende que

> [a] análise para a certificação da tutela autoral com relação à originalidade vai depender da natureza da obra. Se a obra é musical, a originalidade deve revelar-se na melodia; se científica, na forma do texto; se de artes plásticas, na singularidade dos traços adotados. (PINHEIRO, 2017, p. 247)

A criatividade, por sua vez, seria também associada ao compartilhamento de elementos do espírito do autor, mas manifesto especificamente nos elementos adicionados por ele à realidade encontrada. O magistério de ASCENSÃO nesse pormenor é o de que a criatividade se revela no elemento que comanda a obra: é o objeto retratado ou é a subjetividade do autor? Quando esta última adquire preponderância, independentemente da qualidade estética da obra, há criatividade.

Assim, enquanto a originalidade se verifica no cotejo da obra (artística, científica, intelectual) com outras obras do mesmo gênero, a criatividade está na comparação da obra com o objeto sobre o qual ela se debruça.

Vê-se, portanto, que é um elemento central do Direito de Autor a presença na obra daquela "impressão digital espiritual" do autor, aquele toque que a faz única porque foi gestada no interior de uma pessoa específica, uma pessoa separada das demais, com sua sensibilidade, suas habilidades, seus pontos de vista, sua ideologia e tudo o que o distingue de outras pessoas. Silvio RODRIGUES ensina que a

> obra literária, científica ou artística é emanação da personalidade de seu autor, de modo que o direito de alterá-la, de preservá-la ou de divulgá-la é um direito personalíssimo de quem a produziu, da mesma natureza que o direito sobre o nome, o corpo ou sobre a vida. (RODRIGUES, 2003, p. 252)

No comentário de Leonardo Estevam de Assis ZANINI, o "autor vive na obra, sua personalidade está nela gravada", razão pela qual "o direito de autor integra a categoria dos direitos da personalidade" (ZANINI, 2015, p. 142).

Estabelecida a natureza jurídica do direito de Autor, e antes ainda de refletir se a curadoria contém originalidade e criatividade, importante trazer à baila o magistério de Carlos Alberto Bittar quando traça uma linha de separação entre as obras de cunho estético e as obras de cunho utilitário. Apenas as primeiras seriam alcançadas pela proteção do Direito de Autor, ao passo que as últimas quedariam no âmbito do Direito da Propriedade Industrial.

> Isto significa que o objetivo do Direito de Autor é a disciplinação das relações jurídicas entre o criador e sua obra, desde que de caráter estético, em função, seja da criação (direitos morais), seja da respectiva inserção em circulação (direitos patrimoniais), e perante todos os que, no circuito correspondente, vierem a ingressar (o Estado, a coletividade como um todo, o explorador econômico, o usuário, o adquirente de exemplar). (BITTAR, 2015)

Há uma distinção essencial entre o âmbito de proteção de umas e outras. Ao passo que a proteção do Direito de Autor é dupla, alcança os direitos chamados morais ou extrapatrimoniais (o direito de ter seu nome para sempre ligado à obra, e também o direito de mantê-la íntegra, de proibir ou condicionar sua circulação, etc.) e os direitos patrimoniais, associados à obtenção dos proventos econômicos da utilização comercial da obra, a proteção da Propriedade Industrial não vai além desse caráter mais material. Conforme magistério de BITTAR:

> Na regulação dos direitos sobre a obra industrial, a proteção fixada objetivou a aplicação do produto final na consecução de utilidades, ou na solução de problemas técnicos, relacionando-se ao processo de produção e de expansão da economia, sob a égide de um regime de concorrência desleal. Vincula-se, pois, mais a interesses técnicos, econômicos e políticos, amparando, de um lado, o produto industrial (como nos inventos), e impedindo, de outro, a concorrência desleal (como nos sinais distintivos) (caráter objetivista e econômico do Direito Industrial). (BITTAR, 2015)

Segundo o magistério de Denis Borges BARBOSA, a Propriedade Industrial "é o conjunto de direitos que compreende as patentes de invenção, os modelos de utilidade, os desenhos ou modelos industriais, as marcas de fábrica ou de comércio, as marcas de serviço, o nome comercial e as indicações de proveniência ou denominações de origem" (2003, p. 2). Ora, o artigo 8º da Lei 9.610/1998 lista obras deixadas de fora da proteção do direito de Autor:

> I – as ideias, procedimentos normativos, sistemas, métodos, projetos ou conceitos matemáticos como tais;
>
> II – os esquemas, planos ou regras para realizar atos mentais, jogos ou negócios;
>
> III – os formulários em branco para serem preenchidos por qualquer tipo de informação, científica ou não, e suas instruções;
>
> IV – os textos de tratados ou convenções, leis, decretos, regulamentos, decisões judiciais e demais atos oficiais;
>
> V – as informações de uso comum, tais como calendários, agendas, cadastros ou legendas;
>
> VI – os nomes e títulos isolados;
>
> VII – o aproveitamento industrial ou comercial das ideias contidas nas obras.

Parece-nos que a curadoria não se encaixa devidamente em nenhuma das hipóteses desses incisos, mas isso atrai sobre ela a proteção do direito de autor? Bem, ainda antes de ponderar a existência de originalidade ou criatividade numa atividade de curadoria, impõe-se definir que tipo de obra seria a curadoria. Não se pode dizer que compor uma lista de conteúdos dignos de apreço configure uma obra, literária, artística ou científica (não por definição, já que obras do gênio humano costumeiramente não alcançadas pela proteção do Direito de Autor podem vir a ser dependendo do produto final, como é o caso, por exemplo, da atitude jornalística); na medida em que a atividade também não se encaixa adequadamente nos conceitos de patentes de invenção, modelos de utilidade, desenhos ou modelos industriais, marcas de fábrica, comércio ou serviço, nome comercial ou ainda indicações de proveniência ou denominações de origem. Dessa forma, ainda que por exclusão, só se pode considerar a curadoria como uma obra intelectual, ainda que não de natureza artística ou científica. Para Bittar, os direitos intelectuais

> incidem sobre as criações do gênio humano, manifestadas em formas sensíveis, estéticas ou utilitárias, ou seja, voltadas, de um lado, à sensibilização e à transmissão de conhecimentos e, de outro, à satisfação de interesses materiais do homem na vida diária. (BITTAR, 2015)

Enfim, a curadoria é, em tese, uma obra intelectual não literária, artística ou científica. Por outro lado, ela se aproxima da "mera arrumação de dados preexistentes" que Bittar deixa de fora do âmbito da proteção autoral. Como aferir a originalidade de determinada curadoria?

Frise-se, por oportuno, que aqui se tem em mente a obra de curadoria simples. Sabe-se que a curadoria que alcança notoriedade e relevância em tempos de saturação midiática em geral é mais do que uma simples lista de obras e conteúdos relevantes. A lista é, em geral, acompanhada de comentários que colorem o trabalho, dão-lhe os fundamentos e as razões e amealham lhe confiabilidade enquanto cativam seu público. Nesse caso é relativamente fácil constatar a presença de originalidade e criatividade, e, portanto, defendemos sua proteção pelo Direito de Autor.

No entanto, a mera lista do curador nos parece alijada do alcance do Direito de Autor, e não apenas pela aproximação com a mera organização de conteúdo preexistente, mas porque uma lista "seca" é despida de pretensões estéticas, um fator absolutamente central na doutrina do direito de Autor. No tópico "a esteticidade como elemento fundamental", BITTAR assim se pronuncia:

> [...] as obras que por si realizam finalidades estéticas é que se incluem no âmbito do Direito de Autor. Delas separam-se, desde logo, as de cunho utilitário (produtos para aplicação industrial ou comercial: modelos, desenhos, inventos). A dimensão estética das criações do espírito é alvo da tutela especial do direito de autor, considerando a importância de proteção da originalidade do processo criativo, da contribuição personalíssima inserida por meio dos atos de cultura que são fruto das atividades culturais, literárias e científicas, o que justifica o destaque de tratamento conferido às obras utilitárias. (BITTAR, 2015)

É, portanto, imprescindível aferir o grau de criação estética no produto do curador, pois uma mera lista de "melhores filmes", "melhores músicas", "melhores sites", "melhores blogs", "melhores perfis de redes sociais" e quejandos é claramente uma obra utilitária e, assim sendo, impassível de proteção, tal qual uma ideia. Se, entretanto, o curador vai além do trabalho de separar conteúdo relevante e passa a criar em cima do conteúdo criador por outros, seja na comunicação escrita ou falada, a tarefa adquire um novo status, destaca-se da mera reprodução de fatos e firma-se como obra intelectual original e criativa, portanto afeta ao âmbito do direito de autor.

Conclusão

Com o robustecimento da figura do curador de conteúdo em tempos de fluxo informacional abundante e ininterrupto, em que as comunicações se fazem ubíquas e o acesso ao ciberespaço e seus conteúdos digitais se espraia, haverá seguramente maior pressão por uma proteção efetiva do fruto do trabalho dessa figura.

Ao, contudo, ser invocado o direito de autor nesse propósito, há que se debruçar sobre a obra e averiguar o que há de original e criativo nela, sob pena de sonegar-se-lhe o amparo da Lei de Direito de Autor.

O labor do curador precisa ir além da mera referência às obras indicadas; precisa possuir pretensões estéticas e apresentar o que há de particularmente seu no conteúdo e/ou na forma, de modo que o consumidor anteveja elementos do espírito do curador, de sua verve, a fim de que a obra possa ser reputada uma obra autoral, potencialmente protegida pelo direito de Autor contra a contrafação e a apropriação irregular.

Referências bibliográficas

ASCENSÃO, J. Oliveira. *Sociedade da informação e mundo globalizado.* Revista Brasileira de Direito Comparado. Lisboa, n. 22, p. 161-182, 2002.

BARBOSA, Denis Borges. *Uma introdução à propriedade intelectual.* 2.ed. rev. atual. Rio de Janeiro: Lumen Juris, 2003.

BIONDI, Antonio (org). *Caminhos para a universalização da internet banda larga.* São Paulo: Intervozes.

BITTAR, Carlos Alberto. *Direito de autor.* 6. ed. rev., atual. e ampl. por Eduardo C. B. Bittar. Rio de Janeiro: Forense, 2015.

CAZELOTO, Edilson. *Inclusão Digital: uma visão crítica.* São Paulo: Senac, 2008.

GITLIN, Todd. *Mídias sem limite.* Rio de Janeiro: Civilização Brasileira 2003.

LÉVY, Pierre. *Cibercultura.* 3. ed., São Paulo: Editora 34, 2010.

MELUCCI, Alberto. *Challenging codes: collective action in information age.* Nova York: Cambridge University Press, 1996.

MORAES, Rodrigo (Coord) *Estudos de direito autoral: em homenagem a José Carlos Costa Netto.* Salvador: EDUFBA. 2017.

PADILHA, Maria Ângela Lopes Paulino. *A tributação do software.* Tese de Doutorado, PUC-SP, 2016 Disponível em: https://tede2.pucsp.br/bitstream/handle/19637/2/Maria%20%C3%82ngela%20Lopes%20Paulino%20Padilha.pdf. Acesso em out. 2020.

PIOVESAN, Flávia. QUIXADÁ, Letícia. *Internet, direitos humanos e sistemas de justiça.* Disponível em: https://s3.meusitejuridico.com.br/2019/01/20de4ac8-artigo-internet-justica-dh.pdf. Acesso em 08 jan. 2019.

RIBEIRO, Carolina Teixeira, MERLI, Daniel e SILVA, Sivaldo Pereira da. *Exclusão digital no Brasil e em países emergentes: um panorama da primeira década do século XXI.* In SILVA, Sivaldo Pereira da, e BIONDI, Antonio (org). Caminhos para a universalização da Internet Banda Larga. São Paulo: Intervozes, 2012.

RODRIGUES, Silvio. *Direito civil: direito das coisas.* 28. ed. São Paulo: Saraiva, 2003, v. 5.

SILVA, De Plácido e. *Vocabulário jurídico.* 24. ed. atual. por Nagib Slaib Filho e Gláucia Carvalho. Rio de Janeiro: Forense. 2004.

ZANINI, Leonardo Estevam de Assis. *Direitos de autor.* São Paulo: Saraiva, 2015.

SEQUESTRO INTERNACIONAL DE CRIANÇAS E ALIENAÇÃO PARENTAL: DA APLICAÇÃO DA CONVENÇÃO DE HAIA AO PRINCÍPIO DA RESIDÊNCIA HABITUAL

Yves A. Russo Zamataro[1]

Sumário: Introdução. 1. Sequestro internacional de crianças. 2. Convenção de Haia Sobre Aspectos Civis do Sequestro Internacional de Crianças. 3. A alienação parental sob o contexto do sequestro internacional de crianças. 4. Casos reais de sequestro interparental. 5. Lei Sean e David Goldman. Conclusão. Referências bibliográficas.

Introdução

O fenômeno da globalização fez com que o deslocamento de indivíduos se tornasse cada vez mais fácil graças ao acesso aos meios de transporte internacionais. De outro lado, o surgimento de famílias multinacionais fez crescer exponencialmente os problemas gerados por essas relações. É comum um brasileiro se mudar para o estrangeiro, ali fixar residência e construir família, como também é comum estrangeiros virem ao Brasil e aqui construírem uma família. O problema ocorre quando um desses genitores resolve voltar ao seu país de origem, sem informar ao cônjuge abandonado que está levando ilegalmente a criança do casal.

Todos os anos, centenas de meninos e meninas são sequestrados por um dos pais em vários países do mundo. O assunto, pouco discutido na mídia, causa desespero em diversas pessoas que chegam a passar décadas sem ter nenhuma informação sobre o paradeiro do filho.

O problema maior consiste na dificuldade em recuperar a criança sequestrada, que, na maioria das vezes, tem sua destinação ignorada e a parte interessada não conta com o apoio da autoridade local, isto é, do país onde a criança se encontrava. E quando localizada, por mais

---

[1] Especialista em Direito de Família e Sucessões e em Direito Processual Civil pelo Centro Universitário das Faculdades Metropolitanas Unidas (FMU-SP). Graduado em Direito pela Universidade Presbiteriana Mackenzie (MACK). Advogado. http://lattes.cnpq.br/3213236945750745. Orcid: https://orcid.org/0000-0001-8292-1097.

irregular que seja tal circunstância (do deslocamento da criança sequestrada), o processo resultava na não devolução dela.

Além disso, o sequestro internacional de menores, normalmente, está atrelado à alienação parental, uma vez que o genitor sequestrador, aproveita-se desse ato iniciando uma série de práticas para desqualificar e distorcer a imagem do outro genitor, causando graves consequências, não só ao genitor abandonado, mas, principalmente, ao menor que foi sequestrado de sua residência habitual e separado deste.

Diante de tal gravidade, a Convenção de Haia sobre os Aspectos Civis do Sequestro Internacional de Crianças, internalizada no ordenamento jurídico brasileiro através do Decreto 3.413, de 14 de abril de 2000, surge como um diploma propenso a solucionar o conflito causado ao genitor abandonado que possui o direito de guarda e enfrenta uma série de dificuldades para reaver a guarda de seu filho.

1. Sequestro internacional de crianças

O Sequestro (ou Subtração) Internacional de Crianças, Rapto Parental, *Abduction*, Parental *Kidnapping são* denominações distintas para definir o mesmo tipo de conduta, qual seja: a criança é retirada do país onde vive sem o consentimento de um dos genitores ou, quando autorizada a saída da criança, ela não retorna no tempo previsto, após um período de férias, por exemplo.

O termo "sequestro" foi adotado pelo Brasil ao traduzir o texto da Convenção de Haia, de 1980, do qual é signatário e que tem vigência no país, desde 2000. O uso desse termo, contudo, é controverso, principalmente dentro da área jurídica, uma vez que não corresponde ao tipo previsto na legislação civil ou penal. Isto porque, a figura penal do "sequestro" está ligada à subtração de pessoas, com o objetivo de obter dinheiro ou vantagem financeira.[2]

Para o Direito Internacional, "sequestro internacional de crianças" diz respeito à transferência ou retenção ilícita, ou seja, aquela que viola direito de guarda efetivamente exercido, de uma criança por seus pais,

---

[2] GONÇALVES, Mariluce. *Sequestro Interparental: "Sequestro" de filhos pelos pais/mães.* Disponível em: https://lucenatorres.jusbrasil.com.br/artigos/713948677/sequestro-interparental-sequestro-de-filhos-pelos-pais-maes?ref=serp. Acesso em 07 mai. 2020.

tutores ou parentes próximos para um país diferente daquele de sua residência habitual.[3]

De fato, podemos entender o sequestro internacional de crianças ou sequestro interparental como o deslocamento ilegal da criança, de seu país e/ou sua retenção indevida em outro local que não seja o de sua residência habitual.

O sequestro pode ser decorrente de várias causas: "manifestação doentia do exercício do poder familiar", uma forma de "provocar o cônjuge com uma atitude vingativa, uma "vingança final sobre o outro parceiro", ou uma forma de "fugir dos maus tratos", "violência doméstica", entre outros, enfim, revelando especial beligerância na disputa pela custódia da criança.

No contexto da globalização e do considerável aumento do número de famílias transnacionais, o sequestro interparental geralmente ocorre em três ocasiões: a primeira, ainda durante o casamento, quando há convivência entre os cônjuges e, portanto, a guarda é normalmente exercida por ambos; a outra, quando o casal já se encontra separado e um deles, antes da formalização do divórcio e da determinação judicial da guarda, decide, unilateralmente, deixar o país de residência com os filhos e sem o consentimento, ou mesmo o conhecimento, do outro; a terceira ocorre quando, após a determinação da guarda, o genitor preterido resolve subtrair a criança e levá-la para junto de si, longe daquele que a detinha legalmente.

A segunda e terceira hipóteses possuem a mesma base temporal, que é o momento pós-separação. Nesses casos, geralmente há um conflito ou desentendimento entre o casal, fato que prejudica a convivência entre ambos e destes com os filhos, fazendo com que um deles opte por medidas radicais em franca violação ao direito de convivência do outro. Após o divórcio e a determinação da guarda, quando ocorre o sequestro, aquele que foi preterido geralmente aproveita do exercício do direito de visita para fugir com a criança.[4]

---

[3] BARBOZA, Júlia Zomignani. *A convenção de haia sobre os aspectos civis do sequestro internacional de crianças.* Disponível em: https://www.jurisway.org.br/V2/dhall.asp?id_dh=7492. Acesso em: 06 mai. 2020.

[4] CARNEIRO, Cynthia Soares; NAKAMURA, Eliane Miki Tashiro. Sequestro Civil de Crianças e Adolescentes: as famílias transnacionais nos tribunais brasileiros e o avanço da cooperação jurídica nacional. Disponível em: http://www.mpsp.mp.br/portal/page/portal/documentacao_e_divulgacao/doc_biblio teca/bibli_servicos_produtos/bibli_boletim/bibli_bol_2006/RTrib_n.962.07.PDF. Acesso em 08 mai. 2020.

As principais vítimas dessas situações são e sempre foram especialmente crianças – sujeitas a consequências perigosas e prejudiciais - que a partir do momento em que retiradas de casa, muitas vezes, são conservadas longe de coexistências sociais, impossibilitadas de criar vínculos de amizade e culturais, matriculadas em escolas alternadas e com utilização de nomes fictícios

A transferência forçada de um menor para um país diferente traz diversos problemas para o seu desenvolvimento e bem-estar. Por exemplo, a criança poderá ter dificuldades sociais e linguísticas para se adaptar ao novo país, além da perda de seu ambiente familiar e da relação com o pai abandonado.

Da mesma forma, o pai abandonado, além de sofrer com o sequestro de seu filho, enfrenta muitas dificuldades. Antes da Convenção, e ainda hoje nos países não signatários, após descobrir onde está a criança, o pai que deseja o seu retorno deveria propor uma ação de guarda no país para onde o menor foi levado, que tende a privilegiar o genitor que nele reside, ou seja, aquele que transferiu a criança ilegalmente.

2. Convenção de Haia Sobre Aspectos Civis do Sequestro Internacional de Crianças

A Convenção de Haia de 1980 sobre Aspectos Civis do Sequestro Internacional de Crianças é um dos instrumentos mais adotados pela comunidade internacional. Atualmente, a Convenção possui 118 (cento e dezoito) Estados signatários da Convenção.[5]

O sequestro internacional de menores é praticado, normalmente, por um dos genitores ou membro da família extensa que, sem a autorização do outro genitor ou guardião e em desrespeito ao direito de guarda e de visitas deste, retira a prole do seu país de 'residência habitual' para retê-la em outro Estado (ZAGANELLI; REIS; PARENTE, 2018, p. 199-216).

A Convenção, baseada no fato de que a transferência ou retenção ilegal é prejudicial à criança, tem como objetivo providenciar o retorno da criança ao seu país de residência habitual, ao seu "status quo" anterior

---

5 Hague Conference On Private International Law. *Status Table*. Disponível em: https://www.hcch.net/fr/publications-and-studies/fr/instruments/conventions/status-table/?cid=24. Acesso em: 06/05/2020.

à transferência ou retenção, para que o juiz daquele país decida sobre a guarda.

A Convenção não visa, como alguns supõem, a devolução da criança ao genitor abandonado, mas sim o encaminhamento do menor à autoridade competente, pois o juiz ou autoridade do seu local de residência habitual dispõe de melhores meios para colher provas e avaliar quem está mais apto a receber a sua guarda, visto que é este o local em que a criança tinha sua vida, seus relacionamentos, sua escola, etc.

Além disso, a Convenção[6] também tem como objetivo que os países signatários respeitem os direitos de guarda e de visita fixados em outro país signatário. Desta forma, o país que receber uma criança ilegalmente transferida deverá devolvê-la a seu país de residência habitual para que seja fixada a sua guarda ou para que se possa exercer o direito de guarda previamente fixado.

É importante ressaltar que uma transferência ilícita não tem o poder de mudar a residência habitual da criança, pois isto não apenas legitimaria o ato do pai que ilicitamente a transferiu ou reteve como também retiraria qualquer efeito que pode ser alcançado pela Convenção.

Nos casos em que a criança tiver perdido sua residência habitual a Convenção não se aplicará. Por exemplo, uma família que vive no Brasil e planeja se mudar permanente para os Estados Unidos, contudo, antes da mudança o pai remove ilicitamente o filho para a Bélgica. Caso a mãe efetivamente se mude para os Estados Unidos não poderá solicitar o retorno da criança, pois esta nunca teve como residência habitual os Estados Unidos, onde se encontra a mãe.

Estatui o art. 1º da Convenção de Haia de 1980 que seu objeto é a) assegurar o retorno imediato de crianças ilicitamente transferidas para qualquer Estado Contratante ou nele retiradas indevidamente; b) fazer respeitar de maneira efetiva nos outros Estados Contratantes os direitos de guarda e de visita existentes num Estado Contratante.

Ao se verificar uma situação de sequestro, a pessoa cujo direito de guarda foi violado poderá fazer um pedido de retorno da criança ao seu

---

país de residência habitual. Contudo, para que a Convenção seja aplicada, este pedido deve ser realizado até um ano depois da transferência ou retenção, após este prazo a Convenção não se aplica.

A Convenção determina que cada Estado membro deve indicar uma autoridade central que receberá o pedido de restituição, no Brasil a autoridade central indicada é a secretaria especial de direitos humanos. Ao receber o pedido de retorno, a Autoridade Central, em primeiro lugar, confirmará a presença dos requisitos mencionados acima.

Confirmada a possibilidade de aplicação da Convenção, a Autoridade Central busca a criança e o genitor que a transferiu ou reteve ilicitamente e tenta promover o retorno amigável do menor. Caso o genitor recuse a restituição amigável e não se verifique nenhuma das exceções ao retorno da criança, a Autoridade Central, no Brasil através da Advocacia Geral da União, promoverá ação judicial requerendo o cumprimento da Convenção e o imediato retorno do menor. Sendo o pedido julgado procedente, proceder-se-á a restituição da criança ao país de residência habitual.

Após ter sido a criança restituída ao seu país de residência habitual, o juiz deste país poderá decidir sobre a sua guarda, tendo em vista que esta não poderá ser discutida pela Convenção.

O único mérito analisado pela Convenção é o do sequestro, ou seja, os processos baseados na Convenção analisam os requisitos necessários para a sua aplicabilidade, mas não podem analisar o mérito sobre a guarda do menor (BARBOZA, 2011).

Todavia, cabe ressaltar situações excepcionais em que a regra do retorno da criança à sua residência habitual não ocorre.

A primeira exceção prevista no art. 12, da Convenção de Haia de 1980, relaciona-se com a adaptação da criança ao novo meio que é verificada se o genitor abandonado, ciente da localização da criança, só formalizar o pedido de retorno decorrido um ano da subtração, a criança estiver inserida no novo território que passou a ser sua nova 'residência habitual' e restar configurado que o retorno da criança trará prejuízos ao seu bem-estar.

A contagem do prazo se inicia com a data que o genitor abandonado tomar ciência do paradeiro da criança e termina com a data do pedido administrativo ou judicial para o retorno desta, sendo ignorado o tempo de tramitação do processo (MARTINS, 2013).

O art. 13, alínea 'a', primeira parte, da Convenção, prevê que o genitor subtrator pode se opor ao retorno da criança se o genitor abandonado não preenche o requisito previsto no art. 3º, do mesmo tratado multilateral, ou seja, o exercício do direito de guarda e de visitas da criança (BRAUNER, 2015, p. 371- 420).

Além disso, no art. 13, alínea 'a', segunda parte, do mesmo tratado, a exceção fundamenta-se na 'boa-fé' que rege as relações familiares e, dessa forma, não deve ocorrer o regresso da criança caso o genitor requerente tenha concordado, sem qualquer vício do consentimento, prévia ou posteriormente, com o deslocamento da criança para outro Estado (MARTINS, 2013).

Na hipótese de retorno da criança ensejar na sua submissão à situação de risco físico ou psíquico, atual e concreta, é possível a permanência no país de refúgio, conforme exceção presente no art. 13, alínea 'b', da Convenção de Haia de 1980 (SILVA; MADEIRA, 2016, p. 39-60).

Para MAZZUOLI e MATTOS, embora esta exceção deva ser 'restritivamente' interpretada – sob pena de corromper o objetivo da Convenção e inviabilizar a sua aplicação - cabe ao magistrado do Estado requerido considerar os riscos e se existe (ou não) possibilidade de o Estado requerente aplicar medida protetiva à criança quando esta retornar, tanto diante de problemas regionais (guerras, fome e catástrofes naturais), como de problemas intrafamiliares (abuso sexual, violência doméstica e exploração infantil) (MAZZUOLI, 2015, p. 57-75).

No art. 13, §2º, da Convenção de Haia de 1980 é assegurado o respeito à manifestação de vontade da criança, que expressa livremente o desejo de permanecer no local em que reside, mesmo que a sua vontade implique no distanciamento do antecedente abandonado (MARTINS, 2013)

Fato é que a opinião da criança deve ser sopesada com a sua maturidade e a possível influência do genitor subtrator.

A última exceção, inserida no art. 20, da Convenção, pode ser arguida se o retorno da criança acarretar na violação dos seus direitos fundamentais, da sua liberdade individual ou dos princípios fundamentais do Estado requerido.

A adesão do Brasil como Estado-Membro se deu a partir de sua publicação dada pelo Decreto n. 3.413, de 12 de abril de 2000, publicado no Diário Oficial da União de 13 de abril de 2000. O Brasil não foi signatário da Convenção sobre Sequestro de Crianças, mas aderiu ao texto em 1999, após a aprovação da adesão por meio do Decreto Legislativo n. 79, de 15 de setembro de 1999, o que deu origem à remessa da Carta de Adesão do Estado brasileiro, assinada em 27 de setembro de 1999, tendo o Ministério dos Negócios Estrangeiros do Reino dos Países Baixos confirmado o depósito do instrumento de adesão em 19 de outubro de 1999, bem como a entrada em vigor da Convenção para o Brasil em 1º de janeiro de 2000.

Para os países signatários da Convenção de Haia, todavia, o Brasil tem um padrão de descumprimento do tratado, com uma tendência preocupante em tratar casos da Convenção com decisões sobre guarda e muitas vezes negando os pedidos sobre a constatação de que as crianças se tornaram adaptadas para a cultura brasileira. No Brasil, em se tratando de questões envolvendo direito de família, há uma clara preferência em se conceder a custódia para as mães sobre pais e aos cidadãos brasileiros sobre os estrangeiros. Quando uma criança nascida no exterior tenha um dos genitores nacional brasileiro, ao ingressar no Brasil, torna-se automaticamente cidadã brasileira, mesmo que esse ingresso seja ilegal por ter ela sido sequestrada; e, por se tornar cidadã brasileira, a justiça nacional entende muitas vezes que ela não deve sair do país.

3. A alienação parental sob o contexto do sequestro internacional de crianças

Antes de enfrentar o tema, propriamente dito, cabe tecer algumas considerações acerca do conceito de Alienação Parental e Síndrome da Alienação Parental.

Para muitos doutrinadores, a alienação parental e a síndrome da alienação parental não se confundem, pois afirmam que a segunda se origina da primeira. Ou seja, a síndrome é a consequência da alienação parental.

A Síndrome da Alienação Parental (SAP) foi constatada pela primeira vez em 1987, nos Estados Unidos, pelo médico psiquiatra Richard GARDNER.

O psiquiatra, então, começou a dedicar-se ao estudo dos sintomas que as crianças desenvolviam diante das separações litigiosas e percebeu que em muitos casos, um dos genitores tramava para que a imagem do outro genitor ficasse "manchada" aos olhos do filho.

Em 1985, GARDNER a definiu como sendo:

um distúrbio da infância que aparece quase exclusivamente no contexto de disputas de custódia de crianças. Sua manifestação preliminar é a campanha denegritória contra um dos genitores, uma campanha feita pela própria criança e que não tenha nenhuma justificação. Resulta da combinação das instruções de um genitor (o que faz a "lavagem cerebral, programação, doutrinação") e contribuições da própria criança para caluniar o genitor-alvo. Quando o abuso e/ou negligência parentais verdadeiros estão presentes, a animosidade da criança pode ser justificada, e assim a explicação de Síndrome de Alienação Parental para a hostilidade da criança não é aplicável. (LEITE, 2000)

Segundo Maria Berenice DIAS (2008, p. 103):

A síndrome de Alienação Parental é um transtorno psicológico que se caracteriza por um conjunto de sintomas pelos quais um genitor, denominado cônjuge alienador, transforma a consciência de seus filhos, mediante diferentes formas e estratégias de atuação, com o objetivo de impedir, obstaculizar ou destruir seus vínculos com o outro genitor, denominado cônjuge alienado, sem que existam motivos reais que justifiquem essa condição. Em outras palavras, consiste num processo de programar uma criança para que odeie um de seus genitores sem justificativa, de modo que a própria criança ingressa na trajetória de desmoralização desse mesmo genitor.

As estratégias de alienação parental são múltiplas e tão variadas quanto a mente humana pode conceber, mas a síndrome possui um denominador comum que se organiza em torno de avaliações prejudiciais, negativas, desqualificadoras e injuriosas em relação ao outro genitor, interferências na relação com os filhos e, notadamente, obstaculização de visitas ao alienado.

Esse amplo quadro de desconstrução da imagem do outro pode incluir, por exemplo, falsas denúncias de abuso sexual ou de maus tratos, invocados para impedir o contato dos filhos com o genitor odiado, programando o filho de forma contundente até que passe a acreditar que o fato narrado realmente aconteceu.

Priscila M. P. Corrêa da FONSECA (2017, p. 7) orienta que:

A síndrome refere-se à conduta do filho que se recusa, terminantemente e obstinadamente, a ter contato com um dos genitores e que já sofre com o rompimento de seus pais, ou seja, é uma patologia referente à criança e uma forma de abuso emocional por parte do genitor alienador. Já a alienação parental é o afastamento do filho em relação ao genitor visitante, provocado pelo titular da guarda, ou seja, relaciona-se com o processo desencadeado pelo guardião que intenta arredar o outro genitor da vida do filho.

A síndrome da alienação parental, diferentemente da alienação parental, só ocorre quando a criança passa a nutrir um sentimento de rejeição ao genitor alienado, e consequentemente passa a evitá-lo.

Portanto, a síndrome da alienação Parental nada mais é do que o resultado de uma alienação parental grave, sendo considerada um subtipo de alienação parental. Ou seja, a síndrome refere-se à conduta do filho, enquanto a alienação parental relaciona-se com o processo desencadeado pelo alienador (QUIRINO, 2015).

No Brasil, o assunto ganhou força em decorrência da promulgação da Lei 12.318, de 26 de agosto de 2010.

O art. 2º do supracitado dispositivo legal estabelece que:

> Considera-se ato de alienação parental a interferência na formação psicológica da criança ou do adolescente promovida ou induzida por um dos genitores, pelos avós ou pelos que tenham a criança ou o adolescente sob a sua autoridade, guarda ou vigilância para que repudie genitor ou que cause prejuízo ou estabelecimento ou à manutenção de vínculo com este.

Essa lei surgiu da necessidade, urgente, de se conferir maiores poderes, aos juízes, a fim de se preservar direitos fundamentais da criança e do adolescente, vítimas de abusos causados por seus responsáveis, punindo ou inibindo eventuais descumprimentos dos deveres inerentes à autoridade parental ou decorrentes da tutela ou da guarda do menor.

Mais adiante, em seu parágrafo único, encontramos algumas formas exemplificativas de alienação parental:

> I – realizar campanha de desqualificação da conduta do genitor no exercício da paternidade ou maternidade;
> II – dificultar o exercício da autoridade parental;
> III – dificultar o contato da criança ou adolescente com genitor;

cruelmente implantadas por uma espécie de 'lavagem cerebral' realizada pelo genitor alienador, de vez que este se torna a sua única referência afetiva.

Logo, as crianças e os adolescentes, vítimas de alienação parental:

> [...] sentem-se amedrontados na presença do outro. Ao não verem mais o genitor, sem compreenderem a razão do seu afastamento, os filhos sentem-se traídos e rejeitados, não querendo mais vê-lo. Como consequência, sentem-se desamparados e podem apresentar diversos sintomas. Assim, aos poucos se convencem da versão que lhes foi implantada, gerando a nítida sensação de que essas lembranças de fato aconteceram. Isso gera contradição de sentimentos e destruição do vínculo paterno-filial. Restando órfão do genitor alienado, acaba o filho se identificando com o genitor patológico, aceitando como verdadeiro tudo que lhe é informado. (DIAS, 2016, p. 908).

Uma das características da alienação parental é, certamente, a prática da calúnia e da denunciação caluniosa, pois o genitor alienador comumente acusa o genitor alienado de, supostamente, ter cometido violência sexual contra a criança e que, portanto, representaria um risco para esta.

Outras faces da alienação parental podem ser verificadas quando o genitor alienador inventa fatos pejorativos do outro genitor para prole, não compartilha informações sobre os filhos, altera a residência da criança e cria empecilhos para o exercício do poder familiar pelo outro progenitor (ZAGANELLI; REIS; PARENTE, 2018. p. 199-216).

No contexto da subtração internacional de crianças, a própria modificação arbitrária da 'residência habitual' é considerada uma prática de alienação parental, considerando a barreira que se cria entre a criança e o genitor alienado, considerando-se a distância existente, entre eles e, principalmente, o sentimento de abandono da criança.

A vista disso, para justificar e legitimar a retenção e a retirada ilícita do menor do seu país de residência habitual:

> (...) é comum que o subtrator influencie-o a conceber o outro genitor numa perspectiva ruim para que ela alegue sempre ficar com aquele que a subtraiu. A criança afastada, de um de seus pais, não poderá conhecer o genitor abandonado e nem tecer

suas próprias críticas a respeito deste. (ZAGANELLI; REIS; PARENTE, 2018, p. 199-216)

Destarte, a alienação parental gera reflexos diretos na análise das exceções à aplicação da Convenção de Haia de 1980 sobre os Aspectos Civis do Sequestro Internacional de Crianças, principalmente se a 'opinião' da criança, vítima de alienação parental, servir como subsídio exclusivo para a permanência no Estado de refúgio (CARNEIRO; NAKAMURA, 2017) ou se for aceita a tese de existência de situação de grave risco, porque o genitor subtrator pode ter alterado a verdade dos fatos perante os tribunais do país requerido (DEL'OLMO, 2015, p. 739-772).

4. Casos reais de sequestro interparental

Talvez o caso mais conhecido no Brasil e que culminou em um conflito diplomático entre Brasil e Estados Unidos foi o do menino Sean Goldman, filho de mãe brasileira e pai norte-americano.

O caso ocorreu entre os anos de 2004 e 2009.

Em um breve resumo, David Goldman, cidadão norte-americano, e a cidadã brasileira, Bruna Bianchi se casaram na cidade de Nova Jérsei, nos Estados Unidos. Dessa união, sobreveio o nascimento de um filho, Sean Goldman, em 25 de maio do ano de 2000.

Em 2004, Bruna, que possuía família no Estado do Rio de Janeiro, trouxe o filho para o Brasil, com a autorização temporária do pai, sob o pretexto de que permaneceria apenas durante o período de duração das férias escolares do menor Sean.

Porém, findo o prazo da autorização concedida por David, Bruna reteve Sean, em território brasileiro, ilicitamente.

David Goldman, então, rapidamente acionou a Justiça norte-americana visando o retorno do filho aos Estados Unidos. A Corte Estadual de Nova Jérsei determinou que Bruna comparecesse em Juízo para prestar informações sobre os motivos de impedir que David exercesse a guarda da criança, caso contrário, estaria configurado caso de sequestro internacional de criança nos termos da Convenção de Haia de 1980. A despeito da decisão, Bruna permaneceu com o filho no Brasil.

Inconformado, David ingressou com ação de busca, apreensão e restituição do menor perante a Justiça Estadual do Rio de Janeiro, obtendo decisão desfavorável.

Dois foram os principais argumentos utilizados para embasar a decisão: o longo lapso temporal entre a transferência da criança ao Brasil e o julgamento da ação teriam ensejado a adaptação da criança no novo país em que se encontrava, e que o seu retorno, aos Estados Unidos, poderia lhe ocasionar graves danos psíquicos.

Nota-se que tais fundamentos estão presentes no art. 12 da Convenção de Haia como exceções ao retorno do menor ao seu país de residência habitual.

Paralelamente à ação de busca, apreensão e restituição ajuizada por David Goldman, Bruna Bianchi pleiteou, também perante a Justiça Estadual do Rio de Janeiro, o direito de guarda exclusiva do filho e divórcio unilateral do marido, obtendo decisão favorável em ambos os pleitos.

Pouco tempo depois, Bruna contraiu novo matrimônio com um brasileiro e faleceu ao dar à luz à filha mais nova, o que levou o padrasto de Sean, a propor ação de reconhecimento de paternidade socioafetiva cumulada com posse e guarda a fim de continuar a exercer a guarda da criança em território brasileiro.

Em virtude das tentativas malsucedidas de retorno do filho, David Goldman acionou o Governo Americano para que adotasse as medidas cabíveis para viabilizar o retorno do seu filho aos Estados Unidos.

A Autoridade Central norte americana, então, efetuou pedido de cooperação internacional à Secretaria Especial de Direitos Humanos da Presidência da República brasileira.

Neste contexto, em virtude do interesse da União, a Advocacia Geral da União (AGU), moveu ação de restituição obrigatória e imediata da criança, nos termos da Convenção de Haia, em face do padrasto de Sean Goldman, João Paulo Bagueira Leal Lins e Silva, perante a Justiça Federal.

Diante dos fatos, em razão do ajuizamento de duas ações paralelas, uma em tramite perante a Justiça Federal, e outra em tramite perante a Vara de família da Justiça Estadual do Rio de Janeiro, foi suscitado conflito de competência e encaminhados os autos ao Superior Tribunal de Justiça.

A batalha judicial teve desfecho na véspera de Natal de 2009, quando o Ministro do STF, Gilmar Mendes, concedeu guarda ao pai, que levou o menino de volta para os Estados Unidos.

Foi necessária a intervenção e reunião entre o então presidente da República do Brasil, Luiz Inácio Lula da Silva, o Presidente dos Estados Unidos, Barack Obama, e a Secretária de Estado norte americano, à época, Hillary Clinton, para que se chegasse a um entendimento comum, na tentativa de viabilizar o retorno imediato da criança aos Estados Unidos, a fim de dar cabo a uma disputa judicial traumática, longa e conturbada (EJCHEL, 2019).

Outro caso que gerou tensão diplomática, entre o Brasil e os Estados Unidos, envolveu o menor Nicolas Brann.

Desde que Marcelle Guimarães deixou os Estados Unidos com seu filho, em julho de 2013, ela e o ex-marido americano Christopher Brann travam uma disputa internacional pela guarda do menino que hoje tem nove anos. O embate pode se transformar em razão de atrito diplomático.

A situação se tornou ainda mais grave quando, em fevereiro de 2018, os pais de Marcelle foram presos no aeroporto de Miami, acusados de cumplicidade no sequestro internacional do menor, Nicolas Brann. Eles foram condenados pela Justiça de Houston, no Texas, e agora esperam a definição da pena.

Marcelle, de 40 anos, é natural de Salvador e trabalha como administradora de empresas. Mudou-se para Houston para fazer um mestrado e se casou em 2008 com Brann, médico clínico geral. Sobre os anos de casamento, a brasileira afirma que o ex-marido demonstrava comportamento sexual compulsivo, atestado por terapeutas, e abusava dela física e psicologicamente.

Os dois se divorciaram em 2012, quando ainda nos Estados Unidos começou a batalha pela guarda de Nico, como Marcelle costuma chamar seu filho. Após um processo conturbado, com muitas trocas de acusações, a Justiça americana determinou a guarda compartilhada.

Em junho de 2013, Marcelle conseguiu, por meio de um acordo com Christopher, viajar para Salvador com o menino. A brasileira, contudo, não voltou mais aos Estados Unidos e foi acusada pela Promotoria americana de sequestro internacional de menor.

No Brasil, ela pediu a guarda exclusiva de Nicolas ao Tribunal de Justiça da Bahia, em Salvador, requerimento que lhe foi concedido em

22 de julho de 2013. Diante do processo, Brann apresentou uma denúncia de sequestro internacional na Justiça Federal em Salvador.

O caso já foi julgado em duas instâncias. O Judiciário brasileiro considerou que, apesar da Convenção de Haia determinar em casos como este o retorno imediato da criança ao país de origem, existia risco em deixar o menor aos cuidados do pai nos Estados Unidos.

A ação aberta pelo americano na Justiça brasileira tem por base a Convenção de Haia, da qual o Brasil e os Estados Unidos são signatários. Em casos de sequestro de menor por um dos pais, o tratado é claro ao determinar o retorno imediato da criança ao país onde morava. É o Judiciário de lá que deve estabelecer com quem fica a guarda.

Contudo, a convenção também estabelece algumas exceções. Por exemplo: se criança está sujeita a sofrer violência quando retornar ao seu país ou se correr algum outro tipo de risco. Quem decide a volta ou não da criança para o país de origem é a Justiça Federal do lugar onde o menor está.

No caso de Nicolas, o Judiciário brasileiro reconheceu nas duas primeiras instâncias que a decisão de Marcelle de fugir com a criança foi equivocada. Porém, estabeleceu que o menino não poderia retornar ao país porque já estava adaptado ao novo ambiente e porque o pai apresentava comportamento violento e compulsão sexual, representando risco físico ou psicológico para a criança.

A Justiça Estadual da Bahia estabeleceu o direito de visita de Christopher a Nico. O pai pode ver a criança quando estiver em Salvador, em dias alternados, sem direito a pernoite, e sempre com a supervisão de seguranças armados. Além disso, o americano tem direito a duas sessões de *Skype* semanais, também supervisionadas, para conversar com o menino.

Todavia, de acordo com informações prestadas, pelo advogado de Christopher, desde a prisão dos avós de Nicolas, a sua família tem impedido o seu contato com o filho (BRAUN, 2018).

Por fim, podemos citar outro caso relevante, ocorrido em 1993, na cidade de Manchester, na Inglaterra. Um pai desesperado. A filha, de apenas dois anos, estava desaparecida. Descobre-se, mais tarde, que a responsável pelo sumiço seria a mãe da criança. Dezoito anos mais tarde, esse pai, o britânico Joe Chisholm, conseguiu reencontrar a filha sequestrada pela ex-companheira, que, à época dos fatos, havia perdido a batalha pela guarda da menina.

Patrícia O'Byrne, mãe da criança, viajou com ela para o Canadá e pretendia nunca mais dar notícias da criança ao pai. Por longos 18 anos, Chisholm fez tudo que estava ao seu alcance para reencontrar a filha. Postou vídeos e fotos na internet, procurou instituições que trabalham com cadastros de crianças desaparecidas e entrou em contato com órgãos de outros países. Patrícia O'Byrne foi presa em dezembro de 2011 em Vitória, na Colúmbia Britânica, em razão do sequestro da filha (GUTH, 2016).

5. Lei Sean e David Goldman

Foi sancionada pelo presidente dos Estados Unidos da América, Barack Obama, em agosto de 2014, a Lei Sean e David Goldman, que prevê a retaliação, pelo Estado americano, a países que descumprirem a aplicação da Convenção de Haia sobre aspectos civis do sequestro internacional de crianças.

A lei atribui ao Estado Americano poderes para exercer pressões diplomáticas como, por exemplo, aplicar a reciprocidade na não devolução das crianças que tenham sido transferidas ou retidas ilicitamente aos Estados Unidos, bem como reduzir a quantidade de vistos para países que se apresentem em desconformidade da aplicação da Convenção, a fim de mobilizar as autoridades internacionais a entenderem a necessidade de urgência e solução da situação do menor subtraído, em respeito ao princípio do melhor interesse da criança.

A promulgação da lei foi uma das soluções encontradas pelos Estados Unidos em reforçar a aplicação da Convenção de Haia e fazer com que os demais estados signatários de fato se responsabilizem pelo compromisso internacional ratificado perante a comunidade internacional.

Conclusão

A Convenção, como tratado multilateral, procurou estabelecer uma solução uniforme para os casos de sequestro internacional, adotando a política de restituição para combater a transferência ou retenção ilícita de crianças com até 16 anos, pelos seus responsáveis. Assim, considerou-se que a medida a preservar o interesse superior da criança seria devolvê-la ao país de residência habitual, onde havia construído laços de convivência e aderido aos costumes, salvo exceções mencionadas, anteriormente.

Todavia, para os Estados-Membros dessa Convenção, nosso país, ainda, é visto como descumpridor de seus termos, ao possuir forte tendência em tratar casos com decisões de guarda contrárias, sob o fundamento de que as crianças envolvidas se adaptaram a sua cultura.

Infelizmente, no Brasil, há uma clara tendência em se conceder a guarda dos filhos às mães, em detrimento dos pais, bem como dos cidadãos brasileiros em detrimento aos estrangeiros, o que nem sempre parece ser a decisão mais correta.

Fato é que o conflito existente entre os genitores da criança, alvo de sequestro, tende a trazer sérias consequências ao menor, em especial de ordem psíquica e social, principalmente, em decorrência da alienação parental a que é submetida.

Dessa forma, cabe ao Estado, por meio da legislação existente, tratar do tema com o maior cuidado possível, analisando caso a caso, individualmente, considerando suas peculiaridades, estando ciente de que se trata de questão absolutamente delicada e que afeta, de forma abrangente, todo o seio familiar.

É preciso respeito pelo Estado, mas, também, pela sociedade e, principalmente pela família, ao princípio do melhor interesse da criança, uma vez que ele sempre será a melhor forma de evitar e resolver os conflitos parentais.

Retirar a criança do lugar que reconhece como casa, da sua família, amigos, rotina e atividades, acima de tudo, é um ato de crueldade e absoluta covardia e não deve ser admitido.

Nosso país necessita de regras e punições mais severas, pois estamos diante de uma situação de extrema gravidade.

A Alienação Parental, decorrente do sequestro internacional de menores é, além de tudo que foi exposto, um desrespeito não só ao direito fundamental infanto-juvenil à convivência familiar saudável, como dispõe o artigo 3º da Lei n. 12.318, mas, também, a muitos dos direitos da personalidade da criança e/ou adolescente.

Nossa legislação ainda é ineficaz, na prática, face à estrutura atual do Poder Judiciário que, ainda, não apresenta ferramentas suficientes para a constatação da alienação parental.

De fato, nosso Poder Judiciário sofre com a ausência de profissionais nas áreas de psicologia e psiquiatria, sem contar os assistentes sociais e o despreparo de grande parte dos órgãos de proteção a criança e adolescente para lidar com essa questão, assim como casos envolvendo o sequestro interparental.

Nosso processo, além de ineficaz, é moroso o que dificulta a resolução de conflitos dessa natureza.

É preciso maior conhecimento, mais profissionais especializados, mais celeridade e, principalmente, maior conscientização desse problema.

Referências bibliográficas

BARBOZA, Júlia Zomignani. *A Convenção de Haia sobre os aspectos civis do sequestro internacional de crianças.* 2011. Disponível em: https://www.jurisway.org.br/V2/dhall.asp?id_dh=7492. Acesso em: 06/05/2020.

BRAUN, Julia. *Disputa de guarda de criança causa tensão diplomática entre Brasil e EUA.* 2018. Disponível em: https://veja.abril.com.br/mundo/disputa-de-guarda-de-crianca-causa-tensao-diplomatica-entre-brasil-e-eua/ Acesso em: 08/05/2020.

BRAUNER, Daniela Correa Jacques. *A contribuição dos processos de integração – União Européia e MERCOSUL – para a superação das dificuldades de aplicação da convenção de haia sobre aspectos civis do sequestro internacional de crianças.* Cadernos do Programa de Pós-Graduação em Direito/UFRGS. v. 10, n. 1, pp. 371/ 420, 2015.

CARNEIRO, Cynthia Soares; NAKAMURA, Eliane Miki Tashiro. *Sequestro civil de crianças e adolescentes: as famílias transnacionais nos tribunais brasileiros e o avanço da cooperação jurídica nacional.* 2017. Disponível em: http://www.mpsp.mp.br/portal/page/portal/documentacao_e_divulgacao/do c_biblioteca/bibli_servicos_produtos/bibli_boletim/bibli_bol_2006/RTrib_n.962.07.PDF. Acesso em 08/05/2020.

DEL'OLMO, Florisbal de Souza. *Subtração Internacional de Menores à luz do Caso Sean Goldman.* Anuário Mexicano de Direito Internacional. v. XV, pp. 739-772, 2015.

DIAS, Maria Berenice. *Incesto e alienação parental.* São Paulo: Revista dos Tribunais, 2008.

______. *Manual de direito de família.* São Paulo: Revista dos Tribunais, 2016.

EJCHEL, Mauricio. *O sequestro internacional de Sean Goldman.* 2019. Disponível em: https://mauricioflankejchel.jusbrasil.com.br/artigos/746091853/o-sequestro-internacional-de-sean-goldman. Acesso em: 06/05/2020

FONSECA, Priscila M. P. Corrêa da. *Síndrome da alienação parental*. Revista de Direito de Família. Porto Alegre: Síntese, IBDFAM, v. 8, n. 40, fev.-mar. 2007.

GONÇALVES, Mariluce. *Sequestro interparental: "sequestro" de filhos pelos pais/mães*. 2018. Disponível em: https://lucenatorres.jusbrasil.com.br/artigos/713948677/sequestro-interparental-sequestro-de-filhos-pelos-pais-maes?ref=serp. Acesso em 07/05/2020.

GUTH, Flávia. *Sequestro e alienação parental: um ato de violência contra os filhos*. 2016. Disponível em: https://www.metropoles.com/colunas-blogs/pensar-direito/sequestro-e-alienacao-parental-um-ato-de-violencia-contra-os-filhos?amp Acesso em: 06/05/2020.

HAGUE CONFERENCE ON PRIVATE INTERNATIONAL LAW. *Status Table*. Disponível em: https://www.hcch.net/fr/publications-and-studies/fr/instruments/conventions/status-table/?cid=24>. Acesso em: 06/05/2020.

LEITE, Giselly Guida. *A medicalização da família através da síndrome da alienação parental*. Monografia. Curso de Psicologia. Faculdades Integradas Maria Thereza. Niterói, 2011. Disponível em: https://sites.google.com/site/alienacaoparental/textos-sobre-sap/MonografiaGisele.pdf. Acesso em: 06/05/2020.

MARTINS, Natalia Camba. *A subtração internacional de crianças: as exceções à obrigação de retorno previstas na convenção de haia de 1980 sobre os aspectos civis do sequestro internacional de crianças*. Curitiba: CRV, 2013.

MAZZUOLI, Valério de Oliveira; MATTOS, Elsa de. *Sequestro internacional de criança fundado em violência doméstica perpetrada no país de residência: A importância da perícia psicológica como garantia do melhor interesse da criança*. Revista da Defensoria Pública da União, n. 8, pp. 57-75, jan/dez. 2015.

MÉRIDA, Carolina Helena Lucas. *Sequestro interparental: o novo direito das crianças*. 2011. Disponível em: https://www.justica.gov.br/sua-protecao/cooperacao-internacional/subtracao-internacional/arquivos/sequestro-interparental-o-novo-direito-das-criancas.pdf. Acesso em 07/05/2020.

QUIRINO, Thallini. *Síndrome da alienação parental*. 2015. Disponível em: https://thaiquirino.jusbrasil.com.br/artigos/333802511/sindrome-da-alienacao-parental?ref=serp. Acesso em: 06/05/2020

ZAGANELLI, Margareth Vetis, REIS, Adrielly Pinto dos e PARENTE, Bruna Velloso. *Alienação parental e subtração internacional de menores: a cooperação jurídica internacional para a salvaguarda do direito dos filhos*. Cadernos de Direito. n. 9, pp. 199-216, jun./2018.

Publicação Independente
Livro digital elaborado e diagramado em São Paulo, dez. 2020.
Livro físico diagramado em São Paulo, mar. 2021